JN025917

# 事業承継と中小企業

## ―大廃業時代を生き抜く中小企業―

（日本中小企業学会論集39）

同　友　館

# は し が き
## ―日本中小企業学会論集第39号の刊行にあたって―

　日本中小企業学会・第39回全国大会は，2019年9月14～15日，愛知学院大学（名城公園キャンパス）にて開催された。本書は，第39回大会の研究報告と討論を踏まえて執筆された論文を中心とした学会論集である。

　第39回全国大会は，統一論題「事業承継と中小企業―大廃業時代を生き抜く中小企業―」というテーマで開催された。日本経済は，経済構造・産業構造の変革期にあり，日本の中小企業をめぐる経営環境も大きく変わりつつある。日本経済が発展するためには，中小企業の存立が必要不可欠であるが，多くの中小企業は経営者の高齢化と後継者不在という深刻な状況に陥っている。こうした諸課題にはできる限り早期に解決策を講じる必要があり，このまま放置すれば中小企業の持つ技術やノウハウ等が失われ，その後に起こる日本経済への影響は計り知れない。そこで第39回大会では事業承継と中小企業について，さまざまな視点から，問題点，課題等を分析・考察することとした。

　統一論題の研究報告では，「後継経営者の状況的学習と課題―中小製造業の事業承継と経営革新―」（神谷宣泰会員），「事業承継問題の陰に潜む"技能・ノウハウ"の承継問題―経営者のバトンタッチだけでは完結しない現場レベルの承継問題を考える―」（鉢嶺実会員），「老舗・長寿企業の事業承継―京都老舗企業にみるイノベーション―」（辻田素子会員・松岡憲司会員）の3報告が行われた。

　神谷報告は，状況的学習論のなかの正統的周辺参加論をフレームに，事業承継における先代と後継経営者の役割について考察し，中小企業の事業承継における多様な施策の必要性について指摘したものである。鉢嶺報告は，事業承継と同時期に行われることの多い，技能継承について，複数の事例を紹介するとともに，「暗黙知の形式知化」の必要性について指摘したものである。辻田・松岡報告は，京都老舗企業について調査を行い，イノベーションを実現できている老舗企業の特徴について考察したものである。

　統一論題座長の渡辺俊三会員，佐竹隆幸のもと，以上の3報告に対して，黒瀬直宏・山田基成・髙橋美樹の各会員，それぞれの視点からの詳細なコメントが行われ，各コメントに対する3報告者からの回答がなされた。フロアとの質疑応答

においても，活発な討論が展開された。

　さらに，信金中央金庫地域・中小企業研究所協賛による国際交流セッションでは，「ASEAN諸国の中小企業政策：マレーシアを中心に」という共通演題のもと，3つの報告をいただいた。第1報告として，国際協力機構・船橋學氏から「ASEAN諸国の中小企業政策の比較と今後の展望」，第2報告として，University Putra Malaysia・Zariyawati Binti Mohd Ashhari氏から「マレーシアの中小企業の現状と課題」，第3報告として，日本貿易振興機構・関根成子氏から「マレーシアに進出する日本企業の現状と課題」というテーマで報告があった。これに引き続き，岡室博之会長，足立文彦会員のコーディネータおよび弘中史子会員の司会のもと，フロアから積極的な質疑応答がなされ，非常に意義深い国際交流セッションとなった。

　自由論題では，8分科会，計20報告がなされた。そのテーマも，統一論題に関連した事業承継に関する報告をはじめ，起業，企業連携，地場産業，情報関連企業，中小企業の経営と成長，公的施策など，広範囲にわたるテーマについての報告と討論が行われた。

　会員相互の親睦の機会である懇親会においても，いつもながらなごやかな雰囲気のもとで会員間の交流を深めることができ，大会全体として成功裡に終了した。プログラム委員長である林伸彦副会長（中部部会長），関千里大会準備委員長はじめとする愛知学院大学及び中部部会関係各位と，岡室博之会長のご尽力に感謝申し上げたい。

　また，第29回会員総会で承認された「国際学会で中小企業に関する研究報告を行う本学会員に対する経費助成」にもとづく若手会員らの海外学会発表成果も，内規により，本論集に掲載されることになっている。今回は，該当する会員1名の報告を掲載している。

　近年，次世代を担う若手を中心に，研究報告希望者が増える傾向にある。こうしたことは，本学会としても誠に喜ばしい限りである伝統的事務的中小企業研究

を次世代に引き継いでいくことは急務と考えている。今後とも，こうした若手を含めた多くの研究者の研究報告によって，学会活動の重要な成果である本論集の一層の充実・発展に向けて，全力を尽くしたいと考えている。そのためには学会会員数の増強，中小企業研究を主専攻とする研究者の育成は不可欠である。私自身をはじめ会員の総意で学会の繁栄を祈念するものである。

　周知のように，本論集は査読制度を導入している。この査読制度の運用と編集事務にあたっては，とりわけ編集委員長・太田一樹常任理事，編集担当・藤川健理事，編集事務担当・長谷川英伸幹事に多大の労力を費やして頂き，また査読委員を務められた会員各位にも多くのご尽力を頂いた。さらに出版業務にあたって同友館出版部の方々にも，一方ならぬご助力を頂いた。あわせて，心から感謝の意を表したい。

2020年5月

日本中小企業学会会長　佐竹隆幸

# 目　次

## 【報告要旨】

## 【国際学会報告助成による国際学会報告要旨】

# Japan Academy of Small Business Studies: 2019 Conference Proceedings

CONTENTS

Keynote Session of the 39th JASBS Annual Conference
Business Succession and Small and Medium-sized Enterprises: SMEs
that Survive the Great Going-out-of-business Age

Articles

## Report on the International Conference

統 一 論 題

# 後継経営者の状況的学習と課題

## —中小製造業の事業承継と経営革新—

名古屋市立大学（院）　神谷宜泰

## 1．はじめに

　近年，事業承継は，経営革新や第二創業の契機として捉えられており，中小製造業の後継経営者には，新たな技術の導入や製品開発といった革新の実践が求められるようになってきている。後継経営者は，従前の経営資源を引き継ぎながら，トップ交代による組織変革プロセスを進め，企業を経営環境の変化に適応させることが望まれているのである。

　しかし，一般に経営者や組織の行動には慣性が働くといわれており，組織の新参者である後継経営者が，永く先代に依存してきた経営や組織を自らのリーダーシップにより革新するのは容易なことではない[注1]。また，もともと資源的な制約が前提となっている中小企業において，まして革新を必要する経営状況では資源的な余裕は乏しく，イノベーションに必要とされる組織スラック（余剰資源）を十分に確保することは難しいであろう。後継経営者の不在は，先代経営の行き詰まりを表すものともいえるのである。後継経営者は，いかにして先代から経営を学びながら，革新に必要な知識や能力を身につけるのか。承継と革新という異なるプロセスを同時に行うことには，様々な課題があるはずである。本稿は，経営革新を行おうとする後継経営者の学習に焦点をあて，後継経営者の学習がどのように進行しどのような課題を持つかについて，状況的学習論の視点から事業承継プロセスの進展に沿って探索的に分析する。

## 2．状況的学習論

　状況的学習論とは，「認知は個人の頭の内部に閉じたものではなく，常に社会

的状況に開かれ，個々の状況により多様であるとする考え方」であり（香川，2011，p.604），「フィールド調査や実践デザインの際に，理論的視点や根拠，そして方法論を提供しうる」とされている（同，p.605）。代表的な状況的学習論に，Lave & Wenger（1991）が提唱した正統的周辺参加論（LPP論と略称する）がある。徒弟制研究から生まれたこの理論は，「参加」，「正統性」，「周辺性」という3つの特徴を持ち（紅林，1997，p.39），「実践共同体に参加を深めていくことを通して，技能の獲得と成員のアイデンティティの発達を達成していくことが，基本的な考え方」とされている[注2]（松本，2013，p.17）。Lave & Wenger（1991）は，「周辺性」とは「ことのはじまりを意味しており，しだいにのめり込んでいくことにより理解の資源へのアクセスを増やしていくこと」であり（p.12），新参者は熟達者を「ああいう人たちになること」という具体化した到達点として捉え，その実践の習得を目指すとしている（p.67）。なお，正統性については次章で説明する。

　本稿では，このLPP論の視点から，後継経営者の学習を先代との関係性を中心に分析する。LPP論を採用する理由は，第一に中小企業の製造業ではかつて徒弟制により技能が伝達され（小関，1999，p.2），状況的学習が生起する基盤があること，第二に中小企業の運営が，Lave & Wenger（1991）で描かれた実践共同体に類似した特徴を持っていることである。福島（2010）は，実践共同体の理論構成は「比較的安定した集団構造を基礎として，そこで長期持続可能な中核的実践が成り立つ」ことを前提としており（p.4），「熟練と社会的階梯の一致という特徴」を持つものとしている（p.95）。中小企業では，長期的な先代経営の下で古参従業員を中心とした運営が続けられており，福島の指摘する特徴と同様の状況が見受けられる。第三には，LPP論が技能などの承継のみならず，革新の研究においても広く引用されていることが挙げられる（上野，1999；松本，2009；柳沼，2007；神谷，2018）。さらに第四に，徒弟的な手法で経営者を育成するとする議論があることである。Ram（2009）は徒弟制度モデルによるリーダーシップ開発手法を主張し，堀越（2015）は「後継者のリーダーとしての育成は，基本的には経営者と一対一による徒弟教育的なプロセスを通じて長期的に行われる」としている（p.8）。

## 3．分析フレームの導出

　分析フレームは，事業承継プロセスの段階的区分とLPP論における学習の分析視点の２軸から構築する。事業承継プロセスの段階的区分については，中小企業研究やファミリービジネス研究で様々な議論がされてきた。例えば，井本（2010）は，「事業承継に対する認識」，「後継者の決定」，「経営能力の承継」，「資産・負債の承継」，「ステークホルダーとの調整」，「事業承継後の支援」とし，久保田（2012）は「入社前」，「入社～役員就任前」，「役員就任～社長就任前」といった段階に区分している。ファミリービジネス研究では，Cadieux（2007）は「開始」，「統合」，「共同支配」，「引退」，落合（2016）は「他社経験」，「周辺部門配置」，「中心的部門配置」といった段階に分けて論じている。また，事業承継の一面である組織変革プロセスについても多くの段階論があり，その代表的な理論であるLewin（1947）では，「解凍」，「移行」，「再凍結」という３段階に分けられている。そこで，本稿ではLewin（1947）に準じて，事業承継プロセスを「承継前」，「承継中」，「承継後」の３段階に区分し，これまでの議論を踏まえて以下のように定義する。

　「承継前」は入社前の他社経験を含め，実質的な役員就任までの期間であり，後継経営者は主に経営から離れた周辺部門に配置され，先代が中心的な経営者である。「承継中」は，先代と後継経営者が共に経営に携わる２ボス状態の期間であり，後継経営者は先代と共に経営企画，財務や人事などの中心的部門の業務を行うようになる。「承継後」は，先代が実質的に経営から退出し，後継経営者が中心的な経営者となった期間である。この「承継後」の段階は，これまで事業承継に関する議論の中ではあまり議論されていないが，後継経営者が自らの経営を確立する時期であり，事業継続を図るために最も重要な時期である。なお，各段階は，企業規模や後継経営者の置かれている状況，能力によって長さが異なり，また実践においては明確に区分されている訳ではない。

　もう一つの軸となるLPP論では，主に「正統性の付与」，「学習の状況性」，「アクセスの問題」，「アイデンティティの発達」，「連続性 - 置換のコンフリクト」という５つの視点から学習が議論されている。Lave & Wenger（1991）によれば，正統性とは「参加の正統性」であり（p.10），本稿では，実践共同体への後継経営者としての参加が先代によって認められていることを意味している。さらに，「学習の状況性」とは，学習のカリキュラムが実践への関わりに対する機会の中

で展開することであり（p.74），「アクセスの問題」とは，新参者は進行中の活動，古参者やその他の成員，情報，資源，参加の機会へのアクセスができなければならないことである（pp.83-84）。さらに，「アイデンティティの発達」とは，学習の進展に伴って，熟練した実践者としてのアイデンティティの実感が増大していくことであり（p.98），「連続性‐置換のコンフリクト」とは，新参者がやがて古参者になることによって，両者の間に生じる緊張関係のことである（p.101）。

　しかし，正統性の付与については，中小企業では後継経営者の指名は先代の専決権限とされ，子女である後継経営者の正統性は，先代にとって問題にならない場合が多いといわれている。今回の事例は全て子女による承継であるため，正統性の視点から事例を比較・分析することが難しく，考察の部で後継経営者の選択の課題として議論することとする。分析フレームは，以下の通りである。

**図1　分析フレームワーク**

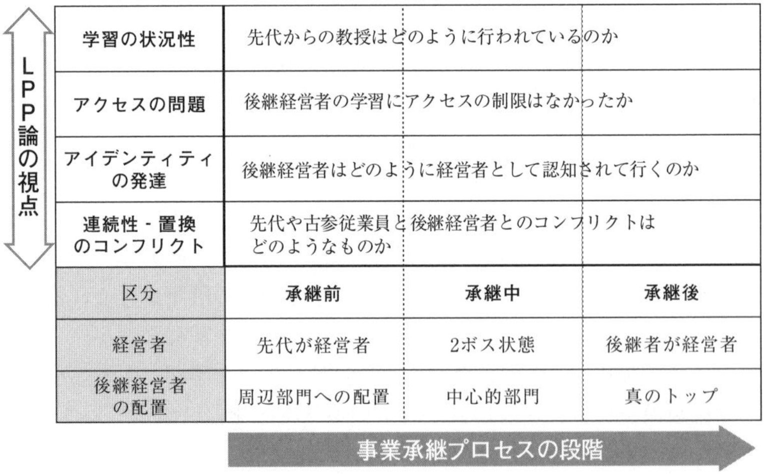

| LPP論の視点 | 学習の状況性 | 先代からの教授はどのように行われているのか | | |
|---|---|---|---|---|
| | アクセスの問題 | 後継経営者の学習にアクセスの制限はなかったか | | |
| | アイデンティティの発達 | 後継経営者はどのように経営者として認知されて行くのか | | |
| | 連続性‐置換のコンフリクト | 先代や古参従業員と後継経営者とのコンフリクトはどのようなものか | | |
| | 区分 | **承継前** | **承継中** | **承継後** |
| | 経営者 | 先代が経営者 | 2ボス状態 | 後継者が経営者 |
| | 後継経営者の配置 | 周辺部門への配置 | 中心的部門 | 真のトップ |

事業承継プロセスの段階

出所：筆者作成

## 4．調査結果の分析

　分析の対象は，これまでの調査企業及び現在筆者が関与している企業22社からのヒヤリング内容である。A社からR社の18社はNC化などの新技術導入を行っ

た愛知県の鉄工業の団体に所属する18社で，筆者も長くこの団体に所属し中小企業経営に携わってきた。Ｓ社は静岡県にある友人の経営する食品会社，Ｔ社からＶ社は中小企業診断士である筆者の関与企業であり，愛知県の食品製造業Ｔ社及び金属加工業Ｕ社，岐阜県の金属加工業Ｖ社の３社である。また，従業員が100人以上いる企業はＨ社とＳ社の２社のみである。いずれの企業も筆者との関わりがあり，後継経営者（現経営者である場合を含む）と，先代及び先代世代の古参従業員（いずれも在籍している場合）に対するヒヤリングを参与観察的な立場から実施し，データを蓄積してきた。調査時点ですべての後継経営者が経営革新を成し遂げているわけではないが，村上・古泉（2010）が明らかにしているように，多くの後継経営者は承継後の経営革新の必要性を感じていた[注3]。ただし，掲載している企業は10社程度であり，インタビューからの引用個所は，紙幅の関係で代表的な内容を各項の最後にまとめて掲載させて頂いた。なお，以下の各段階の記述は，LPP論の４つの分析視点に対応した４つの段落で構成している。

### （1）承継前の学習

「承継前」の期間では，製造業では生産現場における学習が中心となる。後継経営者の学習は，先代から能動的，計画的に行われるのではなく，先代との会話や自主的な質問，トラブルが生じた時の協働等の中で突発的に生じている。先代の教育姿勢は，基本的には「自ら教えない」というものであり，後継経営者の自覚と学ぶ姿勢を重視する傾向がある。先代のこの姿勢は，退出するまで一貫して変わらないため，学習は優先順位に応じたものではなく，後継経営者が必要な実践をすべて経験するまでに長い期間を要する場合が多い。

後継経営者に対して，生産現場での学習にはアクセスの制限はほとんどないが，資金繰りや財務内容，営業や金融機関との取引などにアクセスが許されるのは，現場作業の熟達が進んだ後になってからである。

この期間の後継経営者の規範はまずは先代であり，先代の実践に参加することで，自らが目指すべき経営者像を確立していく。また，先代の子女であっても後継経営者は新参者であり，とりわけ製造業の場合は，組織成員の大部分が所属し，重要な経営実践の場である生産現場で先代同様の実践ができなければ，後継経営者は承継者として認められない。後継経営者には，新参者としての自覚と実践による実績の積み重ねの双方が求められる。

この段階では，後継経営者は経営に参画していないため，両者のコンフリクトは小さい。また，先代は事業承継のために，当然のこととして子女の入社を望むわけではなかった。

*計画的に教えられることはなく行き当たりばったりです。（Q社後継経営者）*

*結構自由に色んなことをやらせてもらいました。（H社後継経営者）*

*作業の内容は教えてもらったけど，営業とか他のことは教えてもらっていません。（D社後継経営者）*

*社長と専務は自分を将来の経営者として見てくれていましたが，従業員はそう思っていなかったと思います。結構衝突もしていたし，従業員は口だけではだめで，実際にできなきゃいけないんで。（C社後継経営者）*

*親父と同じことができなきゃいけないのは当然で，最低ラインだと思っています。（A社後継経営者）*

*息子が後を継いでくれるのが一番困るんです。責任があるから逃げれない。だから辛い。継いでくれる嬉しさと，継いだ後の世の中の移り変わりを心配しなければならない。（L社先代）*

## （2）承継中の学習

後継経営者の学習が周辺業務から中心的業務に移っても，学習はやはり状況に埋め込まれ，先代との実践の関り合いの中で生じている。先代の教える内容は，主に先代の属人的な能力や経験，従業員との関係やその評価に関する事柄である。

後継経営者が経営に関与するようになっても，経理や金融機関との取引へのアクセスは相変わらず制限されている場合がある。さらに，後継経営者は，経営革新に必要な情報を外部に求めなくてはならないが，その在所を知っているわけではなく，また仮に後継経営者が外部での学習を希望したとしても，先代の承認が必要となるであろう。

周辺部門で実績を上げてきた後継経営者でも，経営者としての認知は最終的には先代によるものである。今回の調査では，先代が後継経営者を一人前と見るのは，「責任ある判断ができること」，「必要な資金が調達できること」，「健全な企業運営ができること」など実践によって経営者としての責任を果たすことであった。しかし，ほとんどの後継経営者には経営の経験はなく，企業を支える個人的財産の形成もできていないため，先代の教授や資産に依存せざるを得ないのが実

情である。後継経営者は，経営革新のために様々な活動を提案し実践しようとするが，後継経営者を未熟と感じている先代はそれを容易に認めない。経営革新を必要とする事業承継の大きな課題として，この「承継中」での2ボス期間の長さが挙げられるであろう。落合（2016）は，先代の後見が後継経営者の能動的行動の芽を摘んでしまう可能性があることを指摘している（同，p.237）。先代には，後継経営者の成長を促すための柔軟で自己矛盾的な協働が求められる。

　先代や古参従業員と後継経営者のコンフリクトは，この時期に最も高くなる。とりわけ，先代経営を支えた古参従業員とのコンフリクトは先鋭化する。後継経営者が行おうとする経営革新は，それまで企業内で共有されてきた実践や考え方を否定し，古参従業員のアイデンティティを退行させるものであるからである。一部の古参従業員は，企業を去ることになってしまう。一方で，後継経営者の周りには新たな実践共同体が生成され（神谷，2018，p.13），後継経営者は実践を共にする従業員との協働の中で自信と信頼を深めていく。なお，Q社先代の話における"先代"とは，先々代のことである。

　　*経験値としての経営者としての資質は見せてきたつもりだけど，客観的に経営資源を見て教えているのではないことが今の反省点。経営のことをバランスよく教えているとは自分でも思えない。（B社先代）*

　　*従業員の使い方を教えるのは難しいです。同じことを言っても，息子が言えばカチンとくるのに，私が言えばこない。（R社先代）*

　　*（経理は）具体的には自分は何も教えていない。家はまだ女房がやっていて放そうとしないから。（A社先代）*

　　*親だから相談相手だったよ。全部，常に相談していた。いつも反対で電話切られた。困ったな，反対なんだなと思って，じゃ考え直すかと。うちの親父の言う通りやっていた。ずっと。だって判らないんだから。（S社後継経営者）*

　　*自分が反省していることは，先代が使っていた社員を全員首にしたこと。先代の言うことしか聞かなかったので。（Q社先代）*

　　*先代のブレーンというか，周りにいた方たちは，8割方は理解できなかったんじゃないですか。早く辞められた方もいらっしゃいます。（S社古参従業員）*

（3）承継後の学習
中小企業の持つ競争優位は，暗黙知が多く，状況的学習により承継されること

が多い（神谷，2018，p13）。そのため，先代が実質的に経営から退出してしまうと，企業を支えてきた競争優位が承継されずに失われる可能性がある。NC設備に変わってしまった企業の先代たちは，それまで蓄積されてきた知識や技能が継承できないことを嘆いていた（同，pp.16-17）。しかし，一方で従前の競争優位は組織ルーティンに埋め込まれており，組織行動の慣性力，硬直性の源泉となって（大月，2010，p.452），後継経営者による経営革新の障害となる可能性がある。

この段階では先代が退出し，後継経営者にアクセスの問題は生じない。しかし，後継経営者は，組織成員に対しては外部や旧い実践へのアクセスを制限し，自らの考え方に基づく実践を強要し続けなければならない。経営革新の効果を維持，継続させるために，旧い実践に戻ろうとする慣性を排除するのである。

名実ともに経営者となった後継経営者だが，組織成員や経営資源の大半は先代時代のままである。先代の影響力は依然として強く，たとえ退出した後でも後継経営者の経営への関与を最小限にする必要がある。後継経営者は，自らの価値観や考え方を組織に浸透させて，自らが熟達者，すなわち目指すべき経営者像となるまで従業員との対話や協働を続けて行かなければならない。

先代の退出によって，先代とのコンフリクトは解消するが，古参従業員とのコンフリクトは容易に解消しない。後継経営者は人的資源の損失を覚悟のうえで，専横的，強制的とも思える手法で革新の推進を図る。

*業務を標準化してあるんです。これを毎日朝礼で2〜3頁読んでいる。毎日やっていて，1年間で2回転くらい読んでもらう。自分が死んでもこれが残る。これ以外の教科書を使うな，外部講師を呼ぶなと言ってある。これに反発するのであれば「会社を辞めろ」と言っている。（S社後継経営者）*

*（革新の）スピードを落とさないためにどうしたら良いか考えました。そうしたら今の組織図になりました。従業員がどう思っているかは分からないですけど，ここに入った時に，残る人，やめる人は大体分かっていて，そういう人達は残ってくれています。（V社後継経営者）*

## 5．考察

ここでは，LPP論の4つの視点から見た事業承継プロセスの課題と，それを生

じさせている中小企業の構造的要因について論じる。

### （1）事業承継プロセスにおける課題

　学習の状況性における課題は，「計画的な学習と重要な競争優位の保存」である。状況的学習によって事業承継プロセスが進展するのは，かつて存在した徒弟制度の影響だけではなく，企業内に蓄積された知識や技能の大部分が暗黙知であるからであろう。しかし，プレーイングマネジャーとして多くの業務への理解と実践が必要とされる後継経営者に対して，競争優位が明確でなく，学習に優先順位がつけられない状況では，企業内に蓄積された重要な経営資源が十分承継されない恐れがある。中小企業庁（2016, p.19）が指摘するように，先代は，自社の強み・価値の源泉を十分理解して，計画的に後継経営者に承継することが重要である。さらに，いわゆる「2007年問題」や廃業の増加によって，中小企業の競争優位となってきた重要な知識や技能が，国全体として失われる可能性があり，地域や業界単位でその継承と保全に取組む必要がある。

　アクセスの問題では，「必要な情報への早期アクセス」という課題がある。承継前，承継中の後継経営者には，財務情報や金融機関取引といった経営結果に関連する情報へのアクセスに制限が見受けられた。とくに経営結果の悪い場合には，情報の開示が先代経営の評価や後継経営者のモチベーションの低下につながるため，そうした傾向があると思われる。しかし，先代と後継経営者との間にある経営情報の非対称性は，経営に関する学習を遅らせ，経営革新手段の選択を誤らせる可能性がある。また，経営革新に必要な外部情報へのアクセスも十分行われているとはいえない。先代は，後継経営者の自主性に任せるだけではなく，有用な情報を提供してくれると思われる外部ネットワーク等への早期アクセスを後継経営者に促す必要がある。

　アイデンティティの発達における課題は，「先代の役割の変遷」である。神谷（2019）によれば，先代には，後継経営者の育成という側面では，自らが持っている知識や技能を教える教育者という役割と，後継経営者の自主性や積極性を養うための放置者という役割がある（p.36）。また，経営革新という側面では，「変革の宣言者・育成者」から「革新案の反対者・影の支援者」に，最終的には「後見者」へと変遷するとしている（p.47）。先代の影響力は強く，先代が自らの役割を変遷させていかなければ，後継経営者による事業承継も経営革新も進展しな

いであろう。先代は，多面的でパラドクシカルな役割を果たす必要がある。

連続性‐置換のコンフリクトにおける課題は，「後継経営者のコンフリクトマネジメント」である。先代が経営者としての正統性を認めても，それだけで後継経営者はリーダーシップを発揮できるわけではない。後継経営者は，「新たなプロジェクトの遂行」（久保田, 2011, p29）や，「主体的な学習と成長への努力」（堀越, 2015, p.18），「既存資源を活用した革新の成功の積み重ね」（神谷, 2019, p.39）等によって，理解者を増やし，着実に実績を重ねていく必要がある。しかし，後継経営者がリーダーシップを発揮するようになると，古参従業員とのコンフリクトは激しくなり，一部の従業員が退出して組織が弱体化する危険がある。また，承継後は専横的ともいえる手段で古い慣性を排除し，自らの価値観や考え方の共有を強要するため，後継経営者が組織全体にコンフリクトを与えることになる。そうしたコンフリクトは，組織の活力ともなり得るとされるため（桑田・田尾, 2010, p.266），後継経営者がコンフリクトを上手にコントロールする手法の更なる研究が望まれる。

**（2）課題を生み出す構造的な要因**

次に，これまで述べてきた事業承継プロセスにおける課題を生み出している中小企業の3つの構造的要因について論じてみたい。

第一の要因は，「経営の閉鎖性」である。Wenger et al.（2002）によれば，もともと実践共同体には，「知識をため込み，技術革新を拒み，人を専門知識のとらわれの身にする」というマイナス面があり（p.209），「実践に進歩が見られない」，「暗黙の仮定の多くが疑われなかったり，異議を唱えようとする人がいない」という不調を起こしやすいとされる（p.211）。実践共同体と同様の特徴を持つ中小企業の運営も，先代経営が規範となって永く共有されるため，異議や不満を持つ人は少なく，閉鎖的で革新が起こりにくいのである。企業内における後継経営者や従業員との経営情報の共有に加えて，一定規模以上または地域を支える重要な企業には，経営情報の開示や社外取締役の採用，内部監査人による業務監査など，公開企業やNPO法人などと同様の責務を負わせるべきであろう。さらに，経営者が幅広く新たな知見を取り入れるために，常に経営に関与し，事業内容や経営者の方針・計画等を評価できる中小企業診断士，会計事務所，金融機関などの第三者による定期的，継続的な支援が制度として必要である。とくに，経営状態の良い時の支援こそ重要であり，自らの力で成長を勝ち得た経験を得ることこ

そが，中小企業のゴーイングコンサーンにつながるものと考えている。

　第二は，「先代教授の限界」という要因である。神谷（2019）は，先代が後継経営者の革新案に反対する理由として，①競争優位や成功体験による「ロック・イン効果」，②組織全体で共有する「強固なパラダイム」，③企業の出自，伝統に対する「長期的コミットメント」，④年齢から生じる「短期偏重」といった4つの理由を挙げている（p.49）。先代の貢献には功罪両面があるとされるが，グローバル化やIT化によって大きく経営環境が変化する中で，経営革新を担う後継経営者が，そうした特徴を持つ先代から学ぶのには限界がある。先代が上手に役割を変遷させ，課題の多い2ボス期間を短縮させるためにも，役割を終えた先代が早期退出できる環境を整えることが重要である。退出した先代の生活を保障し，重要な旧い知識や技能を継承することができるように，小規模企業共済制度の見直し等による中小企業の経営者退職金制度の拡充や，先代や古参従業員が持つ技能を継承する場を地域や業界単位で設けるといった対策が望まれる。

　第三の要因は，「経営者教育の偏り」というものである。事例の事業承継において，従業員は後継経営者と共に実践の場に周辺的には参加していたが，後継経営者として認められることはなかった。技能の承継とは異なり，中小企業の従業員は，経営的業務の実践に周辺的には参加できても，正統的には参加できないのである。たしかに，中小企業の事業承継には，借入金の保証や株式の相続など先代の子女の方が取り組みやすいという面はある。また，従業員の資質や離職の可能性という問題もある。とはいえ，それらが従業員から後継経営者を選択しないという理由にはならないであろう。山口（2012）は，近接性という中小企業の経営的特徴から事業承継者の選択は血縁関係が優先されるが，それは時として強い閉鎖性を伴う企業活動につながるとしている（p.73）。中小企業の経営者は，血縁優先の考え方を改め，前述した経営情報の共有や経営への参画推進などを通して，従業員に対しても積極的に経営者教育を行うべきである。黒瀬（2018）は，経営者の持つ情報を従業員と共有することは従業員の地位を引き上げ，中小企業発展の原動力になっているとしている（pp.53-54）。従業員への経営者教育を推進，支援することは，外部からの多様な経営人材の供給の仕組みの充実に加えて，後継経営者の選択の幅を拡げ，中小企業の存続，発展に貢献するものと思われる。

## 6. おわりに

　本稿の成果は，第一に，中小企業の事業承継プロセスを段階的に区分し，状況的学習論の視点から理論的に分析したことである。事業承継プロセスは，段階的で多面的であり，その事業と同様に多様な知識や技能の学習を伴うものである。しかも，中小企業の競争優位は形式知化されていない場合が多く，それらの承継の多くは状況的学習に委ねられている。また，後継経営者は，経営革新を実現するために"先代の壁"を乗り越えなくてはならないが，その壁は中小企業が属人的であるが故に，先代や古参従業員と後継経営者の関係性を含む極めて個別で属人的な課題を持つものである。状況的学習論の研究成果には，事業承継期間における人的な関係性を分析するための示唆が数多くあった。第二に，そうした分析に基づいて，これまでとは異なる視点から中小企業への支援や制度的な手当ての必要性を論ずることができたことである。事業承継に対する施策は，地域や業界単位での競争優位の保全，従業員への経営者教育の推進に対する支援に加え，経営者退職金制度の拡充，経営情報の公開，内部監査の実施や外部取締役の選任，中小企業診断士等の第三者による経営関与など，これまでの制度の見直しや新たな制度の創設といった視点からも検討されるべきである。

　グローバル化やIT化，それに伴う大企業の競争力低下，都市への人口集中といった激しい経営環境の変化の只中にある現在において，中小企業の事業承継や経営革新における課題解決を，経営者の個人的な知識や能力，個々の企業の努力に頼るのみでは，これまで蓄積されてきた企業の競争優位や地域の多様性が失われてしまう可能性がある。中小企業は，大企業に比べて資本や従業員に制約があるといえるが，社会から求められている役割や責任は大企業と同様である。また，多くの大企業は中小企業から成長している。中小企業自身も支援に頼るだけではなく，大企業と同様の責務を果たすことを目指して，期待される役割を自覚し，公器としての存続，発展を図っていく必要がある。

〈注〉
1　組織にはそのままの状態で居続けようとする「構造慣性」が備わっているとされ（Hannan and Freeman, 1984），長く続いた競争優位の土台をなす技術や知識の変更は，非常に難しいとされている（Leonard, 1995）。さらに，組織の中心にいる者は，

周辺から起こったイノベーションを採用しないことも多いともいわれ（Garth et al., 2002），Sull & Houlder（2005）は，こうした経営者の性向を「能動的惰性」と呼び，組織と同様の慣性が働くことを示している。

2　本稿でいう実践共同体は，Lave & Wenger（1991）で主張された「必ずしも同じ場所にいることを意味しないし，明確に定義される，これとはっきりわかるグループを意味してもいない。あるいは社会的に識別される境界」もない活動システムであり（同，p.80），新参者が古参者から「知性的技能の修得」（同，p.2）をするための社会的実践の場として捉えている。

3　村上・古泉（2010）によれば，小規模企業では事業を承継した後継経営者の9割近くが経営革新に取り組んでいるとしている。

### 〈参考文献〉

1　Cadieux, L.（2007）"Succession in Small and Medium — Sized Family Businesses: Toward a Typology of Predecessor Roles During and After Instatement of the Successor", Family Business Review, 20(2), pp.95-109.

2　中小企業庁（2016）『事業承継ガイドライン』

3　福島真人（2010）『学習の生態学』東京大学出版会

4　Garth Saloner, Joel Podolny, Andrea Shepard（2002），Strategic management, John Wiley & Sons,Inc.（石倉洋子訳（2002）『戦略経営論』東洋経済新報社）

5　Hannan, M. T., & Freeman, J.（1984），"Structural inertia and organizational change", American sociological review, pp.149-164.

6　堀越昌和（2015）「中小同族会社の後継者人材マネジメントに関する予備的考察」『熊本学園商学論集（野尻秀之教授退職記念号）』19(2) pp.1-22

7　井本亨（2010）「中小企業における事業承継の現状と課題に関するノート」『地域研究』(10) pp.111-121

8　香川秀太（2011）「状況論の拡大：状況的学習，文脈横断，そして共同体間の「境界」を問う議論へ」『認知科学』第18巻第4号pp.604-623

9　神谷宜泰（2018）「新参者による技術導入とその課題―中小製造業における後継経営者主導の技術革新―」『企業家研究』第15号（2018）pp.1-23

10　久保田典男（2011）「世代交代期の中小企業経営―次世代経営者の育成」『日本中小企業学会論集』30 pp.17-31

11　久保田典男（2012）「中小企業の事業承継と後継者育成」三井逸友編著『21世紀中小企業の発展過程―学習・連携・承継・革新』同友館pp.235-250

12　紅林伸幸（1997）「正統的周辺参加理論の教育社会学的一展開」『滋賀大学教育学部紀要教育科学』第47号pp.37-52

13　黒瀬直宏（2018）『改訂版　複眼的中小企業論―中小企業は発展性と問題性の統一物』同友館

14　桑田耕太郎・田尾雅夫（2010）『組織論』補訂版第1刷 有斐閣

15 小関智弘（1999）『ものづくりに生きる』岩波書店

16 Lave, J. & Wenger, E. (1991). *Situated Learning: Legitimate Peripheral Participation*, Cambridge：Cambridge University Press.（佐伯胖訳（1993）『状況に埋め込まれた学習―正統的周辺参加―』産業図書）

17 Leonard-Barton, D. (1995). *Wellsprings of knowledge: Building and sustaining the sources of innovation*, Boston, Harvard Business School Press.（阿部孝太郎・田畑暁生訳（2001）『知識の源泉―イノベーションの構築と持続』ダイヤモンド社）

18 Lewin, Kurt. (1947) "Frontiers in Group Dynamics", Human relations, Vol17, No.4, pp.502-513

19 松本雄一（2009）「陶磁器産地における作陶技能の形成：正統的周辺参加とのかかわりから」『経営行動科学学会年次大会 発表論文集』第12号pp.214-217

20 松本雄一（2013）「実践共同体における学習と熟達化」『日本労働研究雑誌』第639号pp.15-26

21 村上義昭・古泉宏（2010）「事業承継を契機とした小企業の経営革新」『日本政策金融公庫論集』pp.1-30

22 落合康裕（2016）『事業承継のジレンマ』第2刷 白桃書房.

23 大月博司（2010）「組織変革と組織ルーティンのダイナミック性」『早稲田商学』423号pp.445-469

24 Ram Charan (2009). *Leaders at All Levels*, John Wiley & Sons, Inc.（石原薫訳（2009）『CEOを育てる―常勝企業の経営者選抜育成プログラム』ダイヤモンド社）

25 Sull, D.N., & Houlder, D. (2005). "Do your commitments match your convictions", *Harvard business review*, 83(1), 82-91（飯岡美紀訳（2005）「理想と現実のギャップを埋める コミットメントの自己管理術」『ハーバード・ビジネス・レビュー』30(7) pp.28-41）

26 上野直樹（1999）『仕事の中での学習:状況論的アプローチ』東京大学出版会

27 Wenger, E., McDermott, R. and Snyder, W. M. (2002). *Cultivating Communities of Practice*. Boston, MA: Harvard Business School Press.（野村恭彦監修・櫻井祐子訳［2002］『コミュニティ・オブ・プラクティス―ナレッジ社会の新たな知識形態の実践』翔泳社）

28 柳沼寿（2007）「地域社会における技能習得と教育の職業的意義」『経営志林』第44巻1号pp.17-36

29 山口隆之（2012）「中小企業経営の特徴と近接性」『商学論究』第59巻第3号 pp.71-91

30 神谷宜泰（2019）『事業承継を契機とした経営革新の理論的分析―中小企業特有の課題と組織変革プロセスの視点から―』名古屋市立大学大学院経済学研究科2019年度博士論文 http://id.nii.ac.jp/1124/00002248/ 2019年8月19日閲覧。

（査読受理）

# 事業承継問題の陰に潜む"技能・ノウハウ"の承継問題

―経営者のバトンタッチだけでは完結しない現場レベルの承継問題に関する考察―

信金中央金庫 地域・中小企業研究所　鉢嶺　実

## 1. 問題意識

　わが国の中小企業経営者の多くが今後5～10年程度の間に世代交代期を迎えるといわれるなかで，地域経済の担い手である中小企業・小規模事業者は，その存続へ向けて「事業承継」の問題へ的確に対応していくことが求められている。

　しかし，事業承継を単に「経営者のバトンタッチ（世代交代，ここではこれを狭義の事業承継という。）」と捉えた場合，それだけでは企業の存続を成し得ないケースも少なくないことに留意する必要がある。すなわち，企業存続の生命線が現場従業員の"技能・ノウハウ"に大きく依存しているようなケースでは，経営者のバトンタッチの実現のみならず，同時に現場従業員の技能・ノウハウの承継（ここではこれを広義の事業承継という。）を着実に進めていくことも，極めて重要な経営課題であるといえる。

　そこで本稿では，近年急速に脚光を浴びている事業承継問題の陰に潜む"技能・ノウハウ"の承継問題に焦点を当て，そのあり方などについて，実際の対応事例も交えながら考察してみた。

## 2. 経営者の事業承継だけでは解消しない"技能・ノウハウ"の承継問題

（1）ベテラン従業員の高齢化などで"技能・ノウハウ"の承継が急務に

　わが国の労働力人口の高齢化が構造的に進展するなか，男女60歳以上の高齢者層の就業率も年々上昇傾向にある。これは，地域の経済社会に根ざす中小企業・小規模事業者の多くが，ベテラン従業員の持つ技能・ノウハウを巧みに取り込むことで，その"受け皿"としての機能を果たしていることが一つの要因となって

いるとみられる。

　例えば，信金中央金庫 地域・中小企業研究所が全国の信用金庫の協力を得て実施している全国中小企業景気動向調査の特別調査（2017年1〜3月期「人手不足下における中小企業の人材活用について」）の集計結果をみると，高齢の従業員（同調査では60歳以上を想定）の占める割合が過半を超えていると回答した企業の割合は，従業員規模が小さいほど高い，という傾向がみられた（図1）。

**（図1）高齢の従業員が全従業員の過半を超えていると回答した企業の割合**

**（従業員規模別）**

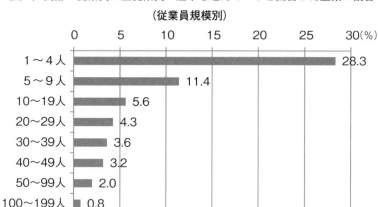

（備考）1．ここでは高齢の従業員として60歳以上を想定
　　　　2．信金中央金庫 地域・中小企業研究所「全国中小企業景気動向調査（特別調査、2017年1〜3月期）」をもとに作成

　これはすなわち，従業員規模が小さければ小さいほど，高齢の従業員の占める割合が大きいことを示唆していることに外ならず，とりわけ，従業員規模が1〜4人という小規模事業者においては，経営者の高齢化とほぼイコールという状況にあるものと推察される。いずれにしても，中小企業・小規模事業者においては，多くの経営者が世代交代期を迎えるのと同時並行して，現場で働く従業員も同様に世代交代期を迎えていることが推察される。

　こうした状況下においては，経営者の世代交代（狭義の事業承継）が企業存続の大前提となることはいうまでもないが，冒頭でも述べてきたように，企業存続

の生命線が現場のベテラン従業員の"技能・ノウハウ"に大きく依存しているようなケースでは，併せて現場レベルでの技能・ノウハウの承継（広義の事業承継）を着実に進めていく必要があるとみられる。

　また，同じく全国中小企業景気動向調査の特別調査（2006年7～9月期「中高年従業者の技能・知識の承継について」）の集計結果において，中高年従業者退職のデメリットとして「知識・技能が承継されない」と回答した企業の割合を業種別にみると，現場における技能・ノウハウ承継の必要性が高いというイメージの強い建設業（41.8％）や製造業（39.4％）のみならず，それ以外の業種でも相応の割合を示している状況がうかがえる（図2）。これは，いかなる業種・業態の企業においても，ベテラン従業員の経験の蓄積などに基づく技能・ノウハウの承継は，将来的にクリアしていくべき経営課題として認識されていることが示唆されていると考えられる。

**（図2）中高年従業者退職のデメリットとして「技能・知識が承継されない」と回答した企業の割合**

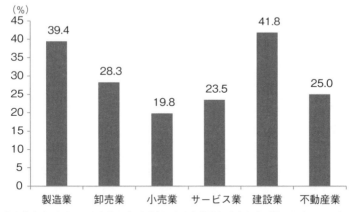

（備考）信金中央金庫 地域・中小企業研究所「全国中小企業景気動向調査（特別調査、2006年7～9月期）」をもとに作成

### （2）現場の"後継者不在"は伝統文化やものづくり基盤の消失にも直結

　中小企業・小規模事業者が現場レベルで蓄積してきた技能・ノウハウは，当該企業の有形無形の存立基盤となっているケースが少なくない。

　とりわけ，技能・ノウハウの源泉が現場の“ベテラン職人”に帰属していることの多い伝統産業的な分野や，特殊な製品を“匠の技”で手がけているようなものづくり現場においては，現場レベルでの“後継者不在”による技能・ノウハウの消失が，そのままわが国の伝統文化やものづくり基盤の喪失にもつながりかねない重大な問題であるといえる。

　それだけに，中小企業・小規模事業者の技能・ノウハウの承継の問題は，昨今，その重要性があらためて認識されている「事業承継」の問題と併せて，的確な対応を進めていくべき経営問題のひとつであると考えられる。

　昨今の人材確保事情を概観すると，現下の景気回復傾向を受けた“空前の人手不足”という状況に加えて，中長期的な人口推計の観点から構造的に進展する“若年労働力の絶対的な減少基調”といった厳しい環境下にもあるのが実情となっている。こうしたなかで，さまざまな観点から人材確保が喫緊の課題となっている中小企業・小規模事業者にとって，技能・ノウハウの源泉たる現場従業員の高齢化への対応は，経営者の事業承継問題と並び，事業継続へ向けての経営上の最重要課題のひとつといえる。

　以下では，製造現場を持つ中小企業・小規模事業者の“技能・ノウハウ”の承継にまつわる4件の事例を紹介する。その対応の仕方は各社さまざまではあるが，いずれもそれぞれの形で“技能・ノウハウ”の承継に取り組んでいることが確認できる。なお，経営者等の年齢は，2018年3月の取材当時のものである。

## 3．製造現場を持つ中小企業・小規模事業者の“技能・ノウハウ”の承継事例

（事例1）A工芸（江戸切子製造販売，本社：東京都江東区，従業員数：4名）
　同社は，伝統的工芸品「江戸切子」の職人であるa(1)氏（67）が，同氏の師匠でもあり父親でもある江戸切子の職人・A氏（故人）によって戦後間もなくより創設されていた工房から分離独立して，1993年に新規開業した，江戸切子の工房と販売店を兼ね備えた個人経営の事業所である。2008年より同氏に師事している息子のa(2)氏（34）と共に，職人2名体制の下，同社ならではのオリジナル性に満ち溢れた江戸切子の製造と販売に注力している。

　同社では，かねてより交流のあったIT技術者の協力などを得て，開業当初か

らインターネットを活用した情報発信に注力している。開業当初より開設しているホームページは，「ここで江戸切子の工房をやっています」というメッセージを込めながら年々進化を遂げており，独自企画の商品ラインナップの紹介（受賞作品多数あり）とそれらのネット販売（自社ホームページのみならず大手ＥＣサイトにも出店中），江戸切子体験教室の案内（開設以来の累計で大人から子供まで延べ数万人が受講）を始めとした来店誘致などに絶大な威力を発揮している。インターネット上のみならずリアルの店舗でも最終消費者との接点が常に持てていることもあり，"マーケティング機能と多様な販売チャンネルを持った江戸切子の工房"という業態を確立させ現在に至っている。

　最近では，日本の伝統的工芸品に対する外国人の関心が高まっていることもあり，同社においても国内外の最終消費者からオーダーメイド的な江戸切子の発注をまとまった数量で受けることも少なくない。こうしたなかで，ₐa (1)氏は「切子の技法でやれることは全てやる，自分の限界を自分で決めない。」という持ち前の職人魂を存分に発揮し，一見して困難と思えるようなリクエストに対しても積極果敢に対応している。例えば，静岡県出身の新郎と桜の名所出身の新婦の結婚披露宴の引き出物として依頼を受けたことをきっかけに誕生した作品は，富士山と桜の花びらを江戸切子の技法であしらったもので，「第58回全国推奨観光土産品審査会」の「全国観光土産品連盟会長賞」を受賞するなど，同社を代表するオリジナル作品のひとつとなっている。

　同社における江戸切子の製造に関する"技能・ノウハウ"は，工房という空間の中で親子３代にわたって着実に継承されている。最近では，2017年８月に都内で開かれた「TOKYO職人展」に親子でのコラボ作品であるオリジナルのワイングラスを出展するなど，技能・ノウハウの承継はより確かなものとなりつつある。

　今後についても，同社では"ベテラン職人"と"若手職人"の互いの感性を活かしたオリジナル作品を次々と輩出していくことなどで，多様な販売チャンネルを有する江戸切子の工房兼販売店として，独自の発展を遂げていくものとみられる。


**（事例２）㈱Ｂ染物店（半纏等の各種染物製造，本社：岩手県一関市，従業員数：15名）**

　同社は，各種染物（半纏〈はんてん〉，法被〈はっぴ〉，浴衣〈ゆかた〉・祭り着物，暖簾〈のれん〉，手拭〈てぬぐい〉，鯉口〈こいぐち〉シャツな

ど）のデザインから染め，縫製までを一貫して行える，全国でも数少ない各種染物の製造業者である。現社長のｂ氏（40）の曽祖父が1918年（大正７年）に創業して以来，会社としての業歴は100年にも及ぶ。ｂ社長は，先代社長（父親）の急逝に伴い，2010年に四代目の社長に就任して現在に至っている。

　先代社長の時代までは，日本国内の祭や伝統芸能で使われる各種染物の染色（本染め，捺染，引き染め，藍染めなど）のみを担う，家内工業的な染工場だった。そうしたなかで，ｂ社長の就任間もない2011年３月に東日本大震災に直面，同社の染色工場も大きな被害を受ける事態となっていた。しかし，当社以上に甚大な津波被害を被っていた岩手県沿岸部の祭り関係者たちが，ぼろぼろになった半纏等をまといながら祭りを継続しようとしている姿を見るに及び，「先代のころからお世話になってきた方々に，何か恩返しをしなければ」と痛感，「染物屋としてできる復興支援」として，被災芸能・祭団体の衣装，道具の復元と製作支援（無償提供）を開始した。後日，これらの人々が同社の前で「門打ち（かどぶち）」と呼ばれる獅子舞等を演じるなどで感謝の意を表してくれたことなどに感銘を受け，当社が目指すべきことは「日本の祭を支えることである」と確信するようになった。

　以後，自社工場の改修・拡張（2012年），株式会社形態への改組（2013年），縫製工場新設（2014年）など，震災復興を機に「家業から企業への脱皮」を推し進めるとともに，縫製やデザインなどを担う人材を必要に応じて都度採用，その結果，デザインから染色，縫製までを一貫して手がける現在の体制が構築されていった。これについてｂ社長は「染色技術を未来へ伝承していくためには，自社内に縫製現場を持つなど，一貫体制を構築していくことが必要だと考えた」と語っている。

　なお，企業としての体制構築が進むにつれて，営業，デザイン，縫製，染色といった各部署間での情報共有がうまく行えないなど，家内工業時代にはなかった新たな悩みを抱えるようになっていた。そうしたなかで，地元・一関で「TOC理論注1）（Theory of Constraints：制約条件の理論）」に関するセミナーを受講したことがきっかけとなり，業務全体の“ボトルネック”を明らかにしながら社員全員で“全体最適”について考えていくことの大切さを痛感，2015年ごろからはｂ社長自らが講師となり，この「TOC理論」を取り入れた全員参加型の社員教育（研修）に注力していくようになった。その結果，「お客様に喜んでいただく

ためにはどうしたらよいか」などについてチーム（社員）全員で取り組み，その総和で会社を底上げしていくような企業風土が徐々に醸成されていった。

さらに，ビジネスアプリ開発大手のサイボウズ㈱の提供するグループウエア「kintone」で一定の成果を挙げている企業と出会ったことをきっかけに，同社においても従業員全員参加で現場の抱える課題を洗い出しながら「kintone」のカスタマイズを進めていった。試行錯誤の結果，それまでの教育訓練の成果もあって，部署ごとの業務進捗の“見える化”が着々と実現，受注や販売の管理面で特に高い改善効果が発揮され，売上増大と在庫削減という具体的な成果につながっていった。その結果，2017年11月には，最もインパクトのある業務改善を実現した企業を選ぶ「kintone AWARD 2017」（サイボウズ㈱主催）で同社の取組みが最高賞のグランプリを獲得，地元紙でも大きく報道されるなど，同社の知名度向上にも大きく貢献する展開となった。

同社では，「世界一の染物屋になる」「全員が誇りを持って働ける職場にする」という全社員共通の目標を掲げており，そのためにはどうすべきか，いま必要なものは何か，などを全社員が自主的に決めていく仕組み（b社長は“指示ゼロ”で見守る役割）が構築されている。同社は，内製化・企業化による一貫体制構築で“技能・ノウハウ”の承継を進める先進事例のひとつといえる。

### （事例３）㈱C工芸（うちわ・カレンダー製造、本社：香川県まんのう町、従業員数：50名）

同社は，現社長であるc氏（46）の父親（故人）が，伝統的工芸品「丸亀うちわ」の産地である香川県丸亀市内で1975年に会社設立したことに始まる，うちわ，卓上カレンダー，各種紙製品（食品パッケージ等）などの印刷・製造・加工を一貫して手がける企業である。

現在の売上構成比は，うちわとカレンダーがそれぞれ約４割，各種紙製品が約２割となっている。うちわとカレンダーはそれぞれ季節変動の大きい商材であるため，生産のピーク時（うちわは６〜７月，カレンダーは10〜11月がピーク）には20〜30名程度の臨時従業員（パート・アルバイト）も生産活動に従事している。

同社の歴史を遡ると，c社長の祖父の時代は，伝統的工芸品「丸亀うちわ」等に貼り付ける地紙の絵付けと印刷を手がける事業者であった。その後，これらの流れも受けたc社長の父親が，和服などを包む和紙（たとう紙）の加工や，へり

紙（うちわの周囲に貼る細長い紙）なども手がける企業として1975年に会社設立したという経緯がある。そうしたなかで，c社長の父親は「職人の手作業に負うところの大きいうちわ製造をもっと簡単にする方法はないか」を探求するようになり，85年ごろより各工程の機械化・自動化を順次進めていった結果，最終的にはうちわ製造の全自動化を実現するなど，"アイデアマン"ぶりを発揮していた。今日の同社工場で10台を擁している「全自動団扇（うちわ）貼機」は，こうした試行錯誤の結果として誕生してきたもので，近隣の同業者へも広がりをみせるなど，同地区のうちわ製造分野における"イノベーター"的な役割を果たしてきた。

　c社長は，父親の急逝（1995年）を受けて20歳代半ばで社長に就任，先代がチャレンジし続けてきたうちわ製造の自動化路線を継承しつつも，うちわ製造を手がけるがゆえの企業活動の季節変動平準化を目指し，1990年代後半ごろからはカレンダー製造へも参入，同社の印刷・紙工技術が活かせる卓上タイプを中心とした展開を進め，現在はうちわと並ぶ同社の収益柱のひとつに育て上げてきた。

　さらに近年では，持ち前の印刷・紙工技術を活かして食品パッケージなどの紙加工製品への展開にも注力，高性能のサックマシン（製函機）などを備え，同社の新たな収益柱となりつつある。

　なお，事業展開を広げていく過程で，同社発祥の地である丸亀市内の工場が手狭になってきたこともあり，2000年代半ば過ぎには本社と工場を現在のまんのう町へ移転した。その後もさらなる事業拡張で手狭になった部分は近隣の綾川町に第二工場を新設するなどで対応してきたが，今後はこれを本社工場に集約して物流効率化などを図る方向で，本社隣接地の取得などの準備を進めている。

　同社では，伝統的工芸品「丸亀うちわ」の流れを汲んだうちわ製造の"技能・ノウハウ"を，創意工夫によって全自動化（機械化）することで，地域経済社会に定着させてきた。丸亀地区全体で生産されるうちわは年間約1億本にも及び，国内産としてのシェアは9割にも達するといわれているが，今後は海外で生産される安価なうちわとの競合が一段と激化することが予想される。同地区でうちわ製造分野のリーダー的な位置付けにもある同社では，同業他社とも連携しながら「丸亀うちわ」をあらためて世界へ発信しつつ，さらなる躍進を目指していく意向である。

## （事例4）D氏（ジュエリー・デザイナー、東京都葛飾区在住）

　D氏（40）は，大学在学中に休学してニューヨークの名門「パーソンズ美術大学（Persons School of Design）」に留学したり，イタリアのジュエリー工房の町・バレンツァでのジュエリー会社勤務などを通じ，ジュエリーのクリエーションの世界で過ごしていた。その中で，ある雑誌で見た「江戸切子」の宝石にはない温かみのある輝きに衝撃を受け，いつか，自国の日本，地元下町の職人さんの技術と海外で得た経験と女性ならではの感性や技術を融合させたジュエリーをつくりたいという目標を考えるようになっていた。

　2004年に帰国，その後は約7年間のジュエリー会社勤務などを経て，自らの夢を実現するためにフリーのジュエリーデザイナーへの転身を決断するとともに，ガラス造形や江戸切子作りの基礎を学んでいった。そうしたうちに「これはいけるのではないか」との確信を得るに及び，知人のつてにより江戸切子職人・E氏（83）（東京都江東区亀戸在住）のもとにたどり着いた。

　現在，D氏が手がけている江戸切子をあしらったジュエリー（指輪）の製造工程は，まず，小型電気炉やガスバーナーを備えたD氏自宅の工房で棒状のガラス（直径15mm前後）を指輪の形に加工する。その際，着色された別のガラス棒と組み合わせる「色被せ（いろぎせ）」というガラス加工技術を用いて，D氏作品のテーマである「東京の空」が表現されていく。その後，そのガラスの指輪をE氏のところへ持ち込み，そこで工業用ダイヤモンドの刃を持つ金属性円盤（ダイヤモンドホイール）で，D氏がひとつひとつ丁寧にカット（切子）を入れて江戸切子独特の文様をあしらっていく。その後の最終工程で，大ベテラン職人のE氏が「木板」とよばれる木製のホイールで磨き上げて，江戸切子風の美しい光沢を持ったジュエリーが生まれていくという流れとなっている。D氏が自ら磨きを手がけることもあるが，「E氏に任せた方がきれい」ということもあり，現在の分業体制が構築されていった。

　D氏は，2016年12月に独自ブランドを立ち上げ，パリでの展示会出品（2017年1月）を皮切りに，阪急梅田本店や松屋銀座，東急プラザ銀座などでの期間限定出店などでバイヤーやメディアとの接点も増えている。D氏は「繊細で温かみのある日本の伝統工芸（江戸切子）をこれからも世界へ発信していきたい」と考えており，"ジュエリーデザイナーと江戸切子職人のコラボレーション"という斬新なスタイルの下で，今後の一層の活躍が期待されている。2018年3月には銀座

三越でも期間限定出店を実現し，これらを皮切りに多方面からさまざまなオファーを受けていることに，D氏は感謝している。

　なお，2017年秋には，地元の信用金庫の紹介で同金庫と東京商工会議所の支部が主催する創業塾を修了。地元の信用金庫との接点が増えたことを機に，経営目線も取り込みながら着実に展開を進めていく意向である。

## 4．課題解決へ向けてひとつのカギを握る "暗黙知の形式知化" への対応（まとめ）

　中小企業・小規模事業者が現場レベルで持ち合わせている "技能・ノウハウ" は，実態としては，組織的に保持されているというよりは，個々の従業員（経営者自身も含む）が経験と勘によって身に付けているような，いわば "暗黙知" のような存在であることが多い。

　そのため，中小企業・小規模事業者が現場レベルでの "技能・ノウハウ" の承継を実現していくためには，長い年月をかけたOJT（On-the-Job Training：職場内訓練）や教育などを通じて，"後継者" たる人材に対し地道に承継していくことがまずは肝要といえる。江戸切子の "技能・ノウハウ" が集約された「工房」という空間で親子3代にわたってその承継に取り組んでいるA工芸（江東区亀戸）のケースは，まさにこれを実践してきた実例のひとつであろう。

　しかしその一方で，現場を支えてきた高齢社員の多くが，順次，引退時期を迎えていくという現実の下で，必ずしも "後継者" たる若手社員を確保できていないケースも少なくない実情を勘案すれば，中長期的な事業継続を念頭に置いた企業経営の観点から，ナレッジマネジメント（知識資産管理）的な発想に基づいて "暗黙知の形式知化" に取り組んでいくような対応も問題解消へ向けてひとつのカギを握っているものと考えられる（図3）。

　すなわち，ベテラン従業員等の "脳内" に蓄積されているような技能・ノウハウ（＝暗黙知）を，可能な限り紙媒体や電子媒体（音声や動画も含む）に落とし込むなどで明文化・仕組み化（＝形式知化）を図っていくことは，今後ますます重要になっていくとみられる。各種染物の染色のみを手がける家内工業から染物製造の一貫体制を有する企業へ進化させることで "技能・ノウハウ" の形式知化（仕組み化）を実現した㈱B染物店（岩手県一関市）のケースや，うちわ製造の

全自動化（機械化）を可能とする機械を開発することで“技能・ノウハウ”の形式知化を実現した㈱Ｃ工芸（香川県まんのう町）のケースなどが，これに該当するものと考えられる。

**（図３）暗黙知と形式知の特性**

| 暗黙知（Tacit Knowledge） | 形式知（Explicit Knowledge） |
|---|---|
| ・言語化し得ない，言語化しがたい知識 | ・言語化された明示的な知識 |
| ・経験や五感から得られる直接的知識 | ・暗黙知から分類される体系的知識 |
| ・現時点の知識 | ・過去の知識 |
| ・主体的な勘どころ，コツと結びついた技能 | ・明示的な方法・手順，事物についての情報を理解するための辞書的構造 |
| ・主観的・個人的 | ・客観的・社会（組織）的 |
| ・情緒的・情念的 | ・理性的・論理的 |
| ・アナログ知，現場の知 | ・デジタル知，つまり了解の知 |
| ・特定の人間・場所・対象に特定・限定されることが多い。 | ・情報システムによる補完などにより場所の移動・移転，再利用が可能 |
| ・身体経験を伴う共同作業により共有，発展増殖が可能 | ・言語的媒介を通じて共有，編集が可能 |

（備考）野中郁次郎・紺野登「知識経営のすすめ」（1999年）をもとに信金中央金庫 地域・中小企業研究所作成

　なお，最近ではITツールの急速な発達により，AI（人工知能）と高性能ロボットを組み合わせて，ベテラン職人の“暗黙知”を再現可能なもの（形式知）としていくような試みも各方面で活発化しており，どこまで中小企業・小規模事業者の現場レベルでの“技能・ノウハウ”の承継に迫れるのか，今後の開発動向などが注目されている。しかし，その一方で「インターネットで暗黙知は伝わらない」という見方も根強く，最終的には現場の力で乗り越えていかなければならない面があるのもまた現実といえよう。
　主として現場レベルに潜んでいることの多い“技能・ノウハウ”の承継の問題は，近年急速に支援の動きが広がっている事業承継問題の影で見落とされがちであるが，事業存続のうえでは極めて重要性をはらむ経営問題のひとつであることを，あらためて認識しておく必要があるだろう。

## おわりに

　事例４で紹介したジュエリーデザイナー・Ｄ氏の取組みは，伝統的工芸品「江戸切子」の"技能・ノウハウ"を自ら積極的に取り入れ，日本古来の伝統文化に新風を吹き込んでいるという点において斬新さに溢れている。本稿で述べて来た"技能・ノウハウ"の承継問題は，どちらかといえば「承継していかなければならない，そのためには」という観点に主軸をおいてきたが，Ｄ氏のケースにみられるような，「自らの意思で（わが国の伝統文化にかかる技能・ノウハウを）積極的に承継しにいく」という前向きな姿勢から生まれるエネルギーが，事業承継問題の流れを変えていく原動力となっていくことも期待される。

### 〈注〉

1　組織のボトルネック（制約条件）を重点的に改善し，全体最適を実現する経営理論。イスラエルの物理学者であるElyyahu Moshe Goldratt（1948-2011）が1984年に執筆，出版した小説「The Goal」で理論体系が公開された。2001年には日本語訳も出版されるなど，全世界規模で今日まで読み継がれているビジネス書のベストセラーのひとつとなっている。

### 〈参考文献〉

1　Eliyahu Moshe Goldratt「ザ・ゴール」（日本語版）（訳者：三本木亮，2001年，ダイヤモンド社）
2　信金中央金庫 地域・中小企業研究所「全国中小企業景気動向調査」（第125回特別調査「中高年従業者の技能・知識の承継について」，第167回特別調査「人手不足下における中小企業の人材活用策について」）
3　中小企業庁『中小企業白書』（各年版）
4　野中郁次郎・紺野登「知識経営のすすめ」（1999年，筑摩書房）

# 老舗・長寿企業の事業承継
## ―京都老舗企業にみるイノベーション―*

龍谷大学　辻田素子
龍谷大学　松岡憲司

## 1．はじめに

　企業の平均寿命が25年とも30年とも言われる中で，老舗企業は1世紀を超えて事業承継を繰り返してきた。老舗の経営者も，伝統を継承しつつ革新に取り組んで次世代へ繋げているところが少なくない。われわれは，京都の創業100年以上の老舗企業1373社を対象にアンケート調査を行い，企業経営において，革新の対象となる18の項目について，現経営者の意向を尋ねた。366社より得られたデータを用いて革新をもたらす要因について，回帰分析を行なった。この結果，明らかになったのが，「先代までの経営者の革新姿勢」の重要性である。各企業の革新志向や伝統志向は，世代を超えて継承される傾向が認められた。

　一方，事業承継は現在，日本の多くの中小企業にとって喫緊の課題となっている。2016年には中小企業庁が「事業承継ガイドライン」を策定した。何世代にもわたる事業承継の結果である老舗を研究することで，成功裏に事業を承継するための示唆が得られる可能性がある。

　本稿の目的は，京都の老舗を対象にした前述のアンケート調査とヒアリング調査にもとづき，老舗の革新姿勢と事業承継の関係を明らかにすることである[注1]。

## 2．先行研究

　老舗研究に対応する国際的な分野としては，長寿のファミリービジネスがもっとも近い。そこで，老舗あるいはファミリービジネスと，革新および事業承継に関する先行研究を確認しておこう。

### ファミリービジネスと革新性

Ward（1987）は，ファミリービジネスが長く存続するには，計画立案が重要であるが，計画はしばしば新市場への進出や既存事業の見直しという変革に関わっていると述べ，長寿ファミリービジネスと変革との強い関係を示唆している[注2]。ファミリービジネスを「長期の勝者」と捉えるMiller and Breton-Miller（2005）は，革新的なファミリービジネスには，画期的革新，改良と拡大活用，商業化，創造的破壊の4つの要素があるという[注3]。ファミリービジネスでは，経営者が株主の制約を受けることなく，時に異端ともいえる方法を採用する自由を有しており，それが革新を推進するポイントであると論じる[注4]。一方，ファミリーを革新の阻害要因とする研究も少なくない。Naldi et al.（2007）は，ファミリービジネスが非ファミリービジネスに比べ，リスク回避的で変化を望まないことを示している[注5]。長寿ファミリービジネスにとって伝統が重要であることはいうまでもない。伝統と革新はともすると相反するものと捉えらがちであるが，伝統が革新にとって重要な資産であり，革新は伝統を守るための手段となるという，De Massis et al.（2016）などの議論もある[注6]。

これら先行研究を踏まえ，企業の長寿性と革新について，本稿では，革新活動は，企業の長期存続にとって本当に重要なのかという問いについて検討する。

### ファミリービジネスと事業承継

Handler（1994）はファミリービジネス研究の最重要課題に事業承継を挙げる[注7]。ファミリービジネスにおいて承継は事業にとどまらない。Erdogan et al.（2020）は，長寿ファミリービジネスにとって伝統とは，文書や儀式を通じて組織の信念や慣習，アイデンティティーを世代間で伝えることであるという[注8]。

後継者は，ファミリーの内外のいずれからも選ばれうるが，老舗あるいは長寿ファミリービジネスの経営者は，ファミリーから後継者を選ぶ傾向が強い。独自のデータベースを作って日本の老舗を分析した横澤利昌編著（2012年）は，同族による事業承継の功罪を検討している[注9]。功としては，「迅速な意思決定」，「責任ある経営」，「経営方針の一貫性」，「後継者が明確」がある一方，罪としては，「透明性が低下」，「従業員の士気低下」，「歯止めがきかない」があげられている。同族での引き継ぎに対して，身内贔屓といった批判もあるが，Sharma（2004）は合理性も少なくないという[注10]。老舗あるいは長寿ファミリービジネスには，

企業固有の暗黙知や習慣があり，その理解においてファミリー内後継者に利点があるとするのである。

　現経営者や後継者といった個人レベルの分析視点も不可欠である[注11]。Gersick et al.（1997）によると，すべての意思決定を行っていた先代経営者から事業を継承する長男の後継者は，リーダーシップを発揮しようとする一方，兄弟など親族との協調も図らなければならないというプレッシャーにさらされている[注12]。

　こうしたファミリービジネスと事業承継に関し，本稿では，①革新的な老舗あるいは長寿ファミリービジネスの事業承継にはどんな特徴が認められるか，②同族，特に実子による事業承継は企業の業績を高め，より革新的とする合理的な選択なのかという2点を議論していく。

## 3. 京都老舗企業の類型化——企業規模，革新姿勢，経営状況の観点から

　京都の老舗企業は，小規模企業が圧倒的多数を占めるが，島津製作所や任天堂のような大企業も少なくない。経営状態もさまざまである。本節では，こうした実態を踏まえ，企業規模，革新姿勢，経営状況の観点から，京都の老舗企業を分類し，各類型の特徴を詳述する。類型化にあたっては，アンケート調査で集めた独自データを活用した[注13]。

### クラスター分析による分析結果

　表1は，析出された6類型の概要をまとめたものである[注14]。分析対象252社のうち，革新に消極的な「伝統派」，つまり「家業不振型」，「家業安泰型」，「伝統企業安定型」のいずれかに分類された企業は全体の51.6%で，革新に積極的な「革新派」，つまり「家業革新型」，「革新企業成長型」，「名門企業型」は48.4%である。企業規模，革新姿勢，経営状況に関する6類型の各平均値は，図1に示している。

　「家業不振型」は，その零細性が際立ち，革新姿勢も低い。創業者から先代経営者までの革新姿勢と現経営者の革新姿勢はいずれも最低水準である。経営状況は厳しく，経営者の高齢化も目立つ。「廃業予備軍」ともいえる企業が多い。「家業安泰型」は，「家業不振型」とその零細性は一致し，革新姿勢も低いが，経営状況は良い。成熟市場で安定的にビジネスを展開している。「伝統企業安定型」は，「家業安泰型」と革新姿勢および経営状況はよく似ているが，企業規模が明

### 表1　京都老舗企業「6類型」の概要

n=252

| 家業不振型<br>(n=47) | 家業安泰型<br>(n=40) | 伝統企業安定型<br>(n=43) | 家業革新型<br>(n=67) | 革新企業成長型<br>(n=31) | 名門企業型<br>(n=24) |
|---|---|---|---|---|---|
| 小規模 | 小規模 | 中規模 | 小規模 | 中規模 | 大規模 |
| 家業 | 家業 | 企業組織 | 家業 | 企業組織 | 企業組織 |
| 本業伝統重視 | 本業伝統重視 | 本業伝統重視 | 革新志向 | 強い革新志向 | 革新志向 |
| 業績不振 | 業績好調 | 業績安定 | 業績バラバラ | 業績絶好調 | 業績安定 |

出所：松岡憲司編著（2019年）p. 47，表3 - 1を転載。

### 図1　京都老舗企業「6類型」の企業規模，革新姿勢，経営状況（平均値比較）

①企業規模

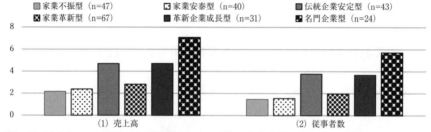

注1：(1) 売上高は1〜8の8段階、(2) 従事者数は1〜7の7段階で、各項目とも値が大きいほど企業規模が大きい。

②革新姿勢

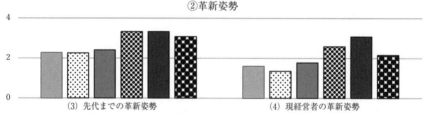

注：(3) 先代までの革新姿勢は1〜5の5段階、(4) 現経営者の革新姿勢は1〜4の4段階で、各項目とも値が大きいほど革新に積極的である。

③経営状況

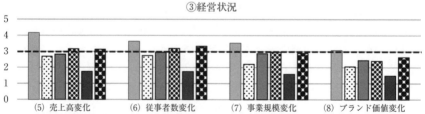

注：(5)売上高変化、(6)従事者数変化、(7)事業規模変化、(8)ブランド価値変化は、1が「増えた」、2が「少し増えた」、3が「変化なし」、4が「少し減った」、5が「減った」で、値が小さいほど正の変化（増加）、大きいほど負の変化（減少）を表す。

らかに大きい。売上高で「１億超〜５億円」，従事者数で「21〜50人」規模の企業が，この類型の主流を占める。

「家業革新型」は，「家業不振型」および「家業安泰型」と同じ零細企業だが，革新姿勢は対照的である。先代までの経営者も現経営者も高い革新姿勢を示している。ただ，経営状況はバラツキが大きく，現経営者の代になってから事業規模が「増加」した企業が全体の40.3%，「減少」した企業が35.8%とほぼ拮抗している。「革新企業成長型」は，先代までの経営者も現経営者も６類型の中で革新志向が最も強い。経営状態も良好で，多くの企業が成長段階にある。「名門企業型」は規模が大きい。革新活動は過去にピークがあり，また，過去に大胆な革新に取り組んだがゆえに，現在の地位にのぼり詰めたともいえる。

## ４．京都老舗企業の事業承継

次いで，京都老舗企業における事業承継の実態を，析出された６類型に基づき分析すると，次の３点が明らかになった。

第１に，京都老舗企業は全体として40歳代での社長就任が最も多いが，「革新企業成長型」（45.2%）と「家業革新型」（41.8%）でとりわけその傾向が強い（表２参照）。「革新企業成長型」では，実に93.6%もの企業が50歳を迎えるまでに社長就任を果たしている。他方，「家業不信型」は50歳以上で継承する企業が46.8%にものぼる。革新志向の強い老舗企業ほど，若い後継者に事業を引き継ぐ傾向にあり，若い世代に承継できるかどうかが企業存続の“分岐点”であると推察される。

第２に，京都老舗企業では，約４分の３が親子で承継しているが，「家業革新型」（88.1%）と「革新企業成長型」（83.9%）でその傾向は顕著である（表３参照）。革新志向が強く業績も良好な企業ほど実子がごく自然に承継し，先代に倣って革新活動に励む構図がうかがえる。

第３に，京都老舗企業では，現経営者の約９割が創業者の親族である。企業規模が大きくなるほど所有と経営が分離し，脱ファミリービジネス化が進むことから，規模が似通った類型同士で比較すると，家業型３類型では，「家業革新型」（98.5%），企業型３類型では「革新企業成長型」（93.5%）で，創業者一族によるファミリービジネス比率が最も高い（表４参照）。創業者一族であることが革新活動にプラスに働く可能性が示唆される。

### 表2　類型別にみた京都老舗企業の事業承継年齢分布

数字は比率（%）

| | 全サンプル<br>（n=366） | 6類型別 | | | | | |
| --- | --- | --- | --- | --- | --- | --- | --- |
| | | 家業<br>不振型<br>（n=47） | 家業<br>安泰型<br>（n=40） | 伝統企業<br>安定型<br>（n=43） | 家業<br>革新型<br>（n=67） | 革新企業<br>成長型<br>（n=31） | 名門<br>企業型<br>（n=24） |
| 20歳代 | 9.3 | 6.4 | 10.0 | 11.6 | 3.0 | 6.5 | 0.0 |
| 30歳代 | 29.0 | 19.1 | 35.0 | 27.9 | 37.3 | 41.9 | 29.2 |
| 40歳代 | 33.3 | 25.5 | 27.5 | 32.6 | 41.8 | 45.2 | 33.3 |
| 50歳代 | 16.9 | 31.9 | 20.0 | 16.3 | 11.9 | 0.0 | 25.0 |
| 60歳代 | 4.9 | 14.9 | 7.5 | 2.3 | 1.5 | 3.2 | 8.3 |
| 70歳代以上 | 0.5 | 0.0 | 0.0 | 0.0 | 0.0 | 0.0 | 0.0 |
| 無回答 | 6.0 | 2.1 | 0.0 | 9.3 | 4.5 | 3.2 | 4.2 |
| 計 | 100.0 | 100.0 | 100.0 | 100.0 | 100.0 | 100.0 | 100.0 |

注1　全サンプル数（366）と6類型のサンプル数合計は一致しない。表3，表4も同様。
注2　四捨五入により，%の計は必ずしも100.0%にならない。表3，表4も同様。

### 表3　類型別にみた京都老舗企業の現経営者と先代経営者の関係

数字は比率（%）

| | 全サンプル<br>（n=366） | 6類型別 | | | | | |
| --- | --- | --- | --- | --- | --- | --- | --- |
| | | 家業<br>不振型<br>（n=47） | 家業<br>安泰型<br>（n=40） | 伝統企業<br>安定型<br>（n=43） | 家業<br>革新型<br>（n=67） | 革新企業<br>成長型<br>（n=31） | 名門<br>企業型<br>（n=24） |
| 実子 | 77.6 | 74.5 | 72.5 | 74.4 | 88.1 | 83.9 | 62.5 |
| 　長男 | 63.7 | 55.3 | 65.0 | 65.1 | 74.6 | 77.4 | 50.0 |
| 　長男以外の男子 | 10.9 | 12.8 | 5.0 | 9.3 | 9.0 | 6.5 | 8.3 |
| 　女子 | 3.0 | 6.4 | 2.5 | 0.0 | 4.5 | 0.0 | 4.2 |
| 娘婿 | 7.9 | 12.8 | 7.5 | 14.0 | 6.0 | 6.5 | 8.3 |
| 配偶者 | 2.2 | 4.3 | 2.5 | 0.0 | 0.0 | 0.0 | 0.0 |
| その他親族 | 4.4 | 6.4 | 10.0 | 4.7 | 1.5 | 6.5 | 8.3 |
| 従業員 | 11.9 | 0.0 | 2.5 | 4.7 | 1.5 | 0.0 | 12.5 |
| その他 | 3.3 | 2.1 | 2.5 | 0.0 | 1.5 | 0.0 | 8.3 |
| 無回答 | 2.7 | 0.0 | 2.5 | 2.3 | 1.5 | 3.2 | 0.0 |
| 計 | 100.0 | 100.0 | 100.0 | 100.0 | 100.0 | 100.0 | 100.0 |

### 表4　類型別にみた京都老舗企業の現経営者と創業者の関係

数字は比率（%）

| | 全サンプル<br>（n=366） | 6類型別 | | | | | |
| --- | --- | --- | --- | --- | --- | --- | --- |
| | | 家業<br>不振型<br>（n=47） | 家業<br>安泰型<br>（n=40） | 伝統企業<br>安定型<br>（n=43） | 家業<br>革新型<br>（n=67） | 革新企業<br>成長型<br>（n=31） | 名門<br>企業型<br>（n=24） |
| 創業者の親族 | 88.8 | 87.2 | 92.5 | 83.7 | 98.5 | 93.5 | 83.3 |
| 創業者の親族外 | 8.5 | 10.6 | 7.5 | 16.3 | 1.5 | 6.5 | 16.7 |
| 無回答 | 2.7 | 2.1 | 0.0 | 0.0 | 0.0 | 0.0 | 0.0 |
| 計 | 100.0 | 100.0 | 100.0 | 100.0 | 100.0 | 100.0 | 100.0 |

## 5．老舗の事業承継と革新活動

　京都老舗企業では，先代から現経営者への事業承継において，革新志向あるいは伝統志向といった"社風"が継承される傾向が認められ，革新志向の企業は，伝統志向の企業に比べて，承継が円滑で，承継後の業績も堅調な傾向にあった。ただ，伝統と革新の間で志向が変遷している企業も少なくない。以下では，志向の変遷が認められる中西印刷と中村藤吉本店のケース（いずれも「革新企業成長型」）で，伝統と革新のパラドックスがいかにマネジメントされているか，伝統から革新（あるいはその逆）といった変更はどのような場合にいかに行われているかを考察する[注15]。

### ペーパーレス化で先陣を切る中西印刷

　京都府庁に隣接する中西印刷（資本金3400万円，従業員80人）は1865年の創業で，創業者の系譜をひく中西家のファミリービジネスである（図2参照）。同社は，官公庁御用達印刷業者として長く安泰だったが，5代目（社長在任期1969〜1985）の時代に革新姿勢を強めた。官公庁の競争入札導入，その後の印刷技術の革新といった事業環境の激変によって，経営者の革新活動が鼓舞された。5代目と6代目（同1985〜1993）は，「学術出版の中西」として地歩を固め，現会長の7代目（同1993〜2016）と現社長の8代目（同2016〜）は，日本のオンラインジャーナル市場で他社の追随を許さない実績を上げている。学会業務受託サービスにも力を入れ，紙からの離脱を急ピッチで推進する。

　官公庁からの安定した仕事が減少する中，5代目と6代目がアカデミアという新市場を開拓できたのは，彼らの強い学術志向とそれを可能にする大学関係者との緊密なネットワークによる。5代目と6代目は，4代目の長男と次男にあたり，京都大学の理学部と法学部の卒業生である。20歳代で中西印刷に入社した彼らは，母校の研究者らと親しく付き合う中で，学術書や学会誌を中心とする仕事にシフトしていった。英国から鋳造機を輸入して欧米諸国に負けない品質の英語本や英語雑誌を印刷し，長らく未解読であった西夏文字の印刷物を，活字を母型（鋳型）から作ってこの世に送り出した。

　他方，彼らの息子である7代目（5代目の長男）と8代目（6代目の長男）が主導する革新は，印刷業界に次々と押し寄せた技術革新に起因する。約100年続

いた活版印刷は，オフセット（平版）印刷，さらにはデジタル印刷に取って代わられ，1990年代後半からはペーパーレス化も進む。8代目の現社長は，学会事務の代行とオンラインジャーナルの作成に力を入れており，2018年現在，両事業は全売上高の4割近くを占めるまでに成長した。こうした新事業は，学究肌の社長と社員が牽引している。大学院卒の中西印刷の経営者が，伝統から革新へと意識を変革できたのは，中西家と同家が所有し経営する企業の存続こそが最優先事項だったからであろう。8代目は次のように述べる。

「毎年，正月には中西家の者が一堂に会します。子供はそうした機会を通じて，ごく自然に家の歴史を学び，老舗の人間としての自覚を持つようになるのです。私は，『中西家と中西印刷を残してほしい』と言われて育ちました。印刷がなくなることは想定外でしたが，中西家と中西印刷は次の代につなげそうです」

文化学術分野への特化という，中西印刷が選択した変革の方向性は，経営者の人的資本や社会関係資本に規定される部分が少なくないが，変革の背後には，創業家出身の経営者として，幼少期から刷り込まれてきた，家と家業を継承するという強い使命感があり，それが危機的状況での革新活動を正当化し推進したと推察される。さらに，経営者と株主がほぼ一致していたことが，大胆な革新行動の迅速な実施につながったといえよう。

もっとも，長く親しんできた活版印刷からの撤退は，伝統と革新の間で揺れながらの決断であった。8代目は，5代目と6代目で構築した「学術分野に強い中西」という伝統を活かして，学会事務の代行やオンラインジャーナルの作成と

**図2　中西印刷の事業承継図**

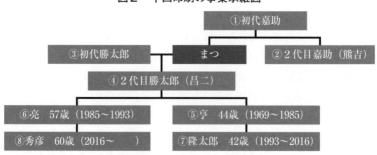

注：名前の後の数字は社長就任年齢，カッコ内は社長在任時期。
出所：中西亭編（2010年）および現社長へのヒアリングをベースに筆者作成。

いった新市場を切り開いた。他方で，「でんぽ（出来物）と会社は大きくなると潰れる」と長く中西家で言い伝えられてきた事業規模拡大の戒めは継承している。また，オフセットへの移行にあたり，希望者全員の雇用を維持し，信用第一の伝統を堅持した。

### スイーツ・カフェ事業を展開する茶問屋，中村藤吉本店

　中村藤吉本店（資本金1000万円，従業員60人）は，1854年に初代中村藤吉が，京都・宇治で立ち上げたのが始まりである。創業以来，茶商（茶問屋）として，茶葉の製造・卸を中心とする事業を展開してきた。

　現社長は6代目で，1992年に父親である先代から経営権を引き継ぐと，抹茶を使ったソフトクリームや生チョコを販売し，2001年には明治時代の建造物である茶商屋敷を現代風に改修して，宇治茶や抹茶スイーツなどを提供するカフェをオープンさせた。スイーツ・カフェ事業は好調で，全売上高に占める割合は3割を超え，事業承継時にわずか4人だった社員も60人まで増えた。

　現在の中村藤吉本店は，事業を承継した実子が新事業を展開して大繁栄という「革新企業成長型」の典型であるが，同社の事業継承は，艱難辛苦の連続であった。初代は長男に事業を継承したが，2代目から4代目までは子どもに恵まれず，3代続けて養子を迎えた。

　3代目までは順調に業容を拡大し，茶園の経営，荒茶の加工，販売までを総合的に手掛ける「茶商」という新しいスタイルを確立したが，4代目と5代目で衰退した。4代目が社長を務めた高度経済成長期は，百貨店やスーパーという新しい販売ルートが急拡大したが，4代目は消費地の問屋を販売先とする旧態依然の商売を続け，5代目は過去の遺産を活用した不動産事業（マンション・アパート経営）で本業の不振をカバーした。

　6代目は，大学卒業後，大阪にある鉄鋼商社に入社している。24歳で始めたコンビニ経営は3年で行き詰まり，中村藤吉本店に入社した。先代とは経営方針を巡って激しい対立を繰り返したが，1992年，40歳で社長に就任した。先代は晩年，「40歳ならまだ頭もやわらかいし，失敗しても取り返しがつくから」と40歳での承継理由を説明したという。

　6代目は社長就任後，百貨店やスーパー，葬儀屋向けの儲けが少ない既存事業を整理し，茶葉を使ったスイーツ商品の開発に着手した。このまま何もしなけれ

ばいずれつぶれるとの危機感があった。カフェをオープンさせた時，同業者からは，「お茶屋を止めて喫茶店にならはる」と揶揄されたが，意に介さなかった。

　口伝されている家訓は，「茶煙永日香（いつまでも茶の煙を長く日々香りを絶やさぬように）」である。「これから先も『お茶』が必要とされるためには，また，わが社が存続するためには，幹を太くしなければと考えました。お茶を使ったスイーツやカフェを始めたのは，新しい枝葉を伸ばし，幹を太くするためです。商売全体の３分の１程度を常に変革する心構えがないと伝統は守れません」

　社長の新事業を支えたのは，業種の異なる世界で活躍する友人らであった。異業種の経営者や工芸家らが親身になって新事業を応援し，カフェ事業の立ち上げでは，神戸で飲食業を展開している友人から多くのアドバイスを得ている。

　社長は2009年に「中村藤吉」を襲名した。「中小の老舗企業は，時に私財を投じて事業を継続し，家としての仏壇も守らなくてはなりません。中村家は３代続けて養子を迎えたことで，家族関係が複雑化し事業にも影を落としました。事業承継は実子でないと難しいと感じています」。６代目の実感である。

　革新を追求するにあたり，家業の「茶」には一貫したこだわりをみせた。スイーツ・カフェ事業の展開にも老舗ゆえのさまざまな資本が活かされている。宇治市の重要文化的景観に選定されている茶商屋敷で提供される茶や茶を使ったスイーツは，茶のプロが吟味したものである。こうした物理的資本，文化資本は，ブームに乗じたにわか仕立ての同業者が決して真似ることができない伝統に裏打ちされている。茶ビジネスという代々続いてきた伝統を守るためにスイーツ・カフェ事業という革新が追求され，同事業での価値創出にあたっては，伝統が重要な資産となったことがうかがえる。

## ６．考察

　京都には，成熟市場や衰退市場で本業重視の商売を続ける小規模な老舗が多い。本業重視の伝統派で驚くべきことは，収益を上げている企業が少なくないことである。彼らは，日本の伝統文化が海外で評価され，「京都」が世界的なブランドとなる中で，手作りの希少性，老舗の信用力などを巧みに打ち出していた。他方，京都には，市場の衰退や消滅といった危機に対して，時に，業種・業態にまで踏み込んだ大胆な変容を重ね，生き延びてきた革新派の老舗も存在してい

る。つまり，冒頭に掲げた長寿性と革新性に関する問いに答えれば，京都の老舗には，伝統派と革新派が混在し，いずれのタイプにも業績好調な"勝ち組"が存在する。企業の長期存続に対し革新の重要性を指摘する研究は少なくないが，京都には，革新に積極的でない老舗が一定数存在していることが明らかになった。

伝統派，なかでも業績好調な伝統派に変革へのモチベーションは生まれにくい。背景には，和菓子や漬物のように京都という地域性を背景にした安定的な市場状況が考えられる。一方，存続自体が危ぶまれる老舗企業も少なからず存在している。和装に代表される縮小市場に属する企業が多い。本研究からは，老舗の長寿性と革新性を議論するにあたり，市場要因を考慮する必要性が浮き彫りになった。

革新派には，世代ごとに革新的な活動に取り組むことで，存続，発展してきた企業がある。主力の商品やサービスはもちろん，業種・業態まで変容して生き延びた企業は，それが1つの成功体験として語り継がれ，行動規範や社風として定着していく。代替わりした経営者が，踏み込んだ革新を行えるのは，その重要性が行動規範として刷り込まれ，革新を推進する社風もあるからであろう。革新の仕方（基本）そのものも暗黙知的に継承されているのかもしれない。

とはいえ，伝統派，革新派は，固定的なものではない。中西印刷や中村藤吉本店は，市場が大きく変化する中で，近い将来の廃業や倒産の危機を予見し，京都の老舗で最も革新的な「革新企業成長型」に転じた。彼らに「変革への意思」を芽生えさせたのは企業存続に対する強い危機感であった。

老舗の事業承継に関しては，親族継承が大半で，実子，特に長男が後継者となるケースが圧倒的多数を占めていた。なかでも，革新派でその傾向が際立ち，事業承継の適齢期とされる40歳代の社長就任が目立った。革新志向の強い企業ほど実子が若くして継承し，革新活動に勤しむ構造にあることがわかる。そうした企業は，創業者一族で事業を継承してきており，創業者一族であることも革新活動にプラスに機能している可能性がある。

革新派企業は，業績が好調なところが多いため，親族はその承継をごく自然に受け止めると思われる。老舗の後継者は，新興のベンチャー企業家と違い，のれん（信用）に象徴される稀少な経営資源を活用することができる。後継候補者にとって，老舗の承継は，魅力あるキャリアの1つとして認識されるようになっている。同族による事業承継では，ファミリーが有する金融資本や人的資本，社会

関係資本などさまざまな資源を利用できる有利な環境下で経営に携われる。さらに歴史あるファミリーでは，しきたりや儀式あるいは文書を通じて，ファミリーと事業をともに継続する自らの使命を，小さい時から刷り込まれている。事業承継への強い使命感が，たとえ市場縮小などで事業存続の危機に直面しても，革新で乗り越えようという意欲の源泉となっていると思われる。つまり，老舗の存続は，活用可能なファミリー資源と刷り込まれた使命感の多寡に規定されている可能性が示唆される。

## 7．残された課題

ファミリービジネスの研究では近年，アントレプレナーシップと世代に関する研究が多く見られる。たとえば，Habbershon et al.（2010）では，アントレプレナーシップの要素として，自律性，革新性，リスクテイキング，積極性，競争的攻撃性という5つをあげている[注16]。今回のわれわれの研究では革新性のみをとりあげたが，老舗の事業承継を分析するにあたっては，アントレプレナーシップという包括的な概念で，つまり，革新性以外の要因も含めて研究する必要性を認識している。またアントレプレナーシップとファミリー資源の関係性や，アントレプレナーシップの承継も残された課題である。

〈注〉
※本稿は，日本中小企業学会第39回全国大会（2019年9月15日）の共通論題として報告したものに基づいている。予定討論者の高橋美樹先生をはじめフロアの方々からいただいたコメントに感謝したい。また匿名レフェリーによる有益なコメントにも謝意を表したい。なお，本研究は日本学術振興会科学研究費（2014−17年度）「地域イノベーションシステムとしての京都老舗企業群に関する実証的研究」（課題番号26380342）（研究代表松岡憲司）による成果の一部である。

1　われわれの調査結果の詳細は，松岡憲司編著（2019年）を参照されたい。
2　Ward, J. L.（1987），pp. 3-11.
3　Miller, D. I., and I. L. Breton-Miller（2005），訳書，pp. 223-224.
4　Miller, D. I., and I. L. Breton-Miller（2005），訳書，pp. 233-240.
5　Naldi et al.（2007），p. 43.
6　De Massis et al.（2016），pp. 97-101.
7　Handler, W. C.（1994），p. 133.

8　Erdogan et al.（2019），pp. 20-21.
9　横澤利昌編著（2012年），pp. 165-167。
10　Sharma, P.（2004），pp. 19-20.
11　Sharma, P.（2004），pp. 9-15.
12　Gersick, K. E. et al.（1997），訳書, pp. 292-298.
13　クラスター分析による類型化の手法および詳細な結果については，松岡憲司編著（2019年）第3章を参照されたい。
14　アンケート回答企業は366社であったが，クラスター分析の条件を満たしたのは，その内252社であった。
15　中西印刷のケースは，2017年8月29日の中西秀彦社長へのインタビューと，同社社史，同社ホームページに基づき作成した。他方，中村藤吉本店のケースは，2012年8月1日の中村藤吉社長へのインタビューと，同社長が2013年10月31日に龍谷大学経済学部で行った講演，同社ホームページによる。中西印刷については松岡憲司編著(2019年)，中村藤吉本店については松岡憲司編著（2013年）で，異なる視点から分析している。
16　Habbershon et al.（2010），pp. 12-14.

### 〈参考文献〉

1　De Massis, A., Frattini, F., Kotlar, J., Petruzzelli, A. M., and M. Wright（2016）"Innovation through Tradition: Lessons from Innovative Family Businesses and Directions for Future Research", *Academy of Management Perspectives*, 30(1), pp. 93–116.
2　Eddleston, K. A., Kellermanns, F. W., and T. M. Zellweger（2012）"Exploring the Entrepreneurial Behavior of Family Firms: Does the Stewardship Perspective Explain Differences?", *Entrepreneurship Theory and Practice*, 36(2), pp. 347-367.
3　Erdogan, I., Rondi, E., and A. De Massis（2020）"Managing the Tradition and Innovation Paradox in Family Firms: A Family Imprinting Perspective", *Entrepreneurship Theory and Practice,* 44(1), pp. 20-54.
4　Gersick, K. E., Davis, J. A., Hampton, M. M., and I. Lansberg（1997）*Generation to Generation: Life Cycles of the Family Business*, Harvard Business Review Press（岡田康司監訳『オーナー経営の存続と継承―15年を越える実地調査が解き明かすオーナー企業の発展法則とその実践経営』流通科学大学出版，1999年）.
5　Habbershon, T. G., Nordqvist, M., and T. M. Zellweger（2010）"Transgenerational Entrepreneurship". in Nordqvist, M., and T. M. Zellweger（eds.）*Transgenerational Entrepreneurship: Exploring Growth and Performance in Family Firms Across Generations,* Edward Elgar, pp. 1-38.
6　Handler, W. C.（1994）"Succession in Family Business: A Review of the Research", *Family Business Review,* 7 (2), 133-157.

7　松岡憲司編著（2013年）『事業承継と地域産業の発展—京都老舗企業の伝統と革新』新評論.

8　松岡憲司編著（2019年）『京都からみた，日本の老舗，世界の老舗』新評論.

9　Miller, D. I., and I. L. Breton-Miller（2005）*Managing for the Long Run: Lessons in Competitive Advantage from Great Family Businesses*, Harvard Business Review Press（斉藤裕一訳『同族経営はなぜ強いのか?』ランダムハウス講談社，2005年）.

10　中西亨編（2010年）『中西印刷歴代史—七代百五十年のあゆみ（改訂版）』中西印刷.

11　Naldi, L., Nordqvist, M., Sjöberg, K., and J. Wiklund（2007）"Entrepreneurial Orientation, Risk Taking, and Performance in Family Firms", *Family Business Review*, 20(1), pp. 33–47.

12　Sharma, P.（2004）"An Overview of the Field of Family Business Studies: Current Status and Direction for the Future", *Family Business Review*, 17(1), 1-36.

13　横澤利昌編著（2012年）『老舗企業の研究（改訂増補版）』生産性出版.

14　Ward, J. L.（1987）*Keeping the Family Business Healthy: How to Plan for Continuing Growth, Profitability, and Family Leadership*, Jossey-Bass Publishers.

（査読受理）

自 由 論 題

# 親族外承継を見据えた体制づくりの必要性

日本政策金融公庫　佐々木 真佑

## 1　はじめに

　近年わが国では，主に親族以外の役員や従業員を後継者とする親族外承継に取り組む中小企業が増えている。当公庫総合研究所が2018年8月に実施した「事業承継への取り組みに関するアンケート」により，後継者と先代社長との関係を，事業承継を実施した時期ごとにみると，31年以上前に実施した企業では「子ども」が82.7％，「子ども以外の親族」が11.1％，「親族以外」が6.2％となっているのに対し，ここ5年以内に実施した企業では「子ども」が62.0％，「親族以外」が21.1％（このうち79.2％が役員・従業員），「子ども以外の親族」が16.9％となっている（表1）[注1]。理由としては，少子化が進んで子どもがいないケースが増えたり，経営者に求められる能力が高度化し，必ずしも子どもが後継者にふさわしいとはいえないケースが増えたりしていることが挙げられる。

**表1　後継者と先代社長との関係（事業承継の実施時期別）**

（単位：％）

| | 事業承継を実施した時期 | | | | | | |
|---|---|---|---|---|---|---|---|
| | 31年以上前<br>(n=162) | 26～30年前<br>(n=126) | 21～25年前<br>(n=180) | 16～20年前<br>(n=242) | 11～15年前<br>(n=309) | 6～10年前<br>(n=375) | ここ5年以内<br>(n=503) |
| 子ども | 82.7 | 74.6 | 77.8 | 75.2 | 68.9 | 65.1 | 62.0 |
| 親族以外 | 6.2 | 5.6 | 6.1 | 8.7 | 12.9 | 18.7 | 21.1 |
| 子ども以外<br>の親族 | 11.1 | 19.8 | 16.1 | 16.1 | 18.1 | 16.3 | 16.9 |

資料：日本政策金融公庫総合研究所「事業承継への取り組みに関するアンケート」（2018年8月，以下同じ）
(注)　1　「子ども以外の親族」とは，孫，配偶者，兄弟，姉妹，娘婿，その他の親族を指す。
　　　2　「親族以外」とは，役員・従業員，グループ会社の役員・従業員，取引先の役員・従業員，企業売却先の役員・従業員，ヘッドハンティングなど人材紹介会社の紹介，その他を指す。

　ただ，親族外承継では，主に子どもを後継者とする親族内承継と比べ，経営者になるための準備（能力開発）が十分ではない可能性がある。子どもと違い，例えば入社時のように早い段階から，特定の従業員を後継者に指名するのは難しい。また，親族外承継は，子どもが継がないことへの代替的措置として，やむをえず行われることが少なくない。必然的に，経営者になることを意識して準備できる期間が短いと考えられる。さらに，足立・佐々木（2018）はヒアリングの結果から，承継前に幅広い業務を経験させておくことが有効と指摘しているが，人手が限られるなか，特定部門のキーマンとなっている従業員をローテーションさせることは容易ではないだろう。

　準備不足のまま経営者になると，うまく舵取りできないことが多くなり，企業パフォーマンスが思うように向上しないことも考えられる。事業承継が企業を延命するだけに終わってしまう可能性があるのだが，今のところ実態は明らかにされていない。そこで本稿では，先述の「事業承継への取り組みに関するアンケート」の結果を用いて，①親族内承継と親族外承継とで承継後の企業パフォーマンスが異なるか，②親族内承継，親族外承継を問わず，承継後の企業パフォーマンスを向上させるうえでどのような準備が効果的か，③親族内承継と親族外承継とで効果的な準備への取り組み状況が異なるかを計量的に分析する。なお，分析に当たっては，親族内承継の大部分を占める子どもへの承継と，親族外承継の大部分を占める役員・従業員への承継に焦点を当てている。

　本稿の構成は以下のとおりである。第2節では先行研究をレビューする。第3節では上記①を，第4節では②を，第5節では③を分析する。最後に第6節では，本稿の結論と今後の研究課題を述べる。

## 2　先行研究

　まず，計量分析のモデルを構築するうえで参考となる先行研究をみていく。安田（2005）は，㈱東京商工リサーチが2003年11月に実施した「後継者教育実態調査」の個票データを用いて，承継後の企業パフォーマンスの決定要因を計量的に分析している。決定要因として，後継者と先代社長との関係にも着目している。

　被説明変数には，企業パフォーマンスを代理する指標として，承継時から調査時までにおける，常時従業員数の年平均の成長率を用いている。安田（2005）は，

企業の目的が利潤の最大化である点を踏まえれば，損益状況を表す指標を使うのが妥当だが，利益額は年ごとにばらつきが大きいうえ，中小企業では節税のためにしばしば利益操作が行われることから，従業員数の成長率を採用したとする。

説明変数には，後継者の属性と企業の属性を表す指標を採用している。後継者の属性としては，後継者の承継時の年齢，後継者の教育水準，後継者と先代社長との関係，後継者の他社勤務経験の有無を用いている。ここで，後継者と先代社長との関係とは，後継者が第三者の場合は1をとり，その他の場合は0をとる「第三者承継ダミー」である。第三者やその他が具体的にどのような関係を指しているのかは詳述されていない。企業の属性としては，承継時の企業年齢と企業規模，承継後の経過年数，先代社長の退任理由を用いている。なお，コントロール変数としては，業種と承継の発生年を採用している。

分析の結果，安田（2005）は，①事業承継時の企業規模が小さいほうが，②事業承継後の経過年数が長いほうが，③後継者が若すぎないほうが，④後継者が高学歴であるほうが，それぞれ承継後の企業パフォーマンスはよくなりやすいと指摘している。なお，「第三者承継ダミー」については，統計学的に有意な結果とはなっていない。

次に，経営者になるための準備（能力開発）について，先行研究ではどのような議論がなされているかをみていく。公益社団法人中小企業研究センター(2008)はアンケートの記述統計をもとに，事業承継の「成功企業」と「非成功企業」とで，事業承継に関する取り組みを始めた時期に違いがあるかを分析している[注2]。ここでいう「成功企業」とは，事業承継を機に収益，売上高，従業員数のいずれかが改善し，かつ悪化した指標がない企業である。「非成功企業」とは，収益，売上高，従業員数のいずれかが悪化し，かつ改善した指標がない企業である。また，事業承継に関する取り組みとは，「自社の現状分析」「環境変化予測，対策・課題検討」「事業の方向性の検討」「中長期目標の設定」「円滑な事業承継に向けた課題整理」「事業承継計画の作成」のことである。「成功企業」のほうが，これらの取り組みを始めた時期が早い傾向にあることから，早期着手が重要と指摘している。

足立・佐々木（2018）は，ヒアリングの結果をもとに，事業を譲り受けた役員や従業員がうまく経営していくためのポイントを探っている。分析の結果，後継者が承継前に，営業や製造，経理といった社内の幅広い業務を経験することが肝要と指摘している。あらゆる業務に対応できるようになれば，周囲から頼られる

存在となり，自然とリーダーシップを身につけられる。また，会社全体のことを理解していればこそ，事業を譲り受ける決意ができるし，承継後に自信をもって経営判断できるようになるからだ。ほかにも，承継前に経営セミナーや異業種交流会など社外経験を積んだり，社内のプロジェクトを遂行したりしておくことが効果的と指摘している。

日本政策金融公庫総合研究所（2010）は，アンケートとヒアリングの結果を踏まえ，後継者を育成するポイントとして，①事業運営の経験を後継者と共有する，②後継者が社内外の多様な実務経験を得られるような機会を提供する，③現経営者の成功体験を後継者にも共有してもらう，④段階的に権限委譲する，⑤後継者が役員・従業員などの支持・理解を得られるよう配慮する，⑥承継後は後継者の経営に深く関与せず基本的に任せるといった点を挙げている[注3]。

三井（2015）は，後継者の能力形成について考察するなかで，入社前に他企業で経験を積む「武者修行」の意義と限界に言及している。後継者を異なる環境に置き，組織生活を経験させること自体に意味を見出す考えもあるとする一方，他社に勤務した経験の有無は承継後の企業パフォーマンスに有意な影響を与えないと指摘する研究が存在することを踏まえ，受け入れ企業側のとらえ方と配属・処遇を含め，「武者修行」の条件と中身が問われるべきと述べている。

久保田（2011）は，ヒアリングの結果から，後継者が入社前に社外で実務経験を積んだり，承継前に社内で新規プロジェクトを遂行したりすることが，経営革新を遂行するための能力を形成するうえで有効だと述べている。また，新しいプロジェクトを進めながら実績を積んでいくことで，従業員や取引先，金融機関といったステークホルダーからの支持・理解を得ることもできると指摘している。

以上を踏まえ，先行研究と比べた本稿の特徴として3点挙げることができる。一つ目は，後継者と先代社長との関係を「親族以外の役員・従業員」と「子ども」に限定したうえで，承継後の企業パフォーマンスが両者で異なるかを計量的に分析している点である。安田（2005）では，後継者と先代社長との関係が「第三者」と「その他」に区分されている。「その他」に親族全般が含まれていると考えられるが，例えば，子どもと配偶者をひとくくりにして分析することには少々無理があるかもしれない。一般的に，子どもは承継後長く経営することが前提とされるが，配偶者は必ずしもそうではない。子どもが若いなどの理由で，一時的に経営者を務めることもあるからだ。「第三者」についても，例えば，役員・従業員

と社外の人材をひとくくりにして分析することには問題が残る。役員・従業員は，自身が譲り受ける企業のなかで準備できる一方，社外の人材はそれができないことが多いからである。

　二つ目は，後継者の準備と承継後の企業パフォーマンスとの関係を計量的に分析している点である。先行研究では，後継者が承継後にうまく経営するうえで，承継前に社内で幅広い業務を経験したり，経営セミナーや異業種交流会といった社外経験を積んだり，社内プロジェクトを遂行したりしておくことが効果的とされているものの，アンケートの記述統計やヒアリングによる分析にとどまる。また，後継者の準備期間と承継後の企業パフォーマンスとの関係に焦点を当てた先行研究はこれまでみられなかった。これについて，本稿では，アンケートで把握した情報を使って計量的に分析している。

　三つ目は，親族内承継と親族外承継とで，効果的な準備への取り組み状況がどう異なるかを計量的に示した点である。今後，親族外承継の必要性はますます高まっていくと考えられる。仮に親族外承継で効果的な準備ができず，承継後の企業パフォーマンスに悪影響が出ているのなら，中小企業は何らかの対策を考える必要があるだろう。

## 3　事業承継後の企業パフォーマンスの違い

　本節では，当公庫総合研究所が実施した「事業承継への取り組みに関するアンケート」（以下，アンケート）の結果を用いて，親族内承継と親族外承継とで承継後の企業パフォーマンスに，統計学的に有意な差があるかを分析する。

### （1）アンケートの概要
　アンケートの調査時点は2018年8月である。調査対象は，当公庫中小企業事業の融資先から抽出した6,830社である。調査票の送付・回収ともに郵送で実施した（調査票は無記名）。回収数は2,523社である（回収率36.9％）。

### （2）分析対象企業とその属性
　分析対象としたのは，アンケート回答企業のうち，①現社長が事業を譲り受けてから調査時点まで，3〜10年経過している，②先代社長からみて，現社長が子

ども，または親族以外の役員・従業員である，③現社長が事業を譲り受ける前に，社内で勤務したことがある，の三つをすべて満たした企業である。

　①としたのは，事業承継後の経過期間が短すぎる場合は，現社長の手腕が承継後の企業パフォーマンスに反映しにくいと考えられ，逆に長すぎる場合は，本稿が想定する決定要因（後継者と先代社長との関係，後継者の準備）と，承継後の企業パフォーマンスとの関係が希薄になると考えられるからである。②としたのは，本稿の分析が，子どもと親族以外の役員・従業員との違いに注目しているからである。また，③としたのは，第4，5節の分析で後継者の準備（能力開発）に焦点を当てているからである。

　次に，調査時点における分析対象企業の属性を確認する。業種をみると，製造業が46.6％，非製造業が53.4％となっている（n＝509）[注4]。非製造業の内訳をみると，「卸売業」が12.4％と最も多く，「サービス業」が10.2％，「建設業」が8.8％，「運輸業（倉庫業を含む）」が6.9％，「小売業」が6.1％，「不動産業」が2.8％，「その他」が2.4％，「飲食店」が1.4％，「宿泊業」が1.4％，「情報通信業」が1.2％となっている。業歴をみると，「40年以上60年未満」が37.3％，「60年以上80年未満」が25.1％，「20年以上40年未満」が17.1％，「100年以上」が9.4％，「80年以上100年未満」が8.6％，「20年未満」が2.4％となっている（n＝509）。従業者数をみると，「20〜49人」が39.0％，「50〜99人」が21.2％，「1〜19人」が17.1％，「100〜199人」が14.5％，「200人以上」が8.2％となっている（n＝462）[注5]。従業者数20人以上の企業が8割以上を占め，中小企業のなかでも比較的規模の大きい企業が分析対象になっている。

## （3）計量分析の概要

　本稿の分析では，承継後の企業パフォーマンスを表す指標として，「最近5年間の売上高経常利益率の傾向」を用いる。アンケートでは，これについて「増加傾向」「横ばい」「減少傾向」のいずれかを回答してもらっている。先述のとおり，安田（2005）は損益状況を表す指標が妥当とする一方，利益額は年ごとのばらつきが大きいうえ，節税目的で会計上の操作が行われやすいと指摘している。本稿では，傾向をみることでばらつきの問題を，決算データではなくアンケートの回答を用いることで会計操作の問題を回避できると判断し，同指標を採用した。

　変数の基本統計量は表2のとおりである。被説明変数は，最近5年間の売上高

表2　変数の基本統計量（モデル①）

| カテゴリー | 変　数 | 観測数 | 平均値 | 最小値 | 最大値 |
|---|---|---|---|---|---|
| 被説明変数 | 「売上高経常利益率増加傾向」ダミー | 483 | 0.342 | 0 | 1 |
| 後継者に関する変数 | 事業承継時の後継者の年齢（歳） | 483 | 44.116 | 25 | 69 |
| | 「親族以外の役員・従業員」ダミー | 483 | 0.201 | 0 | 1 |
| 企業に関する変数 | 事業承継時の業歴（年） | 483 | 55.232 | 2 | 336 |
| | 「事業承継時黒字」ダミー | 483 | 0.723 | 0 | 1 |
| | 「事業承継時売上高増加傾向」ダミー | 483 | 0.248 | 0 | 1 |
| コントロール変数 | 業種 | 「製造業」ダミー（参照変数） | 483 | 0.478 | 0 | 1 |
| | | 「建設業」ダミー | 483 | 0.085 | 0 | 1 |
| | | 「情報通信業」ダミー | 483 | 0.012 | 0 | 1 |
| | | 「運輸業」ダミー | 483 | 0.072 | 0 | 1 |
| | | 「卸売業」ダミー | 483 | 0.124 | 0 | 1 |
| | | 「小売業」ダミー | 483 | 0.062 | 0 | 1 |
| | | 「飲食店」ダミー | 483 | 0.014 | 0 | 1 |
| | | 「宿泊業」ダミー | 483 | 0.000 | 0 | 0 |
| | | 「サービス業」ダミー | 483 | 0.104 | 0 | 1 |
| | | 「不動産業」ダミー | 483 | 0.029 | 0 | 1 |
| | | 「その他」ダミー | 483 | 0.019 | 0 | 1 |
| | 事業承継実施年 | 「2008年」ダミー（参照変数） | 483 | 0.118 | 0 | 1 |
| | | 「2009年」ダミー | 483 | 0.101 | 0 | 1 |
| | | 「2010年」ダミー | 483 | 0.116 | 0 | 1 |
| | | 「2011年」ダミー | 483 | 0.122 | 0 | 1 |
| | | 「2012年」ダミー | 483 | 0.114 | 0 | 1 |
| | | 「2013年」ダミー | 483 | 0.124 | 0 | 1 |
| | | 「2014年」ダミー | 483 | 0.151 | 0 | 1 |
| | | 「2015年」ダミー | 483 | 0.153 | 0 | 1 |

経常利益率が「増加傾向」であれば1，「横ばい」または「減少傾向」であれば0をとる「売上高経常利益率増加傾向」ダミーである。推計モデルには，ロジットモデルを用いる。

　次に，説明変数をみていく。まず，後継者に関する変数として，①事業承継時の後継者の年齢，②「親族以外の役員・従業員」ダミーを用いる。②は，後継者と先代社長との関係が親族以外の役員・従業員であれば1，子どもであれば0をとるダミー変数で，本節の分析で最も関心のある変数である。企業に関する変数としては，③事業承継時の業歴，④「事業承継時黒字」ダミー，⑤「事業承継時売上高増加傾向」ダミーを用いる。④は，事業承継時の採算が「黒字」であれば1，「赤字」であれば0をとる，⑤は，事業承継時の売上高が「増加傾向」であれば1，「横ばい」または「減少傾向」であれば0をとるダミー変数である。

　なお，コントロール変数としては，⑥業種，⑦事業承継実施年を用いる。⑥は，業種によってマクロ経済からの影響が異なったり，後継者に必要な資質が違ったりすることを踏まえたものである。「製造業」ダミー，「建設業」ダミー，「情報

通信業」ダミー，「運輸業」ダミー，「卸売業」ダミー，「小売業」ダミー，「飲食店」ダミー，「宿泊業」ダミー，「サービス業」ダミー，「不動産業」ダミー，「その他」ダミーを作成した。参照変数は「製造業」ダミーである。⑦は，承継の実施時期によって同じくマクロ経済からの影響が異なったり，承継後の経過期間が違ったりすることを踏まえたものである。「2008年」ダミー，「2009年」ダミー，「2010年」ダミー，「2011年」ダミー，「2012年」ダミー，「2013年」ダミー，「2014年」ダミー，「2015年」ダミーを作成した。参照変数は「2008年」ダミーである。

### （4）推計結果

推計結果を確認していこう（表3）。説明変数の係数の符号がプラスで統計学的に有意であれば，説明変数と，最近5年間の売上高経常利益率が増加傾向となる確率との間に正の相関が，マイナスで有意なら，負の相関があるといえる。なお，コントロール変数である業種と事業承継実施年については，推計結果の記載を省略している。

**表3　推計結果（モデル①）**

| 推計モデル | ロジットモデル | | |
|---|---|---|---|
| 被説明変数 | 「売上高経常利益率増加傾向」ダミー（最近5年間の売上高経常利益率が「増加傾向」であれば1，「横ばい」または「減少傾向」であれば0） | | |
| 説明変数 | | 係　数 | 標準誤差 |
| 後継者に関する変数 | 事業承継時の後継者の年齢 | 0.015 | 0.014 |
| | 「親族以外の役員・従業員」ダミー | −0.532 * | 0.306 |
| 企業に関する変数 | 事業承継時の業歴 | −0.007 ** | 0.004 |
| | 「事業承継時黒字」ダミー | −0.674 *** | 0.233 |
| | 「事業承継時売上高増加傾向」ダミー | 0.413 * | 0.239 |
| 業　種 | （記載省略） | | |
| 事業承継実施年 | （記載省略） | | |
| 観測数 | 483 | | |
| 擬似決定係数 | 0.045 | | |

（注）***は1％水準、**は5％水準、*は10％水準で統計学的に有意であることを示す（以下同じ）。

「親族以外の役員・従業員」ダミーをみると，係数の符号がマイナスで統計学的に有意となった。つまり，後継者と先代社長との関係が子どもである企業に比べ，親族以外の役員・従業員である企業のほうが，最近5年間の売上高経常利益率が増加傾向である確率が小さい。親族外承継のほうが，承継後の企業パフォーマンスが良くない傾向にあるといえる。

ほかの変数をみると，「事業承継時売上高増加傾向」ダミーは，プラスで有意

となった。つまり，承継時の売上高が横ばいまたは減少傾向だった企業に比べ，増加傾向だった企業のほうが，最近5年間の売上高経常利益率が増加傾向である確率が大きい。事業承継時の業歴は，マイナスで有意となった。つまり，事業承継時の業歴が長いほど，最近5年間の売上高経常利益率が増加傾向である確率が小さい。「事業承継時黒字」ダミーも，マイナスで有意となった。つまり，事業承継時の採算が赤字だった企業に比べ，黒字だった企業のほうが，最近5年間の売上高経常利益率が増加傾向である確率が小さい。

## 4　後継者の準備と事業承継後の企業パフォーマンスとの関係

　前節では，親族内承継に比べ親族外承継のほうが，承継後の企業パフォーマンスが良くない傾向にあることがわかった。理由の一つとして，親族外承継では経営者になるための準備が十分ではないことが考えられる。これを確かめるため，まず本節では，親族内承継，親族外承継を問わず，どのような準備が承継後の企業パフォーマンスを向上させるうえで効果的かを計量的に分析する。

### （1）計量分析の概要
　変数の基本統計量は表4のとおりである。前節と同じく，被説明変数には「売上高経常利益率増加傾向」ダミーを，推計モデルにはロジットモデルを用いる。
　次に，説明変数をみていく。後継者に関する変数としては，①事業承継時の後継者の年齢，②意識して準備できる期間，③「社内の特定部門で勤務していた」ダミー，④「社外経験あり」ダミー，⑤「社内プロジェクトの遂行経験あり」ダミーを用いる。②は，アンケートで把握した情報を組み合わせて作成した変数である。まず，先代社長から将来経営者になるよう告げられたことがあるかどうかを尋ね，「ある」と回答した方に対して，何歳のとき初めて告げられたかを尋ねた。経営者に就任したときの年齢から，その年齢を差し引いて算出している。③は，入社してから経営者に就任するまで，特定の部門で勤務していた場合に1，それ以外の場合に0をとるダミー変数である。④は，入社してから経営者に就任するまでに，経営セミナーや異業種交流会など社外経験があった場合に1，なかった場合に0をとるダミー変数である。⑤は，入社してから経営者に就任するまでに，社内プロジェクトを遂行したことがある場合に1，したことがない場合に

0をとるダミー変数である。②〜⑤はいずれも後継者の準備状況を示しているが，②は本稿が独自に着目した変数，③〜⑤は先行研究の指摘を参考にした変数である。なお，企業に関する変数とコントロール変数については，前節と同様である。

**表4　変数の基本統計量（モデル②）**

| カテゴリー | | 変　数 | 観測数 | 平均値 | 最小値 | 最大値 |
|---|---|---|---|---|---|---|
| 被説明変数 | | 「売上高経常利益率増加傾向」ダミー | 275 | 0.356 | 0 | 1 |
| 後継者に関する変数 | | 事業承継時の後継者の年齢（歳） | 275 | 44.764 | 25 | 69 |
| | | 意識して準備できる期間（年） | 275 | 8.080 | 0 | 44 |
| | | 「社内の特定部門で勤務していた」ダミー | 275 | 0.251 | 0 | 1 |
| | | 「社外経験あり」ダミー | 275 | 0.865 | 0 | 1 |
| | | 「社内プロジェクトの遂行経験あり」ダミー | 275 | 0.815 | 0 | 1 |
| 企業に関する変数 | | 事業承継時の業歴（年） | 275 | 51.549 | 2 | 210 |
| | | 「事業承継時黒字」ダミー | 275 | 0.771 | 0 | 1 |
| | | 「事業承継時売上高増加傾向」ダミー | 275 | 0.265 | 0 | 1 |
| コントロール変数 | 業種 | 「製造業」ダミー（参照変数） | 275 | 0.484 | 0 | 1 |
| | | 「建設業」ダミー | 275 | 0.084 | 0 | 1 |
| | | 「情報通信業」ダミー | 275 | 0.015 | 0 | 1 |
| | | 「運輸業」ダミー | 275 | 0.065 | 0 | 1 |
| | | 「卸売業」ダミー | 275 | 0.120 | 0 | 1 |
| | | 「小売業」ダミー | 275 | 0.073 | 0 | 1 |
| | | 「飲食店」ダミー | 275 | 0.000 | 0 | 0 |
| | | 「宿泊業」ダミー | 275 | 0.000 | 0 | 0 |
| | | 「サービス業」ダミー | 275 | 0.113 | 0 | 1 |
| | | 「不動産業」ダミー | 275 | 0.022 | 0 | 1 |
| | | 「その他」ダミー | 275 | 0.025 | 0 | 1 |
| | 事業承継実施年 | 「2008年」ダミー（参照変数） | 275 | 0.131 | 0 | 1 |
| | | 「2009年」ダミー | 275 | 0.091 | 0 | 1 |
| | | 「2010年」ダミー | 275 | 0.131 | 0 | 1 |
| | | 「2011年」ダミー | 275 | 0.124 | 0 | 1 |
| | | 「2012年」ダミー | 275 | 0.102 | 0 | 1 |
| | | 「2013年」ダミー | 275 | 0.105 | 0 | 1 |
| | | 「2014年」ダミー | 275 | 0.156 | 0 | 1 |
| | | 「2015年」ダミー | 275 | 0.160 | 0 | 1 |

## （2）推計結果

　推計結果を確認する（表5）。後継者の準備状況を示す変数をみると，意識して準備できる期間は，係数の符号がプラスで統計学的に有意となった。つまり，後継者が将来経営者になることを意識して準備できる期間が長かったほど，最近5年間の売上高経常利益率が増加傾向である確率が大きい。「社内の特定部門で勤務していた」ダミーは，マイナスで有意となった。つまり，後継者が入社してから経営者に就任するまでいくつかの部門で働いた場合と比べ，特定の部門で勤務していた場合のほうが，最近5年間の売上高経常利益率が増加傾向である確率が小さい。「社外経験あり」ダミーと「社内プロジェクトの遂行経験あり」ダミーについては，係数の符号はプラスであるものの，有意な結果とはならなかった[注6）]。

表5　推計結果（モデル②）

| 推計モデル | ロジットモデル | | |
|---|---|---|---|
| 被説明変数 | 「売上高経常利益率増加傾向」ダミー（最近5年間の売上高経常利益率が「増加傾向」であれば1，「横ばい」または「減少傾向」であれば0） | | |
| 説明変数 | | 係　数 | 標準誤差 |
| 後継者に関する変数 | 事業承継時の後継者の年齢 | −0.003 | 0.017 |
| | 意識して準備できる期間 | 0.026 * | 0.016 |
| | 「社内の特定部門で勤務していた」ダミー | −0.855 ** | 0.346 |
| | 「社外経験あり」ダミー | 0.465 | 0.459 |
| | 「社内プロジェクトの遂行経験あり」ダミー | 0.307 | 0.378 |
| 企業に関する変数 | 事業承継時の業歴 | −0.011 * | 0.006 |
| | 「事業承継時黒字」ダミー | −0.737 ** | 0.339 |
| | 「事業承継時売上高増加傾向」ダミー | 0.815 ** | 0.322 |
| 業　種 | | （記載省略） | |
| 事業承継実施年 | | （記載省略） | |
| 観測数 | | 275 | |
| 擬似決定係数 | | 0.095 | |

　ほかの変数をみると，事業承継時の業歴，「事業承継時黒字」ダミー，「事業承継時売上高増加傾向」ダミーはいずれも，前節と同様の結果となった。

## 5　親族内承継と親族外承継での準備状況の違い

　前節では，承継後の企業パフォーマンスを向上させるうえで，経営者になることを意識して準備できる期間を後継者に十分与えること，後継者を特定の部門にとどまらせないことが効果的とわかった。本節では，これら2点への取り組み状況が，親族内承継と親族外承継とで，どのように異なるかをみていく。

### （1）経営者になることを意識して準備できる期間
　まず，親族内承継と親族外承継とで，①入社したときの年齢，②将来経営者になるよう先代社長から初めて告げられたときの年齢，③経営者に就任したときの年齢，④経営者になることを意識して準備できる期間にどのような違いがみられるのだろうか。結果をみると，親族内承継では，①の平均値が26.4歳，②の平均値が32.7歳，③の平均値が42.2歳となっている（表6）。一方，親族外承継では，①の平均値が29.7歳，②の平均値が49.6歳，③の平均値が52.8歳となっている。
　③から②を差し引いて算出した④の平均値をみると，親族内承継が9.7年であるのに対し，親族外承継は2.9年と，経営者になることを意識して準備できる期間が短い。④の平均値について，親族内承継と親族外承継との差を*t*検定で確認したところ，*t*値は5.696となり，1％水準で有意な差であることがわかった。

表6　経営者になることを意識して準備できる期間

| | 全　体 | 親族内承継 | 親族外承継 |
|---|---|---|---|
| ①入社したときの年齢（平均値，歳） | 27.0（n=508） | 26.4（n=408） | 29.7（n=100） |
| ②将来経営者になるよう先代社長から初めて告げられたときの年齢（平均値，歳） | 36.9（n=300） | 32.7（n=226） | 49.6（n=74） |
| ③経営者に就任したときの年齢（平均値，歳） | 44.2（n=509） | 42.2（n=409） | 52.8（n=100） |
| ④経営者になることを意識して準備できる期間（③-②，平均値，年） | 8.1（n=300） | 9.7（n=226） | 2.9（n=74） |

## （2）社内での勤務経験

　次に，親族内承継と親族外承継とで，後継者が入社してから経営者に就任するまでの勤務経験に違いはあるのだろうか。後継者が特定の部門にとどまっていたかどうかをみると，親族内承継では「社内の特定の部門で勤務していた」の割合が22.2％であるのに対し，親族外承継では31.0％と多い（図）。両者の差についてカイ二乗検定を実施したところ，$p$値は0.066となり，10％水準で有意な差であることがわかった。

### 図　社内での勤務経験

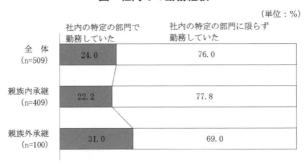

## 6　おわりに

　計量分析の結果，①親族内承継に比べ親族外承継のほうが，事業承継後の企業パフォーマンスが良くない傾向にあること，②事業承継後の企業パフォーマンスを向上させるうえで，経営者になることを意識して準備できる期間を後継者に十分与えたり，後継者に幅広い部門を経験させたりすることが効果的であること，

③親族内承継に比べ，親族外承継では効果的な準備に取り組めていないことがわかった。両者で準備状況が異なり，それが承継後の企業パフォーマンスの違いにつながっている実態が計量的に明らかとなった。

　先行研究との比較に言及すると，①については，子どもと役員・従業員に限定した分析を試みたことで，より精緻な推計結果を得られたと考えられる。②については，アンケートの記述統計やヒアリングによって導かれていた仮説を計量的に実証しただけではなく，これまで検証されていなかった決定要因を明らかにしたといえる。③については，親族内承継と親族外承継での準備状況の違いを初めて計量的に示したと考えられる。

　親族外承継に取り組んだ中小企業が承継後も成長していくには，将来経営者になることを早い段階から後継者に意識させておいたり，社内の幅広い業務を経験させておいたりする必要がある。しかし，第1節で述べたとおり，親族内承継と同じように取り組むことは容易ではない。そこで例えば，子どもがいない場合はもちろん，子どもが引き継ぎを悩んでいる，子どもの能力に不安があるなど，少しでも親族外承継に取り組むことが想定される場合は，経営者選抜のルールを社内で明文化したり，従業員が集まる場で定期的に事業承継に対する考え方を発信したりするなどして，将来経営者になる「可能性」があることだけでも，従業員に意識させておく必要がある。

　また，特定部門の経験しかない従業員が後継者となる場合，承継後に後継者の不得意な分野をサポートできる人材，いわゆる右腕が必要となるケースが多い。そうした人材を養成するには，普段から，経営者が単独で舵取りをするのではなく，できる限りほかの役員や従業員に権限を委譲することで，チームで経営する体制にシフトしておくことが有効と考えられる。中小企業には今のうちから，親族外承継を見据えた体制づくりを進めてほしい。

　最後に，今後の研究課題として分析対象の拡充を挙げておきたい。第3節でみたように，本稿では，比較的規模の大きい中小企業を分析対象としていたからである。例えば，小規模な企業では，必ずしも幅広い業務を経験することが効果的とは限らず，専門的な技術やスキルを徹底的に磨くことのほうが，承継後の企業パフォーマンスに好影響をもたらす可能性もある。中小企業全般の実態を明らかにしていきたい。

〈注〉
1　アンケートの概要は第3節第1項を参照。
2　アンケートの調査時点は2008年6月，調査対象は中小企業3,000社（同族企業かつ
　　代表者が5年以内に交代した企業1,500社，同族企業ではなく代表者が5年以内に交
　　代した企業1,500社），調査方法は郵送配布・郵送回収，有効回答数は306件（有効回
　　答率10.2％）である。
3　アンケートの調査時点は2009年7月，調査対象は当公庫（国民生活事業，中小企業
　　事業）の融資先24,569社，調査票は発送・回収ともに郵送。回収数は9,397件（回収率
　　38.2％）である。なお，「小企業」は従業者数19人以下の企業，「中企業」は同20人以
　　上の企業として，分析している。
4　複数の事業を営んでいる企業には，直近決算期で売上高が最も大きい業種を回答し
　　てもらった。
5　ここでいう従業者数は，常勤役員，正社員，非正社員の数の合計を指す。なお，請
　　負契約や派遣契約による人員は非正社員に含まない。
6　サンプルや被説明変数，説明変数を変えて異なる切り口で分析した佐々木（2019）
　　では，社内プロジェクトの遂行経験が支持されていることから，必ずしも効果がない
　　とは言い切れない。今後も検証を重ねていきたい事項である。

〈参考文献〉
1　足立裕介・佐々木真佑（2018年8月）「親族外承継に取り組む中小企業の実態」『日
　　本政策金融公庫論集』第40号pp.33～52
2　久保田典男（2011年9月）「世代交代期の中小企業経営―次世代経営者の育成」『日
　　本中小企業学会論集』第30号pp.17～31
3　公益社団法人中小企業研究センター（2008年12月）「中小企業の事業承継に関する
　　調査研究～永続的な成長企業であり続けるための事業承継～」『調査研究報告』
　　No.122
4　三井逸友（2015年8月）「企業家・後継者の能力形成と事業承継―『中小企業の新
　　陳代謝の促進策』にかかる調査研究」『商工金融』第65巻第8号pp.5～32
5　日本政策金融公庫総合研究所（2010年3月）「中小企業の事業承継」『日本公庫総研
　　レポート』No.2009- 2
6　佐々木真佑（2019年11月）「事業承継後の企業パフォーマンスの決定要因」『日本政
　　策金融公庫論集』第45号pp.19～34
7　安田武彦（2005年8月）「中小企業の事業承継と承継後のパフォーマンスの決定要
　　因―中小企業経営者は事業承継に当たり何に留意するべきか―」『中小企業総合研究』
　　創刊号pp.62～85

（査読受理）

# 心理的オーナーシップ論による非親族承継の分類
## —個人保証に着目した3類型—

事業承継Lab.　津島晃一

## 1．はじめに

　日本の事業承継の数を増加させるには，金融機関がより主体的に中小企業に関わる必要がある。本研究は，まず，事業承継に与える個人保証の影響と現状の問題点を整理し個人保証の引き継ぎへの関心を喚起する。第3節では個人保証と経営者の関係を心理的オーナーシップ論で説明する。第4節では代表的な非親族承継の事例を分析する。最後に，事例分析の結果から非親族承継を3つに分類し，金融機関にこの分類の利用を促すための政策的含意を示す。

## 2．事業承継と個人保証

　個人保証をめぐっては，これまで20年にわたる活発な議論が展開され，制度の改正が大きく前進してきた。ここでは，その成果の1つである「経営者保証に関するガイドライン」（以下ガイドラインと表記）の問題点を検討する。

### 2-1　個人保証制度の改正で見えてきたこと
　個人保証をしていると保証している債務の負担が大きいために，経営者が事業承継を希望する時に後継者が現れず，経営者が引退できないといった弊害が生じてしまう。ガイドライン制定の動機のひとつには，このような深刻な事態を是正することにあった（経営者保証に関するガイドライン研究会事務局，2014）。
　このガイドラインと並行して，10年以上にわたり，もう1つの個人保証に関する重要な議論が進められていた。こちらの議論では，ガイドラインの議論とは違った意義が生まれた。それが，民法改正の議論である（山野目章夫，2017）。

　結論的に言うと，経営者や大株主が個人として企業の債務を保証する場合の個人保証だけが，保護の対象からはっきりと除外された。

　個人保証制度に関する２つの改正論議によって，事業承継にも影響が現れてきている。金融庁の報告によると，全国の金融機関から，2016年10月〜2019年３月の２年半分（半年ごとの５回の合計）として129,794件の事業承継に該当する報告があった（金融庁，2019年６月）。その中で，企業の新旧の代表者が共に個人保証をする必要がなくなったのは，全体のわずか9.6％である。この報告は，ガイドラインができても，ほとんどの企業の事業承継において個人保証の解除ができていないことを示している。

　これらの現状について，特に法曹関係者が活発に議論している（事業再生研究機構，2018：経済法令研究会編，2019年４月，経済法令研究会編，2019年５月）。法曹界から最重要として指摘されたのは，事業承継が行われたのに，新旧いずれの経営者も個人保証を提供している二重徴求問題である。二重徴求が招いている事業承継の危機に関し，政府は，ガイドラインの新たな特則を推奨する方法でもって，原則的に二重徴求の禁止を求めている（金融庁，2019年12月）。

## 2-2　ガイドライン運用の行き詰まり

　仮に，政府の働きかけで二重徴求が大幅に減少したとしても，事業承継に関するガイドラインの運用にはまだまだ課題が多く残っている。中小企業白書はガイドラインの課題として次の３つを指摘している（中小企業庁，2019，p.145）。①金融機関の判断基準が曖昧で無保証への予見可能性が低い。②金融機関の現場の判断・対応にバラツキがある。③金融機関は税理士・弁護士などの専門家と一緒に申し出ないと対応しない。たとえ二重徴求問題が大きく改善したとしても，白書が指摘する課題の解決は簡単ではない。つまり，これらの課題は，事業承継における個人保証の根源的な問題を示しているといえる。

　事業承継の円滑化を目指すガイドラインが運用されても，なおも上記３つの課題が指摘されるのには，次の３つの理由がある。①法的拘束力がなく金融機関に強制的に個人保証を外させることができない。②長年法曹界がリードしてきた「個人保証は外すべき」という理念に限界がある。③実態には「個人保証は引き継げる」という概念があるのにそれを軽視してきた。言い換えれば，これまでの法曹界による「個人保証は原則外すべき」であるという議論には，実態の一部し

か反映していない偏りがあった。加えて，金融機関には中小企業金融での現状維持的な姿勢が見られ，ガイドラインへの本気の取り組みが為されてきたとは言い難い。

　金融機関のガイドラインへの取り組みについては，金融庁からすでに警鐘が鳴らされている（金融庁，2019年4月）。それは，改正民法での，第三者保証への対応についてである。2020年4月の施行からは第三者保証が厳格に制限されるので，経営者と第三者の明確な区別が必要となる。しかしながら，金融庁によるとそれへの準備が不十分な金融機関が多数であるという。

　金融庁は，ほとんどの地域銀行が，旧経営者が引き続き代表権や一定程度の株式を保持しているなどをもって実質的に経営権を有していると見ている。もしそうなら，むしろ旧経営者は保証解除が期待できないがために，やむを得ず経営権を維持している可能性が高いと見るべきである。また，経営に関与していない旧経営者からの保証徴求に関して，まだ検討が進んでいない地域銀行が5割以上あるという。ここからは，旧経営者から新経営者への個人保証の引き継ぎが行えるという視点の欠如が窺える。

　こうした現状は「個人保証の引き継ぎ」に関する議論が欠落していた結果である。現状の金融機関は，個人保証の解除を優良企業に限定したり，解除のために必要な企業への支援に踏み込まなかったりという不作為を犯している。ガイドラインを事業承継に貢献させるためには，この点の議論を喚起したい。

### 2-3　個人保証の引き継ぎを円滑にする議論の必要性

　ガイドラインが期待されたほど事業承継に貢献できていないのは，個人保証はできるだけ外すべきであるという議論があまりに単純で事業承継の実情にそぐわないからである。筆者は，これまで非親族承継で個人保証が引き継がれた事例を報告している（津島晃一，2012：2017：2018：2019）。個人保証の新旧経営者間での引き継ぎを観察しないと，事業承継の円滑化に寄与する真の政策は見えてこない。ただし，わずかではあるが非親族承継における個人保証の扱いについての議論がある。やはり法曹関係者の議論において，①オーナーチェンジの場合の旧経営者の保証，②オーナーチェンジが為されていない場合の旧経営者の保証，この2つのケースに分けて検討がなされている（事業再生研究機構，2018，pp.120〜126）。これらの検討からは，個人保証を新旧経営者から外そうとしても，金融

機関と中小企業の取引の個別性が強いがために議論が行き詰まっていることが分かる。そこからは，この問題を克服して規定化することの限界が見えてくる。つまり，事業承継の場面で過度に個人保証に依存する融資を見直すとしても，新旧経営者の双方共に外す，あるいは少なくとも一方の個人保証を外す場面をあらかじめ規定することはできないと考えられる。

　実務を規定することが出来ない議論は不毛であり，視点を変えるしかない。視点を変えるとしたら，外すことが第一義ではなく引き継がれることがそれより重要であるという観点に立つ方が望ましい。つまり，事業承継を円滑にしつつ金融機関の債権を保護するには，旧経営者が担っていた個人保証を，金融機関が承認する新経営者にスムーズに引き継がれるよう促すことが重要なのである。

　増加する非親族承継には，もちろんM&AやMBOなどの株式の売買によるものも含まれる。それらとは別に，大株主が事業承継後も変更無く所有株を保持しつつも，少数株主等が借入と個人保証を引き継いで経営を担う事例も含まれる。この点について，中小企業白書からも，該当する事例が多数存在する可能性を見て取れる（中小企業白書，2019，pp.143〜144）。白書では，事業承継した企業の借入金はほとんどそのまま引き継がれているとされる。また，実際に事業承継が完了する前から，経営者保証の引き継ぎが推測されるとある。

　こうしたことから，事業承継の円滑化には個人保証の引き継ぎを当然としつつ，非親族承継研究の未開拓な分野に焦点を当てる必要がある。その際，個人保証を引き継ぐ非親族の経営者に資する理論として心理的オーナーシップ論を用いる。

## 3．心理的オーナーシップ論と個人保証

　実際に，金融機関から借入のある大多数の中小企業では，主として経営者が個人保証を担っている。これは，紛れもない危険負担であり，統治の主体たる経営者ならではの役割である。個人保証が経営者による自主的な行動であるとすれば，そこには高いレベルの心理的オーナーシップがあると見ることができる。

　心理的オーナーシップ論は，自己と対象物との関係での位置付けで次のように説明できる。一人の個人は自己とその対象物との間に存在する距離を認識しているが，そこに「自分（たち）のもの」という意識が生まれて自己と対象物との距離が縮まり，やがては対象物が自分のものであるかのように思え，自己と対象物

との区別がつかなくなる。ついには自己と対象物を同一視することにさえなる（Dirks, Cummings and Pierce, 1996, p.3）。

　次には，心理的オーナーシップがどのようにして経営者の最終決定権の確立に貢献するのかを説明する。企業の従業員が持つ心理的オーナーシップの根源には，次の主要な3つの動機が見出せる。それらは，第1が自己効力感，第2が人と企業との同一性意識，そして第3は人が企業においてある立場を有することである。これら3つの動機によって，普通の従業員でも責任感が生じ心理的オーナーシップの高まりへと繋がる（Pierce, Kostova and Dirks, 2001, p.300）。

　ただし，従業員ではなく，経営者が個人保証することも，これら3つの動機のいずれとも深く関係することになる。つまり，経営者には，自ら個人保証をすることによって，3つの動機が形成され心理的オーナーシップが一気に高まる。その結果，個人保証をした経営者は，株式所有の裏付けがなくともオーナー経営者と同等の責任感を持つのである（Dirks, et al., 1996, p.5: Pierce, Jussila, and Cummings, 2009, p.484）。

　一般的に，オーナー経営者には，株式所有割合に裏付けられた範囲での権利と責任が備わっていると認識されている。ところが，個人保証をした経営者は，仮に所有株式がなかったとしても会社の負債に応じた責任が生じるので，おのずとその責任感もオーナー経営者に引けを取らない。その結果，個人保証をした経営者には最終決定権が確立されると考えられる。最終決定権の確立に至る過程では，次のような心理的オーナーシップの高まりが生じるものと考えられる。これについては，上述の3つの動機それぞれに基づいて説明する。

　まず，第1の動機である自己効力感に対してである。個人保証は金銭消費貸借契約に付従するが，企業にとって経営革新のためのような前向きな資金調達であれ，当座の運転資金のようなつなぎの資金調達であれ，経営者がそのために個人保証することの有効性は，普通の従業員の貢献とは比較にならない。経営者が，個人保証で果たす役割を自覚しておれば，自ずと大きな自己効力感を持つ。この時の自己効力感は，個人保証をしていない株主の自己効力感とは異質である。

　次に，第2の動機である同一性意識に対してである。個人保証をした経営者は，少なくとも借入金の完済までは，個人資産を担保として企業に提供したのも同然の意識となるので，自身と企業を一体化して認識する。そのため，自ら個人保証するほどの責任感は，従業員はもちろん，他の個人保証をしていない経営陣のメ

ンバーや，株主をも含めた誰の責任感とも異質である。そして，個人保証してい
るという意識が，経営者に，自分には特別な責任があるという自覚を長期にわ
たって持ち続けさせる。また，個人保証をした経営者の同一性意識は，株式所有
割合に影響されることがない。

　さらには，第3の動機である立場を有することに対してである。経営者が個人
保証すると，取引金融機関に認められた存在として，企業を代表していることが
明示される。この動かしがたい事実は，この経営者の存在感を他者に対して優越
させる。すなわち，個人保証した経営者は，企業内で，もはや容易に他者からの
干渉を許さない排他的な場所を確保したと見做される。ここでの排他的な場所と
は，株主であろうと安易に立ち入ることができない場所である。個人保証をした
経営者は，この排他的な場所において自立した経営が行える。

　Pierce, et al.（2001）によれば，株主であるという法的オーナーシップは，社
会の中で優先的に認識されており，その権利は社会的に保護されるべく特定され
ている。片や，経営者の心理的オーナーシップは，経営者が，前述した3つの動
機のうちの1つの感覚を持っているときに，企業に関係する「個人」によって優
先的に認識される。故に，心理的オーナーシップによる責任感と権利を規定する
のは，企業に関係する個人であるということになる（Pierce, etal., 2001, p.307）。
個人保証をする経営者は，保証することでもって法的な権利を社会的に保護され
ることはない。しかしながら，個人保証をする経営者は，企業に関係している個
人から，経営者としての責任感と権利を他に優先して認識されるのである。

　そういう意味でも，経営者は，ステークホルダーとしての個人から特別視され
た上で株主に対峙できる。加えて，経営者が個人保証をした場合，その地位はさ
らに別格となるのは当然である。これが，個人保証をした経営者が最終決定権を
確立できる理由となる。

## 4．調査分析

　経営者の最終決定権は，株式所有割合に応じて確立するというのが一般的な見
方である。これを本稿では，株式所有割合が一定以上に達している場合，経営者
には法的オーナーシップがあるする。ところが，経営者の最終決定権は，法的
オーナーシップすなわち株式保有割合でのみ確立するのではない。前節で述べた

ように，心理的オーナーシップによっても最終決定権の確立は見られるのである。本節では，これを事例の調査でもって説明する。

### 4-1　インタビュー調査の概要

　ここでは，法的オーナーシップの視点でサンプルの分析を行い，それに続いて心理的オーナーシップの視点での分析も加える。サンプルは，非親族承継を行って社長に就任した中小企業経営者をインタビュー調査して収集したデータの中から抽出する（津島，2012）。インタビュー調査で明らかにしたい主要なことは，①社長の最終決定権はどのような状態になっているか，②社長の株式所有割合はどの程度か，③社長が個人保証しているか，の3点である。

　全てのインタビュー対象者は，コンサルタント・税理士・公認会計士・経営者からの紹介に依った。業種・規模・業績等は一切考慮に入れず，①2代目以降であること，②前社長とは親族関係ではないこと，という2つの条件をもとに選んだ。2011年1月から6月までの6ヶ月間に北海道から熊本県の13道府県にある中小企業の社長34名に半構造化インタビューを実施した。

　インタビューデータの分類は，社長であるインタビュー対象者が最終決定権をどの程度確立しているかを確認しながら行った。その際，重点的に評価したのが，インタビュー対象者による経営革新を行った実績である（村上義昭・古泉宏，2010，p.5）。社長自ら経営革新を行ったことが確認できると，その社長には最終決定権が確立できていると見做した。この基準で社長の最終決定権の有無を確認した上で，法的オーナーシップと心理的オーナーシップの両面で各者を判定した。

　まずは，法的オーナーシップに関してみると，34人のインタビュー対象者が3つに分けられる。それぞれ，議決権の多寡で判定し該当する人数を示す。

　1つ目は，社長が，全株所有または過半数など他の株主と比較して圧倒的多数の自社株を所有しているケースである。これを，議決権で他を圧倒する状態の「完全支配」とし8人である。2つ目は，社長以外の創業家などのオーナー一族によって過半数の自社株が所有されているケースである。これを，大株主に議決権で劣る少数株主の状態の「劣後」とし21人である。3つ目は，社長が自社株を所有していないケースである。これを，議決権が無い状態の「無し」とし5人である。次に，心理的オーナーシップに関しては，Pierce, et al.（2001）における心理的オーナーシップの根源にある主要な3つの動機を基準にし，かつ個人保証を

しているか否かで評価する。すなわち，社長が個人保証をしておれば，心理的オーナーシップが「高位」とする。言い換えると，自己効力感を持って経営革新に取り組んでいること，企業と自分を一体として同一視していること，企業を我が家同然に考えていることの３つの動機を十分に満たしている状態である。他方，社長ではあるが個人保証をしていなければ，心理的オーナーシップが「中位」とする。その場合は，上の３つの動機に欠けるところがあると見做される。34人のインタビュー対象者を上記の基準で分けると，「高位」が27人で「中位」が7

## 表１：インタビュー対象者のサンプルの概要

| 社長名 | 法的オーナーシップの状況 | 心理的オーナーシップの発展段階 | 最終決定権の状況[*1] | 株式や保証に関する考え方[*6] |
|---|---|---|---|---|
| | 株式所有割合[*2] | 個人保証[*3] | 主な経営革新[*4] | |
| A | 完全支配 | 高位 | ○ | 前社長の未亡人に経営を妨害された経験から、経営者には十分な持株が必要 |
| | 70% | 引き継ぎ | 人員整理 | |
| B | 完全支配 | 高位 | ○ | 株は5割以上必要だが、社員の中で株を買ってくれる人はいないので結果的に全部持つことになった |
| | 100% | 引き継ぎ | 新社屋建設 | |
| C | 創業家に劣後 | 高位 | ○ | オーナーとの人間関係には配慮するが、社長としての判断のことで オーナーを意識することはない |
| | 17% | 引き継ぎ | 経営計画策定 | |
| D | 創業家に劣後 | 高位 | ○ | 銀行の指名で保証人になっているが、株を半分以上持って乗っ取ったと思われたくはない |
| | 40%[*5] | 引き継ぎ | 新規出店 | |
| E | 創業家に劣後 | 中位 | × | 鉛筆1本にしてもオーナーの物だから経費が使いにくく、ワンマンにはなれない |
| | 5% | × | — | |
| F | 無し | 中位 | × | 前社長から大株主であり保証人であることを誇示されており、自分には経営責任もないが人事権もない |
| | 0% | × | — | |

＊１：社長の最終決定権が確立していれば○，していなければ×
＊２：調査時点での社長の所有株数/全株数
＊３：当初の二重徴求解消も含み「引き継ぎ」，していなければ×
＊４：社長が主導した代表的な経営革新項目，無ければ—
＊５：創業オーナーが60%所有
＊６：各インタビュー対象者の特徴の要約

人となる。以上を整理すると，法的オーナーシップにおける「完全支配」と，同じく「劣後」あるいは「無し」の場合における心理的オーナーシップの「高位」または「中位」の組み合わせができる。結果として3種類に分けられる（表1）。

## 4-2　「完全支配」で「高位」

まずは，「完全支配」のグループの中から特に積極的に経営革新に取り組んだ実績を持つ社長としてA氏とB氏を選んだ。両氏は，個人保証をしており心理的オーナーシップの発展段階としても「高位」である。

そのうちA氏の場合，創業オーナーだった前社長の遺言と従業員の支持によって社長に就任した。ところが，相続で大株主となった前社長の未亡人から経営の妨害を受けることになった。ここで，誰が個人保証を引き継ぐべきかをメインバンクに質した際，未亡人ではなくA氏が連帯保証人になるよう求められた。

そこで，A氏は止む無く株式の買い取りによって未亡人の排除を断行した。結果的に，A氏は，多額の資金負担をしながらオーナー経営者になった。直ちに，A氏は，未亡人の介入による業績低迷を人員整理によって立て直した。

A氏の事業承継では，個人保証を引き継ぐ覚悟を決めたことが自らオーナー経営者になる決断につながった。つまり，個人保証をすることで心理的オーナーシップが一気に「高位」に達し，法的オーナーシップの確立へ道を開いたといえる。

## 4-3　「劣後」で「高位」

次のC氏とD氏は，いずれも少数株主であり「劣後」といえる。それでもとりわけ顕著な経営革新の実績がある社長として選んだ。両氏は，いずれも自ら発案した経営革新を断行しており，その際にオーナー一族の介入を許していない。ここに，心理的オーナーシップが「高位」であることを窺い知ることができる。そして，その裏付けとして個人保証の存在が確認できるのである。

そのうちC氏は，100年余を経た老舗企業で，創業以来オーナー経営が続いた後，初めて非親族承継を行った4代目社長である。C氏によると，前社長は1年目こそしばしば相談に乗ってくれたが，以降は自分で決めろという姿勢で全く干渉しないという。株式所有については無頓着で，所有株式はオーナーに勧められるままに買っただけだという。

　ところが，個人保証を1人で担うようになってからは経営に対する思いが一変したという。それは，社長就任の1年半後に借入金を一纏めにして借り換えた際，前社長から1人で個人保証を引き継いだときのことだった。それ以来，自ら主導した経営革新には強い思い入れが生じたという。つまり，自分が先頭に立って推進する投資について，社長の自分が個人保証しなくては意味が無いと考えている。C氏の場合，どんな投資も，オーナーに個人保証を依存するようでは経営革新には至らないと考えている。

　C氏は，法的オーナーシップが劣後することに何ら臆するところがない。むしろ個人保証を代われるものだったら代わってみろと言わんばかりの迫力を持っている。そうした気迫をもって心理的オーナーシップの表れとみるべきであろう。

### 4-4　「劣後」で「中位」

　続くE氏も，C氏D氏と同じく少数株主の「劣後」である。また，F氏は持ち株の無い「無し」である。いずれからも経営革新の実績を聞き取ることがなかったので選んだ。E氏もF氏も共に会長をはじめとするオーナー一族に対抗できないことを覚っている。また，心理的オーナーシップの側面から見ても，C氏D氏に見られたオーナー一族を物ともしないような気概はE氏にもF氏にも感じられない。最終的にはオーナー一族の方針に従うほかないと考えている。両氏は，個人保証をしておらず心理的オーナーシップは「中位」と見做す。

　このうちE氏は，創業オーナーから引き継いだ2代目社長である。他社での経験を買われ営業の責任者をしていたが，前社長に請われて社長に就任した。E氏には，自社がオーナー企業であるという認識があって，株式に関しては特段の関心もない。たまたまオーナーが分け与えてくれた株式を持ってはいるものの，そこに意味を感じているわけではない。社長になっても，会社の鉛筆一本さえオーナーである会長の所有物であるという目で見ているという。法的オーナーシップに対するこだわりがないのである。

　会長の子息が3代目として期待されていることを知っているので，自分は中継ぎであるという自覚がある。しっかり利益を出して資産を増やし，そのうえでバトンを渡すのが使命だとE氏は考えている。

　社長就任前と同様に営業にのみ責任を持つが，E氏自身が資金繰りに関わることはなく取引銀行とも挨拶程度である。資金の決済はすべて会長夫妻が行ってい

る。E氏はオーナー一族の資産へ介入しないよう配慮している。こうした点からも，敢えて自分の会社としての意識を抑えている一面が伺え，心理的オーナーシップが「高位」であるとは言えない。

## 5．3分類の有用性

前節の結果を基に，ここでは日本での非親族承継を3つに分類して各々の特徴を示す。続いて，3類型が事業承継の円滑化に寄与すべく政策的な含意を示す。

### 5-1　3類型の特徴

前節では，法的および心理的オーナーシップの本研究における定義を示し，それぞれの程度を示す基準を設けた。次には，6人の社長が2人ずつ該当する3グループを各々，買収型，個人保証型，中継ぎ型と名付ける。以下，3類型それぞれの特徴を説明する。

はじめに買収型（類型1）である。これには，A氏とB氏が該当し，法的オーナーシップと心理的オーナーシップが共に「高位」である。両氏はいずれも株式を買収して従業員からオーナー社長になったので，MBOを実施したと見做される。また，両氏共に先代社長から個人保証を引き継いでいる。

この買収型には，MBOだけでなく通常のM&Aを通じてオーナー社長になった場合も含まれる。ただし，企業の売買において前の経営者が個人保証していた債務が精算されることがある。このような借入金がない場合を含め，買収型では，個人保証によって経営者の最終決定権を論ずる上で心理的オーナーシップ論を用いる必要性が乏しい場合がある。買収型では，オーナー社長が個人保証を担うことになる。したがって，経営に関する支配権が一元化され，エージェンシー問題の発生の恐れがない。社長の最終決定権は絶対的に保護される。とはいえ，株式の買収には通常多額の資金が必要となる。そのための調達が借入に依存する場合は，返済での個人としての負担が大きい。そして，次回の事業承継時に同様の方法を期待すると，購入時以上の価格での売却先を探す難しさがある。

次に，個人保証型（類型2）である。これには，C氏とD氏が該当し，法的オーナーシップは低位であるが心理的オーナーシップは個人保証をしていることによって「高位」である。すなわち，社長とは別にオーナー一族が存在するが，オー

ナー一族からの経営への介入は制約されている。

　個人保証型では，社長が，株式所有割合でオーナー一族に劣後するため解任される危険性がある。オーナー一族からは，社長によって株主の資産の侵害が起こるエージェンシー問題が警戒されやすい。しかし，現実には，個人保証をしている社長をオーナーが解任した場合，その個人保証を誰かが引き継がねばならない。この場合の社長解任には，解任するオーナー側のリスクが伴うので実行可能性が低いと見るべきである。また，個人保証型の社長は，株式の買収に関わる資金が必要ないので，資金調達をしなくても直ちに就任が可能である。

　そして，中継ぎ型（類型３）である。これには，Ｅ氏とＦ氏が該当し，法的オーナーシップは低位であり心理的オーナーシップは「中位」である。すなわち，社長は，株式所有割合でオーナー一族に劣後し個人保証を担うことがない。

　中継ぎ型では，最終決定権がオーナー一族にあるので，社長は管理労働者である。企業が親族承継を基本としながらも，何らかの事情で一時的に非親族に社長職を任せる必要があるときに用いられる形態である。オーナーである経営者が病気であるとか，オーナー一族の後継者が若く経験不足である場合などによく見られる。オーナーが経営管理能力の高い人物を選んで社長に据えるため，オーナー一族の意向が経営に反映されやすくエージェンシー問題が生じにくい。

　以上を基に３つの類型を表２に整理した。経営者や後継者が非親族承継を検討する際や，金融機関が取引先の企業の事業承継を観察する際に活用できる。

### 表２：非親族承継の３類型

| 類型＼オーナーシップ | 法的 | 心理的 | 個人保証の引き継ぎ | 社長の最終決定権 | オーナーにとってのエージェンシー問題の発生可能性 | 社長の株式所有に関わる個人的資金負担 |
|---|---|---|---|---|---|---|
| 買収型 | 高位 | 高位 | 無し or 有り | 確立 | 低い | 大きい |
| 個人保証型 | 低位 | 高位 | 有り | 確立 | 高い | 小さい |
| 中継ぎ型 | 低位 | 中位 | 無し | 無し | 低い | 小さい |

表１および２はいずれも筆者が作成した。

## 5-2　政策的な含意
ここで示した３類型は，非親族承継の選択肢を示すものである。親族承継の準

備が出来ない経営者や企業を買収したい経営者が，非親族承継を行う際の方向付けを支援できる。つまり，後継者難と言われる多くの企業において，廃業や解散以外にこれだけの選択肢が明示されることに意義がある。

　特に，個人保証型では，経営に意欲を持つ人材がいたとして，そうした後継者が資金は無くとも社長に就任すれば資産形成ができる可能性がある。それは，個人保証をしている社長として相応しい報酬と退職慰労金を獲得すべく，経営に勤しむことで成し得る。経営への献身の結果は業績に反映され，オーナー一族や従業員の期待にも報いられる。

　また，中継ぎ型も，不完全な事業承継として軽んじられるべきではない。企業存続の手段として，あるいは経営陣の若返りに貢献する可能性がある。さらに，オーナー一族や親会社の後継者の育成にも役立つと考えられる。

　今後，事業承継全体の数の増大を目指す観点では，個人保証型への事業承継支援策が必要である。それには，従来の事業承継税制とは異なる新たな取り組みを要する。すなわち，企業の借入金に着目して，個人保証の引き継ぎを容易にする政策が求められる。具体的には，引き継ぐ側の後継者にインセンティブを与える政策を作る必要がある。例えば，後継者が個人保証を引き継いで社長に就任する場合は，金利面や返済期間に関わる優遇処置が可能になるよう予算処置を講じるべきである。

　これらの政策は，金融機関をして中小企業の事業承継問題への積極的な介入を促す。事業承継問題の当事者として金融機関が主体的に責任を負う姿勢を見せなければ中小企業を見捨てるに等しく，さもなければ金融機関自らの存続も危うい。

　こうした支援策が実行されれば，病気や高齢などの問題を抱える社長の引退が促進されるであろう。また，株式の移転の問題に時間的猶予が生まれて，購入や納税の資金の準備に余裕が生まれるであろう。それによって，停滞している日本の事業承継が円滑化されるものと期待できる。

**〈参考文献〉**

1　中小企業庁（2019年）『中小企業白書（2019年版）』日経印刷
2　Dirks, K.T., Cummings, L.L. and Pierce, J.L. (1996) Psychological Ownership in Organizations: Condition under which Individuals Promote and Resist Change, *Research in Organizational Change and Development*, Vol.9, pp.1-23.

3　事業再生研究機構（2018年）『中小企業の事業承継と事業再生』商事法務

4　経営者保証に関するガイドライン研究会事務局（2014年）『これでわかる経営者保証』きんざい

5　経済法令研究会編（2019年4月）「座談会　経営者保証の現代的課題小林信明・石川靖・貴田仁郎・河原万千子（上）」『銀行法務21』No.841　pp.12〜21

6　経済法令研究会編（2019年5月）「座談会　経営者保証の現代的課題小林信明・石川靖・貴田仁郎・河原万千子（下）」『銀行法務21』No.842　pp.19〜29

7　金融庁（2019年4月）『地域銀行に対する「経営者保証に関するガイドライン」のアンケート調査の結果について』https://www.fsa.go.jp/news/30/ginkou/20190411/01.pdf　2019年6月28日閲覧

8　金融庁（2019年6月）『民間金融機関における「経営者保証に関するガイドライン」の活用実績』https://www.fsa.go.jp/news/30/ginkou/20190628-2/01.pdf　2019年6月28日閲覧

9　金融庁（2019年12月）『「経営者保証に関するガイドライン」の特則の積極的な活用について』https://www.fsa.go.jp/news/r1/ginkou/20191224.pdf　2020年5月23日閲覧

10　村上義昭・古泉宏（2010年）「事業承継を契機とした小企業の経営革新」『日本政策金融公庫論集』第8号，日本政策金融公庫総合研究所，pp.1〜30

11　Pierce, J.L., Jussila, I. and Cummings, A. (2009) Psychological ownership within the job design context: revision of the job characteristics model, *Journal of Organizational Behavior*, Vol.30, pp.477-496.

12　Pierce, J.L., Kostova, T. and Dirks, K.T. (2001) Toward a Theory of Psychological Ownership in Organizations, *Academy of Management Review*, Vol.26, No.2, pp.298-310.

13　津島晃一（2012年）「中小企業の非親族承継」神戸大学経営学研究科専門職大学院修士論文

14　津島晃一（2017年）「中小企業における所有と支配の分離：経営者保証による最終決定権の確立」嘉悦大学大学院博士後期過程博士論文

15　津島晃一（2018年）「事業承継を通じたエージェンシー問題と個人保証」『事業承継学会誌』vol.7 pp.136〜152

16　津島晃一（2019年）「中小企業の事業承継と主体的・制度的条件：非親族承継に関する一考察」『21世紀中小企業者の主体形成と継承：人格成長と事業環境，制度的政策的支援』同友館 pp.161〜206

17　山野目章夫（2017年）『新しい債権法を読みとく』商事法務

（査読受理）

# 中小ファミリービジネスにおける
# 境界連結者の役割とスピンオフ企業の創出

東洋大学　山本　聡

小松精機工作所　小松隆史

## 1．問題意識と本論文の貢献

　日本は世界有数のファミリービジネス大国である。日本の中小企業の大半はファミリービジネスであり，日本の中小企業研究でも，ファミリービジネスの論理に焦点が当てられるようになっている。中小企業の小規模性や組織の単純性を鑑みれば，その経営行動は，大企業と比べて，社会情緒的資産などファミリービジネスの論理を色濃く反映する。本稿では中小ファミリービジネスにおけるスピンオフ企業の創出プロセスに着目する。スピンオフ企業とは「母体企業のコーポレート・アントレプレナーシップが，独立した企業として結実したもの」だと捉えられる(Bager, T., et al., 2010)。そして，中小ファミリービジネスのコーポレート・アントレプレナーシップにはファミリービジネスの論理が介在することが繰り返し指摘されている（Gomez-Mejia, L.R., et al., 2011）。

　日本では産業構造の変化が急速に進展している。その中で，スピンオフ企業は新事業や新産業を創出する役割を担うとされた（山田，2004）。以上より，母体企業としての中小ファミリービジネスがどのようにコーポレート・アントレプレナーシップを発露し，スピンオフ企業の創出に至ったのか，そこにファミリービジネスの論理がどう介在したのかを問いとして設定し，探索的に解答することは学術上，経済政策上の意義と妥当性がある。日本の中小企業研究でも稲垣（2003）と長山（2012）などで，母体企業とスピンオフ企業の関係に焦点が当てられてきた。稲垣（2003）ではイタリアの包装機械企業を対象に「スピンオフ連鎖」の概念を提示した。そして，従業員が母体企業にて，起業に関する学習をし，起業を動機付けられ，起業に必要な経営資源を得るためのネットワークを構築すること

で，スピンオフ企業が創出されるとした。長山（2012）は，技術者が母体企業内外における「実践コミュニティ」の中で，製品開発に関する技術的な知識や創業に関する知識を学習し，スピンオフ企業を創出すると指摘した。しかし，これらの研究では，ファミリービジネスとしての母体企業の性質，ファミリーとしての経営陣の行動の論理とスピンオフ企業創出の関係が捨象されている。

　本稿では上述したプロセスを探索的に解明するにあたり，独自の分析視点として，「境界連結者」と「心理的オーナーシップ」の二つの概念を提示する。後述するように，境界連結者は自社と他組織を繋ぎ，組織に革新をもたらすとされる（Ryan, A., and O' Malley, L., 2016）。近年，ファミリーとしての境界連結者の行動（＝境界連結行動）が分析対象の俎上に上がっている（Herrero,I., and Hughes, M., 2019）。これは心理的オーナーシップも同様である。ただし，ファミリービジネスからのスピンオフ企業の創出プロセスに関して，境界連結行動とその駆動力としての心理的オーナーシップを分析視点に設定した研究は非常に少ない。言葉を変えれば，ファミリービジネスの経営における論理，ファミリーの境界連結行動，スピンオフ企業創出といった事象は分析対象としてリンクされてこなかった。こうした既存研究の空隙を埋めるための仮説の提示が本稿の貢献である。

　本稿では，山田（2004）や長山（2012）に則り，中小製造企業を母体企業とした研究開発型のスピンオフ企業に着目する。具体的には，長野県諏訪市の著名な自動車部品企業のファミリー・経営陣である小松隆史 専務取締役（以下，小松氏）の行動と語りを叙述し，同氏がスピンオフ企業を創出したプロセスに焦点を当てる。

## 2．既存研究のレビューと分析視点の構築

　中小ファミリービジネスがコーポレート・アントレプレナーシップをどのように発露しているのか，そのプロセスや程度に関する学術上の関心が高まっている（Eser, G., et al., 2012）。例えば，近年，ファミリービジネス研究で着目されている論理が，社会情緒的資産である。そこでは，ファミリービジネスの経営に関する意思決定や行動に関しては，非金銭的な要因が大きな役割を果たすとしている。中小ファミリービジネスは「ファミリー・メンバーに地位や役割を与えるた

めに，新たな事業や部門を立ち上げる」と述べられているが，そこに介在する論理の具体的な記述は少ない（Gomez-Mejia, L.R., et al., 2011）。中小ファミリービジネスのアントレプレナーシップは，事業承継の際の世代間の関わり合いなどファミリー・メンバー間の協働や人間関係が重要とされる（落合，2014）。そうした関係の軸となるファミリー・メンバーが，コーポレート・アントレプレナーシップの発露に際し，どのような論理の下にどのように行動をしているのか，その具体的な姿は十全には明らかになっていないのである。

　本研究ではこうした既存研究上の空隙に対し，探索的研究を行うための視点として，境界連結と心理的オーナーシップの二つの概念を援用する。一つ目の境界連結は経営学における古典的な概念であり，自社と顧客企業や大学，研究機関など外部組織を連結させ，ある環境に適合させる行為のことを示す。そして，その役割を担う主体のことを境界連結者と呼ぶ（Aldrich, H., and Herker, D., 1997）。既存研究では，境界連結は企業経営に関する様々な事象に介在していると指摘されている。企業が事業機会を発見したり，活用したりするには，外部からの新たな知識の獲得が必要になる（Zahra et al（2009））。例えば，Comacchio, Bonesso, and Pizzi.（2012）は産学連携による大学から企業への知識移転に境界連結の概念を用いている。Aldrich and Herker（1977）では，境界連結者には以下の二つの機能があるとしている。一つは外部からの情報を処理し，利用可能性を高めて，自社に搬入する「情報処理」である。もう一つは，自社の代表として，外部から資源を獲得する「外部代表」である。また，境界連結者は特有の思考と行動から，企業に革新と新事業をもたらす。さらに，境界連結者がより多くの起業家精神を有したとき，当該事業はスピンオフ企業となり，独立することになる（Bager, T., et al., 2010）。言い換えれば，スピンオフ企業の創出は，企業におけるコーポレート・アントレプレナーシップをより顕著に発露した結果なのである。

　なお，中小ファミリービジネスでは境界連結は経営陣の主たる役割の一つとされてきた（Eriksson, T., et al., 2014）。それでは，境界連結行動の駆動力は一体，何なのだろうか。中小ファミリービジネスにおけるファミリーの境界連結者としての駆動力に関して，既存研究から，以下のような仮説的な論理が導出できる。ファミリーは境界連結者の役割を担うに足る意欲と権限を有していることが多い（Samara, G., et al., 2018）。ファミリー・メンバーはえてして，自社のアイデンティティに照らし合わせながら，他のメンバーと相互に「自分には何ができるか」，「自

分はどのような役割を担うのか」といったアイデンティティを構築しようとする（Wielsma, A.J., and Brunninge, O., 2019）。その上で，個々のファミリー・メンバーは自社におけるセルフ・ポジショニングを行うのである（Mussolino, D., et al., 2019）。これらの議論を探索的研究に用いることを目的として，本稿では心理的オーナーシップを仮説的な分析視点として，提示したい。心理的オーナーシップとは，「ある組織をどのくらい"自分のもの"として感じられるか」という概念である（Pierce, J.L., et al., 2001）。より具体的にはある組織において，何かをできる「有効感」，何かによって他者と区別される「自己同一性」，何かに属しているという「所属」の三つの要素をどのくらい感じるか，その統合された程度から構成されている。近年，心理的オーナーシップは中小ファミリービジネスのコーポレート・アントレプレナーシップの程度に正の影響を与えるとされている（Rau, S.B., et al., 2018）。幾つかの既存研究では，個人の心理的オーナーシップの程度は境界連結行動の程度に関係があるとも示唆されている。ただし，心理的なオーナーシップと境界連結行動の二つの事象が，ファミリービジネスの論理を介在させた上でどのように結び付いているかは既存研究では明らかになっていない。これらの既存研究の成果から，本稿の仮説的分析視点として，図表1を描ける。ファミリー・メンバーが有効性，自己同一性，所属の三つの心理的オーナーシップの要素を向上させようとする。その一つの手段として，ファミリービジネスの論理の下，境界連結者としての外部代表と情報処理の機能を果たす。その延長線上にスピンオフ企業を創出する。以上を仮説的な分析視点としながら，次節では探索的な事例研究を行う。

**図表1．本稿における仮説的分析視点**

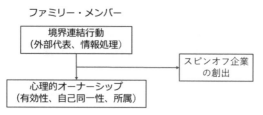

## 3．事例研究

### 3-1．事例研究の対象としての妥当性

　本稿では小松精機工作所 専務取締役/ナノ・グレインズ社長 小松氏のシング
ル・ケースを提示する。長期的な追跡調査によるシングル・ケースの分析は，仮
説の提示のための有用な手段の一つである。既存研究でも，上野・北山（2014）
やLewis（2015）などシングル・ケースを用いた研究は数多い。また，当該ケー
スは事例研究上の知見が最大限に得られるようなものでなくてはいけない。その
ため，事例に関して，一に事例研究上の特徴から示唆的であること，二に事例研
究対象が自身の経験を他者と開放的に共有することに興味があることが条件にな
る（Eriksson, T., et al., 2014）。一に関して，小松精機工作所はその社名が示す
ように，小松家が所有・経営する典型的な中小ファミリービジネスである。ただ
し，ドイツの大手自動車部品企業のPreferred Supplierであり，主力事業である
「燃料噴射ノズル」の世界シェアは数十％までに上る。タイに海外生産拠点も有
し，グローバルな事業展開を特徴としている（詳細は山本（2016）参照）。グッ
ドカンパニー大賞，地域未来牽引企業など社外からの評価をえている。加えて，
小松氏はナノ・グレインズをスピンオフ企業として創出したことにより，アント
レプレナーシップ・オブ・ザ・イヤーJapan2016甲信越代表に選ばれ，ナノ・グ
レインズ自体も経済産業省から地域中核企業に認定されている。ナノ・グレイン
ズは山田（2004）や長山（2012）が言及する研究開発型のスピンオフ企業として
捉えることができる。そのため，既存研究との整合性も高い。二に関して，小松
氏の企業家行動とその延長線上にあるスピンオフ企業に関しては，本稿の第一著
者により，9年間の追跡調査が行われている（山本，2016など）。また，小松氏
は本稿の第二著者にもなっていて，これは自身の経験を他者と開放的に共有する
ことの証左である。

### 3-2．小松氏のライフヒストリーの概要

　小松氏のライフヒストリーの年表とファミリーの家系図は図表2と図表3のよ
うになる。小松氏は東京電機大学卒業後，ファミリーの中で，唯一の理工系学位
の取得者として，小松精機工作所に入社した。生産技術部に配属された後，ドイ
ツ企業との取引に従事するために，英国に留学する。帰国後，2002年から独立行

政法人材料・物質研究機構（以下，NIMS）との共同研究を推進する。地元の商工会議所が地域の中小製造企業に対し，NIMSとの共同研究を募集しており，それに呼応したのである。NIMSとは超微細粒鋼と高窒素ステンレス鋼に関する加工技術と製品展開の研究を展開していった。そうした中で，小松氏は経済産業省の戦略的基盤技術高度化支援事業（サポイン事業），地域新生コンソーシアム研究開発事業に申請していく。その上で，産学連携事業を展開することで，研究開発資金を獲得し，材料に関する新たな知識を社内に搬入していったのである。当該研究成果を論文として，発刊することを目的として，2004年頃から学会活動にも参画していく。2016年には東京電機大学から博士号も授与されている。一方，小松氏はドイツ企業やアメリカ企業との取引にも上述した研究機関・大学との共同研究で得られた知識を援用した。ドイツ企業などでは，調達担当者が博士号を有していることも珍しくない。また，ドイツ企業とは「顧客からの要望・相談」，「提案と仕様の決定」，「試作金型の製作」，「トライ成形，試作品の納品」，「量産化」，「納品」の各工程で，レビューが頻繁に繰り返された。その際，NIMSや大学との共同研究によって得られた知識が肝要になった（山本，2016）。

　なお，ドイツ系自動車部品企業との取引に専従していたことから，小松氏はドイツの自動車関連のプレス部品企業が医療機器産業に展開を始めていることを認識していた。その結果，医療機器産業参入を志向するようになったのである。その上で，ある学会で，国内大手医療機器企業B社の担当者の前で，報告する機会を得た。さらに，B社に招聘され，当該研究・実験を社内で行った。そして，小松氏は自社がこれまで共同研究を推進し，蓄積してきた「超微細粒鋼の加工特性」の技術・ノウハウが医療機器に応用できることを認識した。小松氏は医療機器産業参入のため，超微細粒ステンレス鋼などの金属材料の研究開発や内視鏡用処置具などの医療機器ODMを実施するナノ・グレインズを起業している。

### 3-3．出来事における語りと解釈

　3-2で示したライフヒストリーに関し，小松氏の意思決定と行動に関する「出来事」をまとめたものが図表4である。図表4では，これまでにアーカイブされた小松氏のライフヒストリーに関して，「小松精機工作所入社」から「ナノ・グレインズの立ち上げ」の10の出来事が示されている。以下，本稿の分析視点に基づき，解釈をする。まず，小松氏は小松精機工作所に入社した際，生産技術部に

図表２．小松氏のライフヒストリー年表

```
1971年 7月生まれ
1995年 3月　　東京電機大学　工学部　機械工学科卒業
1997年 9月　　ロンドン大学　キングス校　国際経営学修士満期退学
1999年10月　　小松精機工作所　入社　生産技術部　配属
2001年　　　　ドイツの大手自動車部品企業の担当になる
2001年　　　　物質・材料研究機構との共同研究開始
2008年〜　　　物質・材料研究機構　外来研究員
2010年 9月　　Ph.D取得活動開始（東京電機大学　工学部　松村研究室）
2011年 9月　　EWACC（英国企業 アート関係　国際芸術コンペ等）　アドバイ
　　　　　　　ザー就任
　　　　　　　社内では，生産管理課→製造部を歴任
2014年11月　　㈱ナノ・グレインズ　代表取締役社長　（兼務）
2016年 3月　　東京電機大学　博士号取得
2016年11月　　EY アントレプレナーシップ・オブ・ザ・イヤー Japan 2016 甲信
　　　　　　　越代表
```

図表３．小松氏の家系図

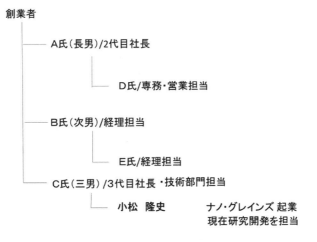

配属された（出来事①）。その上で，以下のように語っている。

　「加工機の全ての実習と全ての製造部門を回ったのは社内でも自分ひとりであ
　り，社内で可能な加工技術の把握を行うことができた」（出来事①：小松隆史
　の語り）

　先述したように，小松氏はファミリー全体の中で，唯一の理工系学位の取得者
である。そのため，ファミリー・メンバー間の関係性の中で，生産技術部への配
属がなされたと考えられる。ビジネスの中で，自身特有のポジショニングを受動
的になされたことが，二つの出来事の背景に存在している。そして，出来事③で，
小松氏はNIMSとの境界連結を遂行している。出来事③に関しては，

　「小松精機工作所内に材料に詳しい人は，現社長（当時専務）だけであったため，
　今後の企業競争力と経営者としてのポジショニングとしての知識を得らえる機
　会と判断した」
　「事業承継していくにあたって，（NIMSとの共同研究で），自分のポジション
　を獲得しようとした」
　「ファミリー・メンバーだったので，自分でできるかどうかを選択することが
　できた」（以上，出来事③：小松隆史の語り）

といった語りがなされている。すなわち，小松氏はファミリーから，ファミリー・
メンバーの中でのポジションを先行的に与えられている。そうしたポジションに
立脚した上で，ファミリーの中での事業承継を念頭に置き，「有効感」，「自己同
一性」，「所属」といった心理的オーナーシップを高めるため，境界連結者として
の役割を担うことを意思決定したのである。加えて，ファミリーとしての権限か
ら，境界連結者の機能としての外部代表も獲得している。出来事④や出来事⑤は，
境界連結者の機能としての情報処理がなされ，小松精機工作所に知識が搬入され
ている様が示されている。

　「学会の会場にて，多くの研究者を知り，また研究内容を知ることで，ここで
　得た知識を，帰社後の問題解決につなげることができた．特に腐食の問題分析

図表4．小松氏の起業に至る出来事

| 年 | 出来事 | 内容 |
|---|---|---|
| 出来事① 1999年10月 | 小松精機工作所入社 生産技術部配属 | 自動車の品質規格であるQS9000の翻訳を担当．当時は英語版しかなく，日本語に翻訳。ISO9002のマニュアルへの展開を実施． |
| 出来事② 2000〜2001年 | 工作，製造部門での実習 | すべての加工機の実習と金型の組み込み実習を行う．すべての製造部門を回り，プレス，切削関係の量産を経験 |
| 出来事③ 2001年 | STX−21共同研究会参加 | 諏訪商工会議所が中心の材料研究会参加．NIMSが開発した「超微細粒鋼」と「高窒素ステンレス鋼」の加工技術開発を11社の連携で推進 |
| 出来事④ 2004年 | 鉄鋼協会での学会発表 | NIMS鳥塚博士の勧めで，鉄鋼協会に入会。広島大学で共同研究の成果を学会発表 |
| 出来事⑤ 2005年 | 顧客クレーム | アメリカのA社から「製品に傷がついていた」とのクレーム． |
| 出来事⑥ 2010年 | 小松精機工作所　製造部長就任 | 生産管理課長を退任し，製造部部長となった． |
| 出来事⑦ 2011年3月 | ICOMM2011国際学会出席 | オリンパスメディカルシステムズの開発本部長と出会う。 |
| 出来事⑧ 2013年7月〜 | 小松精機工作所研究開発部設立 | 次世代の基盤技術開発を行うための部門を設立 |
| 出来事⑨ 2013年6月 | ナノ・グレインズ起業準備開始 | 休眠会社だった小松精機工作所の子会社ケイエステクノスの株を買い取り，新会社設立準備開始。オリンパスで内視鏡処置具の設計担当だった鈴木啓太を医療機器開発部長とした。 |
| 出来事⑩ 2013年11月 | ナノ・グレインズ起業 | 社名をケイエステクノスからナノ・グレインズへ変更し，活動開始 |

は参考になった」

「学術的な再現実験と分析を行い，海外顧客のクレームに回答した。すると，クレームが取り下げられ，分析に対する返礼を受けた．特に海外における品質保証の責任者は，大学等での教育を受けており，学術的な課題解決手順に沿った形で回答することは。国が違っても相手に理解されることを知った」

（以上，出来事④と出来事⑤：小松隆史の語り）

　これらの情報処理は，心理的オーナーシップと外部代表の伸長に繋がっていると推察できる。その証左として，小松氏は2010年に博士号取得を開始し（出来事⑥），2013年7月には超微細粒鋼や精密プレス技術を自社内で展開することを目的として，小松精機工作所内に研究開発部を設立している（出来事⑧）。これに対し，小松氏は以下のように語っている。

　「これまで顧客ニーズに対応することを主とするのが小松精機工作所だった。今後の環境変化を予想すると，自ら課題を設定し，開発投資をする文化に変化することが必要で，そのために必要な組織構築であると考えた」（出来事⑧：小松隆史の語り）

　そして，小松氏はこれらの境界連結行動の中で，2011年3月に微細加工に関する国際学会ICOMM2011に参加し，オリンパスメディカルシステムズの開発本部の担当者と出会うことになる。その結果，自身がNIMSと行った「超微細粒鋼の加工特性」に関する研究成果に医療機器産業への展開の可能性があることを知った。すなわち，出来事⑦では新たな事業機会を発見するに至ったのである。2012年には，大手医療機器企業のオリンパスメディカルシステムズでのプレゼンテーションの機会を得たことで，当時，当該材料の担当者だった鈴木啓太氏と邂逅する。そして，医療機器産業への参入を企図するようになる。ただし，小松精機工作所での新事業としてではなかった。2013年11月に鈴木啓太氏を共同創業者として，ナノ・グレインズを起業した（出来事⑨，出来事⑩）。この件に関し，小松氏は

　「医療機器はISO13485などの医療機器向けの品質管理と専門知識が必要であるため，小松精機工作所と分けて設置をすることとした」
　「小松精機工作所は顧客の要求を100％具現化することを是としてきた。経営状態も良く，その文化がうまくいっているのに，わざわざ変える必要はないし，会社の伝統を壊したくない。小松精機工作所としては，ものづくりだけに集中できる環境を作るべきだし，社内にリスクが生じることを回避したかった」
　（出来事⑨と出来事⑩：小松隆史の語り）

図表5．境界連結者の行動とスピンオフ企業の創出におけるファミリーの論理

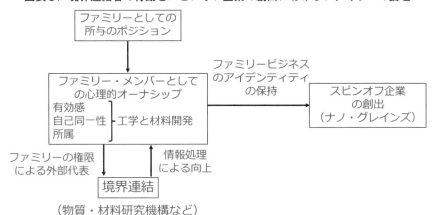

（物質・材料研究機構など）

と語っている。すなわち，ナノ・グレインズ起業の背景には，境界連結行動の深化に加えて，社会情緒的資産の理論で言われるアイデンティティの保持があったことが示唆される。小松氏は境界連結行動から，ファミリービジネスに対する心理的オーナーシップを伸長させてきた。その結果，小松精機工作所の従来のアイデンティティと相容れない部分が生じた。そのため，自身の境界連結行動の成果を，スピンオフ企業として，独立させることを選択したのである。これらの出来事と解釈を，本稿の仮説的分析視点に照らし合わせると図表5のようになる。

## 4．結論と残された課題

小松氏は以下のように境界連結者としての役割を果たした。まず，中小ファミリービジネスの中で，「工学」や「生産技術」といった緒となる位置付けを与えられた。

その上で，ファミリー・メンバーとしての事業承継を見据え，心理的オーナーシップを向上させるため，「材料」に着目し，NIMSとの境界連結行動を開始する。ファミリーの中で，自身の有効感，自己同一性，所属を確立し，向上させることと，外部から搬入すべき経営資源としての「材料の加工特性に関する知識」を重ね合わせたのである。そこには，ファミリー・メンバーとしての権限の大きさに

依拠した外部代表が介在している。さらには，境界連結における情報処理から，材料の加工特性に関する知識を社内に搬入することで，心理的オーナーシップが向上するといった経路も示唆されている。小松氏は社内に研究開発部を設立したり，医療機器産業に関する事業機会の発見をしたりする。こうした取り組みは社内新規事業としてではなく，スピンオフ企業としてのナノ・グレインズの創出として，結実する。この背景には，境界連結行動によって，社内に搬入してきた知識が小松精機工作所の従来のアイデンティティとは十全には相容れなかったことがある。すなわち，本ケースにおけるスピンオフ企業創出には，ファミリービジネスの論理の介在が示されている。

　以上，本稿ではファミリービジネスの経営における論理，ファミリーの境界連結行動，スピンオフ企業創出といった個々の事象をリンクさせた。その上で，① ファミリーがファミリー・メンバーの相互関係から，所与的にファミリー内の位置付けを得ている，② 当該ファミリーは心理的オーナーシップを向上させようと，境界連結行動を開始している，③ ファミリーの権限の大きさが外部代表の役割に影響を与えている，④ ファミリービジネスのアイデンティティの保持のためにスピンオフ企業を創出している，ことを提示した。冒頭で述べたように，日本の中小企業研究では，母体企業内部における起業家としての従業員の行動とスピンオフ企業創出の関係に焦点が当てられ，そのメカニズムの解明が企図されてきた。企業の大半はファミリービジネスであり，それは母体企業も同様である。そのため，本来はスピンオフ企業創出のプロセスには，ファミリービジネスの論理が介在するはずである。しかし，既存研究ではそうした部分が捨象されてきた。本稿ではファミリービジネスの論理，ファミリーの境界連結行動，スピンオフ企業の創出をリンクさせ，その空隙を埋める発見的事実を提示した。以上が本稿の中小企業研究における学術上の貢献である。ただし，本稿では，当事者である小松氏の経歴や意思決定，行動にのみ焦点が当てられている。その他のファミリー・メンバーの行動や意思決定，その延長線上にある小松氏との具体的な関わり合いや協働，人間関係には踏み込めていない。家族経営に関する既存研究成果を接続した上で，そうした部分を明らかにすることが今後の課題である。

〈参考文献〉

1　Aldrich, H., & Herker, D. (1977). Boundary spanning roles and organization structure. *Academy of Management Review*, 2(2), 217-230.

2　Bager, T., Ottosson, H., & Schott, T. (2010). Intrapreneurs, entrepreneurs and spin-off entrepreneurs: similarities and differences. International Journal of *Entrepreneurship and Small Business*, 10(3), 339-358.

3　Comacchio, A., Bonesso, S., & Pizzi, C. (2012). Boundary spanning between industry and university: The role of technology transfer centres. *Journal of Technology Transfer*, 37(6), 943-966

4　Eriksson, T., Nummela, N., & Saarenketo, S. (2014). Dynamic capability in a small global factory. *International Business Review*, 23(1), 169-180.

5　Eser, G., Demirbağ, O., & Yozgat, U. (2012). The effects of family-business related characteristics and strategic planning on corporate entrepreneurship. *Procedia-Social and Behavioral Sciences*, 58, 906-913.

6　Gomez-Mejia, L.R., Cruz, C., Berrone, P., & De Castro, J. (2011). The bind that ties: Socioemotional wealth preservation in family firms. *Academy of Management Annals*, 5(1), 653-707.

7　Herrero, I., and Hughes, M. (2019). When family social capital is too much of a good thing. *Journal of Family Business Strategy*, 10(3),

8　稲垣京輔 (2003)『イタリアの起業家ネットワーク』白桃書房

9　Kellermanns, F. W., Eddleston, K.A., Sarathy, R., & Murphy, F. (2012). Innovativeness in family firms: A family influence perspective. *Small Business Economics*, 38(1), 85-101.

10　Lewis, K.V. (2015). Enacting entrepreneurship and leadership: A longitudinal exploration of gendered identity work. *Journal of Small Business Management*, 53 (3), 662-682.

11　Mussolino, D., Cicellin, M., Iacono, M.P., Consiglio, S., & Martinez, M. (2019). Daughters' self-positioning in family business succession: A narrative inquiry. *Journal of Family Business Strategy*.

12　長山宗広 (2012)『日本的スピンオフ・ベンチャー創出論』同友館

13　落合康裕 (2014)「ファミリービジネスの事業継承と継承者の能動的行動」『組織科学』47(3), 40-51.

14　Pierce, J.L., Kostova, T., & Dirks, K.T. (2001). Toward a theory of psychological ownership in organizations. *Academy of Management Review*, 26(2), 298-310.

15　Rau, S.B., Werner, A., & Schell, S. (2018). Psychological ownership as a driving factor of innovation in older family firms. Journal of Family Business Strategy.

16　Ryan, A., & O'Malley, L. (2016). The role of the boundary spanner in bringing about innovation in cross-sector partnerships. *Scandinavian Journal of Management*, 32(1), 1-9.

17　Samara, G., Jamali, D., Sierra, V., & Parada, M.J. (2018). Who are the best performers? The environmental social performance of family firms. *Journal of Family Business Strategy*, 9(1), 33-43.

18　上野恭裕, 北山寛樹. (2014). 新事業開発の初期段階におけるMBA教育の役割. 日本ベンチャー学会誌, 23, 15-29.

19　Wielsma, A.J., & Brunninge, O. (2019). "Who am I? Who are we?" Understanding the impact of family business identity on the development of individual and family identity in business families. *Journal of Family Business Strategy*, 10(1), 38-48.

20　山田幸三 (2004)「研究開発型スピンオフベンチャーの創出」『上智經済論集』49(1), 143-156.

21　山本聡 (2016)「中小製造企業におけるドイツ企業との強靱な取引関係の構築と顧客連結能力」『中小企業学会論集』36 96-108

本研究は科学研究費補助金 若手B (16K17176)「中小・小規模企業の国際的アントレプレナーシップと地域公的機関活用モデル」(研究代表者 山本聡) および基盤C (19K01872)「中小企業の海外市場参入プロセスにおける従業員の企業家行動の促進・阻害要因と自律性」(研究代表者 山本聡) の支援を受けている。

（査読受理）

# 境界のマネジメント

―中小企業のM&Aと境界連結者による信頼の形成―

名古屋大学　川崎綾子

## 1．研究課題と本論文の目的

米国の大企業はレイターステージのベンチャーのM&Aを通して，飛躍を遂げてきた。しかし日本のレイターステージの中小企業のM&Aを成功させる方法については，議論の余地がある。近年では後継者難の中小企業がM&Aを受け入れることで親族外承継を果たす現象が見られるが，こうした現象は実務的な視点から論じられることが多く，理論的な視座による研究はまだ少ない。親族外承継の例では買い手企業が中小企業との交流を限定的なものとする，弱いつながりが観察され，買い手は中小企業への信頼感が高まるにつれて，そのつながりを弱めている。しかし，こうした信頼の姿を充分に明かした研究は少ない。そこで本論文では企業間のつながりの強さ―交流頻度，企業間を結びつける境界連結者の視点から，レイターステージの中小企業と買い手企業間の信頼形成の過程を考察する。

## 2．関連する先行研究

### 2．1　中小企業の買収の課題

後継者難の中小企業―レイターステージの中小企業のM&A研究の多くは，実務や会計の視点に基づく（根岸, 2007；中井, 2008）。ベンチャーを含む中小企業（以下「中小」）に関する研究では，大企業による中小の買収が成功することはめったにないとされる（Doz, 1988）。その理由の1つには，M&Aが信頼感や独立心を破壊しうる（Badaracco, 1991）ことがある。中小はより大規模な企業に丸め込まれて，元々のアイデンティティを失う可能性がある（Doz, 1988）。中小のM&Aを成功させる鍵は，買い手企業に対する中小側の不信感の克服であるといえる。

## 2.2 信頼に関する先行研究

　信頼は，相手が自分を犠牲にして利己的に行動しないだろうという信念（Uzzi, 1997）や期待（山岸, 1998）である。取引には機会主義的な行動の危険が内在するため，相手を信頼するという行為自体がリスキーな行動である（Das and Teng, 2001）。信頼は，相手が相互の利益のために動かない可能性—関係的リスク（Das and Teng, 1996）と関連の深い概念であり，Williamson（1993）は信頼を，関係的リスクを受容する決断と定義している。

　直接の頻繁な交流—強いつながり（Granovetter, 1973）では互いの親密度が向上し，信頼が育まれやすい（Krackhardt, 1992）。また全要素が直につながる「密なネットワーク」では情報が容易に伝わるため，相互監視のシステムとして働きやすく，各要素は信頼されるように行動せざるをえない（Rowley et al., 2000）。閉じた強いつながりを通して生まれる信頼は「善意に基づく信頼」と呼ばれる。これは双方が相手企業に対して，契約を超えて進んで貢献することを期待している状態であり，両社の共同発展を目指すものである。「1.約束厳守の信頼」は相手が契約などの事前の同意を，制裁を加えずとも守ってくれるだろうという期待である。「2.能力的な信頼」は相手がその役割を充分に果たしてくれるだろうという期待である（図1）。1と2の信頼は評判などの前情報を基に形成される場合もある（事前の信頼）。「3.善意に基づく信頼」は協働経験から生まれる事後の信頼である（Sako, 1992, 張, 2004）。3つの信頼は図1のように発展していく。

### 図1　企業間信頼の発展

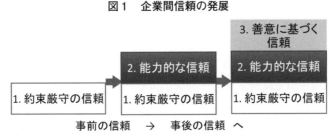

出所：張（2004），p.45，図2-4を加筆修正

　交流頻度の低い「弱いつながり」上に生まれる信頼は契約・能力ベースの信頼と呼ばれるが（若林, 2006），こうした信頼の形成方法には，まだ不明瞭な点が

多い。

　信頼にはエージェンシー費用（Jensen, 2000）の削減効果があるとされる（小山, 2007）。たとえば株主が，その「エージェント」として株主の代わりに行動する経営者を信頼できるようになれば，経営者を監視する費用を削減できる。

### 2.3　境界連結者に関する先行研究

　組織の周辺や境界で活動し，組織を外部と結びつける人々は境界連結者[注1]と呼ばれ（Leifer and Delbecq, 1978），企業間の信頼形成に主導的な役割を果たしうる（若林, 2006）。若林（2006）は境界連結者の例として自動車・電機産業の系列における発注企業と外注企業各々の品質管理者を挙げている。境界連結者には，起業家的な性質が求められる。たとえば大企業のイントラプレナーは窓際族，あるいは誰にも文句をいわれないほど安定した地位にいるため，パートナーシップ成功のための多大な個人的リスクを取る場合がある（Doz, 1988）。一方「媒介者」は，パートナーシップを結ぶ当事者企業とは独立の第三者であり，両社を初めてつなぐことで得られる自身の利益に関心がある（Burt, 2004）（図2）。

**図2　境界連結者と媒介者**

出所：筆者作成
（注）菱形：一企業，○：個人

### 2.4　リスク受容行動—信頼感を表す指標—

　先述のように信頼は，リスクを受容するという決断である。そこで本論文では，一方の企業による関係的・財務的なリスクの受容行動を，相手企業に対する信頼感を表す一指標とする。具体的には，心理的・肉体的・金銭的なコストを，相手企業のために（厭わずに）費やす行動を「リスク受容行動」とみなす。

## 3．セレンディップ・コンサルティングと天竜精機株式会社の事例研究<sup></sup>[注2]

　本節ではセレンディップ・コンサルティング（以下「セレンディップ」）による天竜精機株式会社のM&A活動の中に，買い手企業と売り手企業間の信頼形成プロセスを観察する。セレンディップは複数の中小のM&Aに成功しており，かつ各中小との信頼関係を構築できている点で稀有な事例であるために選定した。その中でも天竜精機株式会社（以下「天竜」）はM&Aの時期が最も早いため，同事例が後のM&Aを成功させる契機となったと考えられる。よって以下では天竜の事例を，①企業間を最初に結びつける役割を果たしたセレンディップの髙村会長，②M&A実行以後の関係性のマネジメントに貢献したセレンディップの竹内社長と髙村会長および，天竜側のCFOの行動に注目しながら観察する。

　天竜（資本金6300万円）は長野県でコネクタ関連自動機や電池自動機などの装置を製造する企業である。主な取引先には第一電子工業，ソニー，パナソニックなどがある。当時の芦部社長（以下「芦部氏」）は自身の後継者を身内や社内に見出せずにいた。そこで日本M&Aセンターに相談した所，事業承継型M&Aの買い手として2社が名乗りを上げた。最終的に芦部氏はセレンディップを選択し，同社は2014年10月，天竜の株式を100％保有する形でM&Aを実行した。

　セレンディップは名古屋市に位置するコンサルティング企業であり，資本金は5億7000万円，グループ全体の売上高は約250億円である。主な役員はトーマツ出身の髙村会長，UFJ総合研究所出身の竹内社長であり，株主には元ポッカ名誉会長や元日興証券部長らが名を連ねる。これらの事実が芦部氏からセレンディップへの信頼感を形成した。また同氏は同業の買い手であると，天竜の顧客が情報漏洩を心配しうると考えていたが，セレンディップは同業ではなく，秘密厳守に長けた監査系企業出身者が導く企業であるため機密漏洩の心配を抱きにくかった。

### 3．1　天竜からセレンディップに対する信頼形成の背景
①企業間の独立性維持の約束
　芦部氏が株式譲渡に際して出した条件は，独立性の維持—社名を残し，社員の雇用を守ることであった。芦部氏は上述の理由から，セレンディップがこうした約束を守ってくれるという期待（信頼）をもつことができた。事実，セレンディップはこれらの条件をすべて認め，M&Aでは両社間の秘密保持契約が結ばれた。

②セレンディップ側の尽力による天竜の成果向上，買い手からの監視の減少

　セレンディップの髙村会長は，天竜の新社長として小野氏を見出した。彼は日立グループで製造機器を長年販売し，営業本部長の際は工場長も経験した逸材である。天竜ではソニーやパナソニックなどの新規顧客の獲得に成功した。天竜のM&A実行直後（2014年）の売上高は約20億円であったが，小野社長やセレンディップ，CFOの主導で原価低減活動を実施した結果，2015年には約１億円の増益となった。2016年には売上20％増予算を実現し，2017年には売上40％増予算（当初比）を達成した。天竜には赤字の期間もあったが，忍耐強く仕損費削減などに勤しむことで躍進を遂げた。以下ではこうした成功の一要因としての経営活動について概観する。この経営活動は他の被M&A企業群にも共通するものである（図３）。

　セレンディップはM&Aの実行前から，各中小の中期経営計画―100日プランを策定する。M&A実行初日には，①取締役会・経営会議メンバーの選定，②プロジェクト・マネジメントの設定を行う。②はセレンディップと各中小の社長（小野社長）が行うが，髙村会長によれば②の実行は，２日目から中小側に任せる。100日プランとプロジェクト・マネジメントの実行には合計で１〜２年を費やす。

**図３　M&A実行当初の企業間交流―全ての被M&A企業に共通の経営活動―**

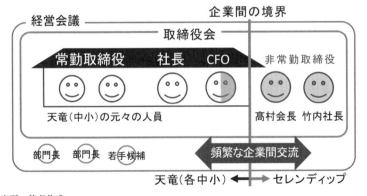

出所：筆者作成
（注）塗りつぶしの顔：セレンディップ側の人員であることを示す

図３の「経営会議」は取締役会の前会議である。M&A実行当初は週１程度行

われるため，企業の境界を越えた「頻繁な企業間交流」があるといえる（図３）。ただし経営会議や取締役会での髙村会長と竹内社長の役割は一貫して，非常勤取締役である。竹内社長によれば，経営会議の頻度は中小側の100日プランの達成度に応じて週１程度から月１程度に減らしていく。髙村会長も同様に「実質で判断しております。経営会議での報告資料と報告内容が落ち着いてきたら回数を減らして参ります」と述べている。頻度の減少に応じて髙村会長や竹内社長は中小側に招かれる形となり，リーダーシップもセレンディップから中小側に移していくという。ここではセレンディップ側の重役が，企業間交流（経営会議）の頻度を減少させることで，中小に対する監視の手を緩めている。

　③セレンディップ側の重役を，天竜のCFOの地位に配置する行動

　図３の「CFO」はセレンディップが，天竜などの全中小に常駐させている人員であり，セレンディップにおける肩書（事業企画部のシニアマネジャーや部長）も維持している。給与もセレンディップが支払う。買い手企業と中小の双方における肩書をもつため，図３ではCFOの顔を２色に塗り分けている。インタビューによればCFOは永続的に常駐するのではなく，中小の「整備や成長軌道を描ければ，次は新たにグループインした会社の整備を行っていく」者として配属される。またCFOは各中小の経営に携わる一方で「セレンディップ本体の経営方針やグループとしての事業の方向性を各子会社に展開していく」役割も担っており，M&A実行以後もセレンディップの人員との交流をもつ。セレンディップの代わりに，利益などの財務面をチェックする役割も果たしている[注2]。

## 3．2　天竜からセレンディップに対して形成された３つの信頼

　セレンディップが何らかの資金を要する際には，髙村会長が各中小に声を掛ける。すると天竜の芦部氏などが同社の株を購入してくれる。金額は億単位であるという。ここに天竜側から，セレンディップの将来の能力への期待が伺える。

　またセレンディップの依頼により，芦部氏は約１年間会長として天竜を見守った。2016年に退任し，経営は完全に小野社長にバトンタッチされた。ここでは小野社長（と社長を見出したセレンディップ）の経営能力への信頼が見受けられる。2015年の記事で芦部氏は「会社（天竜）に来る回数も徐々に減らしてフェードアウトしていくんだろうな，という感覚がありますね」と述べている[注3]。この時，

同氏は会長として天竜に残っていたが，天竜や関係企業であるセレンディップとの交流が減りつつあることが伺える。同年11月には別の記事で，セレンディップによるM&Aの良さについて，経営者の集まりなどで語っていきたいとしている[注4]。事実，芦部氏は取材応対やメディア出演を通して，セレンディップやその経営手法を広報する役割を担っていた。こうした活動は契約上の約束事ではないため，セレンディップの将来発展を願う中小側の善意が見受けられる。

　以上より，天竜からセレンディップに対して形成されてきた信頼としては次の３点が挙げられる。第一に自社株を100％譲渡し，買い手側の人員を自社の重役に迎えるという行動は，買い手への高い信頼がないと実行できない。よってここには買い手がM&A契約などの①約束を守ってくれるだろうという期待や②能力への信頼が伺える。また天竜によるセレンディップの株の購入は，セレンディップの将来の能力への信頼感を表している。また時間の経過とともに，③契約の字句を超えた善意ベースの期待（信頼）も形成されていた。

### 3.3　セレンディップから天竜に対して形成された信頼

　ここではセレンディップから，天竜に対して形成されてきた信頼について述べる。まず①企業間の独立性維持の契約は，天竜の能力面への信頼がないと締結できない。事実，髙村会長は「秘密保持契約なので言えませんが，天竜精機の資料だけでなく，従業員の仕事に対する姿勢を見て，今回の話を進めようと思った」と語っており，ここには天竜の将来の能力への期待が伺える。また先述の「②買い手企業による監視を緩める行動」も天竜に対する，さらに高い信頼がないと実行できない。同様に③自社の重役を，天竜に常駐させるという行動にも，天竜に対する信頼感が表れている。自社の重役が完全に天竜側に染まり，自社を退社してかもしれないというリスクを受容する必要があるためである。

## 4.　境界のマネジメント・モデルの構築

　天竜の事例より，企業間の信頼形成を促すには，買い手側の重役が次の３点を実施する必要があることが判明した。①企業間の独立性維持の約束の締結，②中小の成果向上を促す活動および，成果向上に伴って企業間の交流頻度を減少させること，③中小側の境界連結者として「非当事者」の性質を含む人材を配置する

ことである。CFOは，当該の中小に直接関係する「中小側の当事者」ともみな
せるが，買い手側の肩書を持ち，給与も買い手から受けているという事実から，
中小とのつながりはセレンディップを介した間接的なものであるとも解釈でき
る。将来は別企業に移る可能性を秘めていることからも，CFOは当該中小の「非
当事者」的な性質を含む存在とみなせる。以上の３点を本稿では「境界のマネジ
メント・モデル」とし，本モデルの有効性について次節で検討する。このモデル
の実行者は，買い手側の重役である。彼らは先行研究における「媒介者」という
よりは「境界連結者」であるといえる。先述のように媒介者は，パートナーシッ
プを結ぶ当事者企業とは独立の第三者であるが，高村会長や竹内社長は買い手企
業に直接関係する「当事者」であるためである。

### 図４　境界のマネジメント・モデル

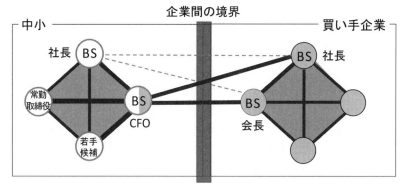

(注) BS：境界連結者，塗りつぶしの○マーク：セレンディップ側の人員であることを示す。
　　点線：交流が少なく，太い実線：交流が多い

　図４は本モデルを図式化したものである。これは買い手からの監視が緩められ
た以降の時期を描いており，買い手側の人員と中小側の社長間の交流頻度が少な
くなっていることを点線で示している。このように企業間の交流頻度を減少させ
たり，企業間の独立性維持の約束を締結する行動は，企業間境界の明確化行動と
解釈できる。よって図４の中央に太い「企業間の境界」を描いた。またCFOは
２社において肩書を持つため，顔を半分に塗り分けている。

## 5．考察—境界のマネジメント・モデルの有効性一

### 5．1　中小３社からセレンディップに対する信頼形成の要因

　ここでは本モデルが，セレンディップによる他の被M&A企業の事例に適用可能かどうかを検討する。以下ではトヨタ車用の部品などを製造する佐藤工業株式会社（以下「佐藤」），車内外装品を製造する三井屋工業株式会社（以下「三井屋」），技術者派遣を行う株式会社サンテクト（以下「サンテクト」）の３社を取り上げる[注2]。３社は天竜と同じく，株式の100％をセレンディップに譲渡している。佐藤にはセレンディップの見出したボルグワーナー出身の新社長が存在しているが，他の２社はM&A前からの社長である。この点以外は３社には天竜と同様に，操業年数が長い，業績不安があった，M&Aによって高業績を実現したことなどの共通点が見られる。ただし３社の「M&A実行前」の情報がほぼ得られなかったため，以降ではM&A実行以後の状況を概観する。

　①企業間の独立性維持の約束
　セレンディップは中小３社に対して，M&A後も企業間の独立性が保たれることを約束している。たとえばサンテクトのM&A直後の社員総会の資料には「今まで通り社名も社長も変わりません」とあり，不利益は一切ない事を約束している[注5]。

　②中小の成果向上を促す活動，企業間の交流頻度を減少させる行動
　セレンディップの重役は天竜の場合と同じく，各３社の成果（能力）向上を促す経営会議などの取組を行っている。また中小側の成果向上に応じて，経営会議の頻度を減少させている。中小の能力を信じて，オペレーションや経営の主導権を中小側に戻している。セレンディップからのこうした期待を受けて，佐藤の業績は大幅に向上した。M&Aの実行年（2015年度）と比べて2017年度の経常利益は約３億円増加した。佐藤の前社長は２ヶ月間，相談役として在職した後に同社を退いており，セレンディップ（と同社の見出した新社長）への高い信頼が伺える。三井屋はM&A後，2019年２月以降は単月での黒字化が継続中である。サンテクトも同様に，売上高・営業利益・経常利益のいずれも計画比増となっている（2019年11月末までの実績）。

③中小側の境界連結者として「非当事者」的な性質を含む人材を配置すること
　セレンディップは天竜の場合と同じく，中小3社にもセレンディップからCFO
を送り込んでいる。セレンディップは自社で育成した人材をCFOとして常駐さ
せ，セレンディップ本体の経営方針などを各中小に伝える役割も担わせている。

### 5.2　中小3社からセレンディップに対して形成された3つの信頼

　天竜の芦部氏と同様に，佐藤の植村氏もセレンディップの依頼により，セレン
ディップの株式を保有している。ここに佐藤側から，セレンディップの将来の能
力への期待が伺える。また先述のように天竜の前社長は善意で，セレンディップ
やその経営手法を広報していたが，中小3社の社長らも同様の役目を果たしてい
た。佐藤の植村氏の場合，セレンディップの経営手法を広く伝える勉強会の度に
佐藤の事例についてセレンディップと相談している。こうした活動はセレン
ディップ（とその能力）のさらなる発展を信じ，期待していることの表れと解釈
できる。
　以上より，中小3社からセレンディップに対して形成されてきた信頼としては
①約束厳守の信頼，②能力的な信頼，③善意に基づく信頼が挙げられる（図5）。

**図5　企業間信頼の発展**
**―中小からセレンディップに対する信頼―**

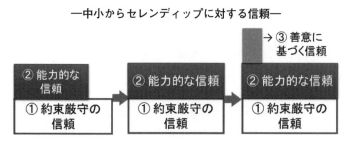

出所：張（2004）p.45を基に筆者作成

　まず自社の株を100％譲渡し，買い手側の人員を自社の重役（CFO）に迎える
という行為は，買い手への高い信頼がないと実行できない。よってここには買い
手が契約などの約束を守ってくれるだろうという①約束厳守の信頼や，②「能力

的な信頼」が伺える。また三井屋とサンテクトでは見受けられなかったが，天竜や佐藤のように中小側が株を購入する行動は，セレンディップに対する能力的な信頼を示唆している。③契約の字句を超えた「善意に基づく信頼」は，３社の事例に共通して見出された。以上より「境界のマネジメント・モデル」は全３社に，ほぼ適用可能であり，企業間の信頼形成を促しうることが明らかとなった。

　表１は形成された信頼について，より詳しく見たものである。左端列の「中小４社のリスク受容行動」には，中小が受け入れてきたコストの種類を挙げている。また１～３のコストを受容する行動がそれぞれ，いかなるタイプの信頼の存在を示唆するかについて矢印の右側に記している（表１，左端列）。○印は天竜と同じ行動が実行されたことを示すものである。表１の左上にあるように，全４社が最初に受け入れた「１．心理的コスト」は株100％の譲渡，買い手側の人員を重役に迎えることである。このリスク受容行動が示唆するのは，買い手企業への約束厳守の信頼や能力的な信頼である。左端列の「２．金銭的コスト」の受容行動は，買い手企業の能力への信頼を示唆する。その下の「３．心理的・肉体的コスト」の受容行動としては，中小が買い手企業やその経営手法を，善意で広報する活動が挙げられる。この行動は事前の約束に記載がなく，両社の共同発展を目指すものであるという意味で，買い手企業に対する「善意に基づく信頼」を表している。

### 表１　中小４社から買い手企業への信頼を表す行動

| 中小４社の<br>リスク受容行動 | 天竜精機<br>M&A：2014.10 | 佐藤工業<br>2015.11 | 三井屋工業<br>2018.8 | サンテクト<br>2018.12 |
|---|---|---|---|---|
| １．心理的コスト<br>➡ 約束厳守の信頼<br>　　能力的な信頼 | 株100％の譲渡，<br>買い手企業の人員を<br>重役（CFO）に迎える | ○ | ○ | ○ |
| ２．金銭的コスト<br>➡ 能力的な信頼 | 株保有を通した買い手<br>企業への資金援助 | ○ | △<br>検討中 | × |
| ３．心理的・肉体的コスト<br>➡ 善意に基づく信頼 | 買い手企業やその経営<br>手法を広報 | ○ | ○ | ○ |

出所：筆者作成
（注）○：天竜のケースと同じ行動が実行された，×：実行されていない

### 5.3　買い手企業から中小３社に対して形成された信頼

　ここでは買い手企業から，中小３社に対して形成されてきた信頼について記す。買い手企業は中小３社に対しても，企業間の独立性を維持する約束を交わしているが，こうした約束は中小３社への能力的な信頼がないと締結できない。また買い手側の境界連結者らは各中小の成果向上に応じて，企業間の交流頻度を減らしていた。これはつながりの弱化行動である。買い手による監視を緩め，中小側に経営やオペレーションの主導権を戻す行為は，企業間の独立性を再び明確化する行動である。こうした行為は，買い手側にとってのリスク──心理的コストであり，各中小への高い能力的信頼がないと実行できない。これは相手を信頼するとエージェンシー費用の削減効果が生まれるという主張と整合する。買い手は独立性維持の約束の締結時にすでに，各中小に対して「能力的な信頼」を抱いていたと考えられるが，M&Aの実行以後に中小３社の成果が実際に向上したことで，中小に対する「能力的な信頼」がさらに向上したといえる。

　ただし監視を弱めた以後も，買い手側からのCFOは３社に残存していた。よって天竜の場合と同じく，３社と買い手間は完全に独立しているわけではないが，この事実が中小側に適度な緊張感をもたらし，業績向上につながったとも考えられる。買い手側の重役を中小に常駐させる行動は，買い手にとってのリスクも孕んでいるが，このリスク受容の決断に３社への信頼感が読み取れる。「媒介者」は自身の利益のために赤字企業を簡単に売却しうるが，本例の買い手側の個人らは中小群が赤字でも耐え忍び，結果的に中小に著しい業績向上をもたらしていた。この意味で買い手側の個人たちは「境界連結者」であることが確認できた。M&Aの実行以後にはCFOが，中小と買い手間の境界連結者として買い手側の意向を中小に伝える役割を果たしていた。こうした行動も境界のマネジメントと呼べる。

## 6.　結論

　中小から買い手への信頼を形成するためには，まず買い手が中小の成果向上を促す必要がある。買い手側の境界連結者は中小側の境界連結者として非当事者的な者を配置することで，中小の業績向上を促しうる。また買い手側の境界連結者は企業間関係の構築当初から，企業間の独立性を保つことを約束する必要があ

る。中小の成果向上の兆しに応じて，適切に交流頻度を減少させることが求められる。これは企業間境界の厚みの調整行動である。M&Aの実行以後は中小側の境界連結者が，買い手の意向を中小に伝える役割を果たす必要がある。M&Aの実行前・当初，実行以後で，どちらの企業の境界連結者が活躍するかは異なるが，企業間の信頼形成には，こうした境界連結者らによる境界のマネジメントが求められる。

〈注〉

1　境界連結管理者（若林，2006）とも呼ばれるが「境界連結者」と総称する。

2　髙村会長に同社でインタビュー（2019年5月21日15時半-18時半，5月28日13時半-17時半）を実施し，同社の森脇内部監査室長と事務の渡部氏（2019年7月31日14時-15時，コメダ珈琲店），佐藤工業の植村社長（2019年10月16日17時半-19時半，名古屋マリオットアソシアホテル）にもインタビューを行った。セレンディップ関係者にはメール回答もいただいた（計13回）。売り手企業を尊重したいという髙村会長の意向により表現「買収」を避ける。

3　「CASE STUDY 2 天竜精機―譲渡先にコンサル会社を選んだ3代目社長の決断―」『月刊BOSS』2015年4月号，2015，pp.23-25（p.24から引用）。

4　「天竜精機会長芦部喜一『プロ経営者』を招聘したM&Aによる事業承継」『THE STRATEGIC MANAGER』2015年11月号，pp.72-74

5　「株式会社サンテクト社員総会　2019年1月12日」p.5

〈参考文献〉

1　Badaracco, J.L. Jr. (1991) *The Knowledge Link: How firms Compete through Strategic Alliances*, Harvard Business School Press（中村元一・黒田哲彦訳（1991）『知識の連鎖―企業成長のための戦略同盟―』ダイヤモンド社）

2　Burt, R.S. (2004) "Structural Holes and Good Ideas," *American Journal of Sociology*, 110(2), pp.349–399

3　Das, T.K., and B.S. Teng (1996) "Risk Types and Inter-Firm Alliance Structures," *Journal of Management Studies*, 33(6), pp.827-843

4　Das, T.K., and B.S. Teng (2001) "A Risk Perception Model of Alliance Structuring," *Journal of International Management*, 7(1), pp.1-29

5　Doz, Y.L. (1988) "Technology Partnerships between Larger and Smaller Firms: Some Critical Issues," *International Studies of Management & Organization*, 17(4), pp.31-57

6　Granovetter, M.S. (1973) "The Strength of Weak Ties," *American Journal of Sociology*, 78(6), pp.1360-1380

7　Jensen, M.C.（2000）*A Theory of The Firm: Governance, Residual Claims and Organizational Forms*, Harvard University Press

8　小山明宏（2007）「日本的経営とエージェンシー・コストの削減—エージェンシー理論による，日本的経営の再考察の試み—」学習院大学『学習院大学経済論集』第44巻第3号，pp.263-276

9　Krackhardt, D.（1992）"The Strength of Strong Ties: The Importance of Philos in Organizations," in Nohria, N. and Eccles, R.（eds.）, *Networks and Organizations: Structure, Form, and Action*, Harvard Business School Press, pp.216-239

10　Leifer, R. and A. Delbecq（1978）"Organizational/Environmental Interchange: A Model of Boundary Spanning Activity," *Academy of Management Review*, 3(1), pp.40-50

11　中井 透（2008）「中小の事業譲渡型M&A—企業価値評価と営業権の視点から—」京都産業大学マネジメント研究会『京都マネジメント・レビュー』第14号，pp.75-88

12　根岸良子（2007）『事業承継とM&A—事例に見る親族承継か売却かその選択肢—』銀行研修社

13　日本M&Aセンター（2015）『M&A成功事例集』https://www.nihon-ma.co.jp/page /interview/tenryuseiki-serendip/（2018年11月6日閲覧）

14　Rowley, T., D. Behrens, and D. Krackhardt（2000）"Redundant Governance Structures: An Analysis of Structural and Relational Embeddedness in the Steel and Semiconductor Industries," *Strategic Management Journal*, 21(3), pp.369–386

15　Sako, M.（1992）Prices, *Quality and Trust: Inter-firm Relations in Britain & Japan*, Cambridge University Press

16　Uzzi, B.（1997）"Social Structure and Competition in Interfirm Networks: The Paradox of Embeddedness," *Administrative Science Quarterly*, 42(1), pp.35-67

17　若林直樹（2006）『日本企業のネットワークと信頼—企業間関係の新しい経済社会学的分析—』有斐閣

18　Williamson, O.E.（1993）"Calculativeness, Trust and Economic Organization," *Journal of Law and Economics*, 36(1), 453-486

19　山岸俊男（1998）『信頼の構造—こころと社会の進化ゲーム—』東京大学出版会

20　張 淑梅（2004）『企業間パートナーシップの経営』中央経済社

（査読受理）

# 中小企業の技能承継円滑化に関する研究

## ―中小企業組合事業を活用した人材採用・育成・定着について―

明治大学（院）　中川翔太

## 1．はじめに

　現代では，職人と呼ばれるような従業員が持つ高度な技能を再現する優れた機械設備が登場し，いわゆる技能の技術化が進む状況がある。しかし，実際には機械設備の操作方法や加工の段取りといった作業において細かなノウハウが必要であり，これらの従業員が持つノウハウ，すなわち技能は未だに事業活動において必要不可欠なもので，承継を継続して行う必要があるといえる。

　また，製造に関わるものだけではなく，企業の事業活動全般にノウハウが存在する。例えば，営業活動や事務作業をはじめとした様々な事業活動の場面で，従業員の持つノウハウが必要となる場面がある。これらの製造に関わらないノウハウも従業員が持つ技能と捉えることができ，これらの技能も含めて円滑に承継できなければ，企業の事業活動に様々な悪影響がもたらされると考えられる。

　そこで，本稿ではこれらの従業員が持つ技能を円滑に承継していくための方策を考える。特に，「技能承継の根幹は「人から人への承継」」（中小企業金融公庫総合研究所，2008，p.62）という視点から，人材に焦点を当て，考察を行う。すなわち，人材にまつわる採用・育成・定着という3つの観点について，課題を把握し，その課題を解決することで，技能承継円滑化につながる手法を検討する。

　なお，これらの手法は個別の中小企業だけでは実現が難しい場合もある。そこで，本稿では複数の中小企業が協力して実現する中小企業組合事業に着目し，技能承継円滑化に必要な中小企業組合事業のあり方を考察する。

## ２．個別企業による技能承継課題解決の困難性

### （１）技能承継課題の現状

　技能承継の困難性は中小企業が抱える今日的な課題の一つとされており，これ
までに数々の研究がなされている。例えば，松永（2006）は技能承継に関する行
政による調査及び政策をまとめ，NPOを通じた技能育成の有効性を示している。
また，遠原（2018）は団塊の世代が70歳を迎える「2017年問題」に着目し，その
課題と技術・技能の承継のプロセスを明らかにしている。そして，「2017年問題」
の解決について，ベテラン従業員の技能の形式知化を促進する事業の仕組みを構
築する必要があるという指摘をしている。

　しかし，いずれの先行研究も，技能承継について人材育成や技能の形式知化と
いった承継に関する具体的な解決策の言及を行っているが，承継の前提条件にな
る人材採用や育成をした後に技能の継続につながる人材定着については，具体的
な解決策を示しているとはいえない。そこで，本稿はあらゆる従業員が持つ技能
を円滑に承継していくために，異質多元な中小企業が抱えている人材に関する多
種多様な課題を解決する方策を提示したい。つまり，人材を採用し，育成し，定
着させるという過程のうちに存在する課題を解決するような手法の検討を行う。
なお，人材育成の結果が人材定着につながることも考えられるが，本稿では，定
着だけを目的とした方策が存在することから，区別して検討していくこととする。

### （２）人材採用の課題

　技能承継を行うためには，人材の採用が必要となる。しかし，国内の中小企業
の雇用状況は良好であるとは言い難い。新規大卒人材の求人倍率を調査した「大
卒求人倍率調査」をみると，従業員数300人未満の中小企業の求人倍率はいずれ
の年度も常に３を上回っており，求人数に対して応募者が少ない状況となってい
る。一方，従業員数300人以上の大企業の求人倍率を見ると最大で1.51（2010年
３月卒，300〜999人規模）となっている。このことから，中小企業は新規大卒人
材の採用が難しい状況にあるといえる（次頁，表１）。

　新規大卒人材の採用が難しい状況から，中小企業は中途採用を中心とした採用
活動を行うことが多くなる。実際に，中途採用の実態を調査した『中途採用実態
調査』によれば，５〜299人規模の中小企業では，採用した者のうち，中途採用

比率は76.7％となっている。これに対し，300～999人規模の企業の中途採用比率は41.5％，1,000～4,999人規模は40.4％，5,000人以上規模は37.4％となっている。これらを比較すると中小企業の中途採用比率は高くなっているといえる。加えて，中途採用における未経験者比率をみると，5～299人規模は44.1％となっているのに対し，300～999人規模は25.2％，1,000～4,999人規模は16.2％，5,000人以上規模は25.2％となっている。これらのことから，中小企業は中途採用比率が高いだけではなく，他業種から転職を希望する未経験者の中途採用を中心とした採用活動を行っていることが多く，人材の育成も必要な状況といえる（表2）。

### 表1　大卒求人倍率の状況

| | 従業員数 | | | | | | | | | | | |
| | 300人未満 | | | 300～999人 | | | 1,000～4,999人 | | | 5,000人以上 | | |
| | 求人数 | 民間企業就職希望者数 | 求人倍率 | 求人数 | 民間企業就職希望者数 | 求人倍率 | 求人数 | 民間企業就職希望者数 | 求人倍率 | 求人数 | 民間企業就職希望者数 | 求人倍率 |
|---|---|---|---|---|---|---|---|---|---|---|---|---|
| 2010年3月卒 | 402,900人 | 47,800人 | 8.43 | 162,700人 | 108,100人 | 1.51 | 114,800人 | 174,200人 | 0.66 | 44,900人 | 116,900人 | 0.38 |
| 2011年3月卒 | 303,000人 | 68,700人 | 4.41 | 133,600人 | 133,700人 | 1.00 | 103,700人 | 164,400人 | 0.63 | 41,600人 | 88,900人 | 0.47 |
| 2012年3月卒 | 275,700人 | 82,400人 | 3.35 | 131,600人 | 136,300人 | 0.97 | 107,900人 | 145,200人 | 0.74 | 44,500人 | 91,000人 | 0.49 |
| 2013年3月卒 | 266,300人 | 81,400人 | 3.27 | 131,100人 | 140,300人 | 0.93 | 110,300人 | 135,600人 | 0.81 | 46,100人 | 77,200人 | 0.60 |
| 2014年3月卒 | 262,500人 | 80,600人 | 3.26 | 126,900人 | 123,600人 | 1.03 | 110,500人 | 140,300人 | 0.79 | 43,600人 | 81,200人 | 0.54 |
| 2015年3月卒 | 379,200人 | 83,900人 | 4.52 | 142,000人 | 119,200人 | 1.19 | 115,500人 | 137,100人 | 0.84 | 45,800人 | 83,000人 | 0.55 |
| 2016年3月卒 | 402,200人 | 112,100人 | 3.59 | 145,100人 | 118,100人 | 1.23 | 123,300人 | 116,700人 | 1.06 | 48,700人 | 69,800人 | 0.70 |
| 2017年3月卒 | 409,500人 | 98,500人 | 4.16 | 147,200人 | 125,300人 | 1.17 | 128,200人 | 114,700人 | 1.12 | 49,400人 | 83,400人 | 0.59 |
| 2018年3月卒 | 425,600人 | 66,000人 | 6.45 | 146,200人 | 100,700人 | 1.45 | 134,400人 | 132,300人 | 1.02 | 48,900人 | 124,200人 | 0.39 |
| 2019年3月卒 | 462,900人 | 46,700人 | 9.91 | 156,200人 | 109,100人 | 1.43 | 143,000人 | 137,600人 | 1.04 | 51,400人 | 138,800人 | 0.37 |
| 2020年3月卒 | 449,000人 | 52,100人 | 8.62 | 159,600人 | 130,300人 | 1.22 | 144,300人 | 133,800人 | 1.08 | 51,800人 | 123,300人 | 0.42 |

資料：リクルートワークス研究所「大卒求人倍率調査」より作成。

### 表2　従業員数規模別中途採用状況

| | 社数 | 新卒採用比率 | 中途採用比率 | 中途採用における未経験者比率 | 1社あたり新卒採用人数(人) | 1社あたり中途採用人数(人) | 1社あたり未経験者の中途採用人数(人) |
|---|---|---|---|---|---|---|---|
| 全体 | 4,055 | 34.7% | 65.3% | 40.8% | 0.78 | 1.47 | 0.60 |
| 5～299人 | 2,084 | 23.3% | 76.7% | 44.1% | 0.38 | 1.25 | 0.55 |
| 300～999人 | 1,071 | 58.5% | 41.5% | 25.2% | 12.5 | 8.86 | 2.23 |
| 1,000～4,999人 | 710 | 59.6% | 40.4% | 16.2% | 35.71 | 24.2 | 3.91 |
| 5,000人以上 | 190 | 62.6% | 37.4% | 25.2% | 127.89 | 76.31 | 19.25 |

資料：リクルートワークス研究所(2018)、p.7より作成。
注1：新卒採用は大学生・大学院生(2018年卒)、中途採用(2017年度)は正規社員を対象とした人数である。
注2：集計は、新卒採用・中途採用を実施した企業、実施しなかった企業を含んでおり、1人当たりの人数は
　　採用を実施していない企業を含んだ社数で平均を算出。（筆者注：「1人当たりの人数」は原文のまま）
注3：従業員規模によってウェイトバックした値を掲載している。

　以上のことから中小企業は，技能承継に必要な若手人材採用の課題を抱えている可能性が高い。加えて，国内人口は減少の一途をたどっており，技能承継を困難とさせる状況にある。「日本の将来推計人口」[注1] によれば，総人口は115,216千人（2035年），101,923千人（2050年），88,077千人（2065年）と推計されている。また，15〜69歳の推計人口は64,942千人（2035年），52,750千人（2050年），45,291千人（2065年）と推計されている。このことから，今後も中小企業は平均年齢上昇による定年退職者の増加とよりいっそうの若手人材採用難の状況に陥ると考えられ，人材採用について課題解決が必要であるといえる。

### （2）人材育成の課題

　中小企業が抱えている課題は人材採用だけではない。『平成26年度中小企業・小規模事業者の人材確保と育成に関する調査に係る委託事業作業報告書』の調査結果からは，中小企業が人材育成についても課題を抱えている状況がみえる。人材育成および能力開発に関して「中核人材の指導・育成を行う能力のある社員がいない，もしくは不足している」が28.4％と最も多くなっている。また，「社員が多忙で，教育を受けている時間がない」が11.9％，「中核人材の指導，育成のノウハウが社内に蓄積していない」が10.6％と続き，割合が高い回答となっている。これらの状況をみると，「人材の指導・育成を行う指導者の不足」，「指導時間の不足」，「指導・育成のノウハウ不足」といった人材育成に関わる課題が中小企業内に山積しているといえる（表3）。

### 表3　中核人材の育成に関する課題

(n=3,506)

| | 件数 | 割合（%） |
|---|---|---|
| 中核人材の指導・育成を行う能力のある社員がいない，もしくは不足している | 996 | 28.4 |
| 社員が多忙で，教育を受けている時間がない | 416 | 11.9 |
| 中核人材の指導・育成のノウハウが社内に蓄積していない | 372 | 10.6 |
| 現場での先輩から後輩への技術やノウハウの継承が上手くいかない | 281 | 8.0 |
| 中核人材育成のために必要となる費用を捻出できない | 146 | 4.2 |
| 中核人材の訓練・育成のための設備や施設が社内にない，もしくは不足している | 105 | 3.0 |
| 社内のニーズにマッチする施策やプログラムがない | 48 | 1.4 |
| 外部機関を利用したいが，適切な機関がわからない | 11 | 0.3 |
| その他 | 18 | 0.5 |
| 特に課題はない | 397 | 11.3 |
| 無回答 | 716 | 20.4 |

資料：野村総合研究所 (2015)，p.28より作成。
注：人材育成および能力開発に関する課題について1位から3位まで回答されたものの中で，
　　1位として回答されたもののみを集計。

## （3）人材定着の課題

　中小企業の人材採用および人材育成の課題がある中で，人材定着についても課題が残されている。厚生労働省の「雇用動向調査」をみると，離職率はいずれの年度，企業規模においても，10％前後となっている。このことから，企業規模間での格差は大きくないものの，1社あたり平均して年間10％前後の人材の離職が起きている可能性がある（表4）。

#### 表4　労働者数、離職者数、離職率の従業員数規模別推移

（労働者数および離職者数の単位：千人）

| | 従業員数 | | | | | | | | | | | | | | |
|---|---|---|---|---|---|---|---|---|---|---|---|---|---|---|---|
| | 5～29人 | | | 30～99人 | | | 100～299人 | | | 300～999人 | | | 1,000人以上 | | |
| | 労働者数 | 離職者数 | 離職率(%) | 労働者数 | 離職者数 | 離職率(%) | 労働者数 | 離職者数 | 離職率(%) | 労働者数 | 離職者数 | 離職率(%) | 労働者数 | 離職者数 | 離職率(%) |
| 2013年 | 6,514.1 | 907.1 | 13.9 | 5,329.2 | 755.3 | 14.2 | 4,008.7 | 558.6 | 13.9 | 5,571.5 | 670.0 | 12.0 | 10,879.3 | 1,133.7 | 10.4 |
| 2014年 | 5,725.2 | 753.5 | 13.2 | 5,281.1 | 721.7 | 13.7 | 4,271.6 | 592.4 | 13.9 | 5,924.3 | 686.6 | 11.6 | 11,124.7 | 1,202.8 | 10.8 |
| 2015年 | 6,563.7 | 828.0 | 12.6 | 5,124.1 | 689.4 | 13.5 | 3,801.0 | 550.0 | 14.5 | 6,344.0 | 706.9 | 11.1 | 12,513.9 | 1,352.1 | 10.8 |
| 2016年 | 6,365.1 | 667.1 | 10.5 | 4,942.8 | 734.9 | 14.9 | 3,932.1 | 520.2 | 13.2 | 6,323.3 | 763.0 | 12.1 | 13,163.3 | 1,258.6 | 9.6 |
| 2017年 | 5,351.1 | 679.4 | 12.7 | 4,692.5 | 611.0 | 13.0 | 4,519.7 | 559.9 | 12.4 | 5,632.2 | 682.3 | 12.1 | 15,863.3 | 1,629.6 | 10.3 |

資料:厚生労働省「雇用動向調査」各年度版より作成。
注1:労働者数は一般労働者（産業計、男女計）の各年1月1日付の数値。
注2:離職率は各年の離職者数÷労働者数×100の値。
注3:2015年以前は毎月勤労統計調査の不適切な事務処理を実施していた事に伴う雇用動向調査の再集計前の数値。

　こうした離職率の問題があるため，中小企業が新規学卒者や中途採用者を採用し，技能教育を行ったとしても，離職してしまう可能性が高い状況にある。加えて，大企業と比べ，中小企業は一度に採用できる人数も限られ，時には年間の採用者が1名であることもある。そのため，離職者が発生すると技能承継が困難となる状況に陥りやすく，中小企業は人材定着も課題を抱えているといえる。

　以上のように，採用，育成，定着という点で中小企業は解決が難しい課題を抱えている。そして，これらの課題を同時に解決することは容易ではない。ゆえに，次のような場合を想定してこれらの課題解決手法の検討を行う。すなわち，①人材採用が困難であり，育成・定着の課題解決にまで至らない場合，②人材採用は課題ではなく，育成が困難であり，定着についてはいずれ解決していく場合，③人材の採用および育成は課題ではなく，定着が困難である場合という3つの場合である。それぞれの状況にあった課題解決を中小企業は図る必要があるといえる。

## 3. 技能承継手法の検討

　技能承継は，育成担当者による指導によって行われる。指導の手法としては，育成担当者による言葉だけの指導も含まれているが，育成担当者による実演と学習者によるその模倣により，技能が承継されるのである[注2]。

　この指導の際に承継される知識について，「人が言葉にできるよりも多くの知識が存在する」（Polanyi, 1966, p.4）。そして，「一つの世代から後続の世代への知識の伝達は，主に暗黙的なものである」（Polanyi, 1966, p.61）とされる。このような知識は，暗黙知と呼ばれており，技能承継を行う上で，この暗黙知の特性を理解したうえで，承継することが重要となるのである。

　しかし，そもそも単独の中小企業で人材育成をすること自体に限界を感じている中小企業も多い。野村総合研究所（2015）の調査[注3]によれば，自社での取組だけで人材を育成することに，「限界を感じている」中小企業は26.1%，「どちらとも言えない」中小企業は45.6%となっている。一方，人材育成に課題を抱えていないであろう「限界は感じていない」企業は15.9%となっている。このことから，単独の中小企業だけで人材育成を行うことにも課題があると考えられる。

　加えて，今後国内人口減少が推定されることから，人に頼らない技能承継の手法についても検討を行う必要もある。

　技能や技術に関わる知識には暗黙知だけではなく，形式知がある。暗黙知は，主観的，経験的，同時的，アナログ的な知であり，個人とその経験に依存し，移転が容易ではない実務的な知である。一方，形式知は，客観的，理性的，順序的，デジタル的であり，時間的，空間的制約を緩め，既存の技能から発展し，理論化される知である。また，暗黙知は形式知に転換できるのである[注4]。

　このような暗黙知の形式知化のことを技能の技術化と呼ぶ。技能が技術化される理由としては，技能が特定の個人に内在するため，他者に承継させるためには時間的，空間的な制約が多く，承継するためのコストがかかることが挙げられる。特定個人が持つ技能の機械への置き換えを進めれば，技能は技術となり，その移転は容易になり，技能承継のための手間は少なくなるのである[注5]。

　しかし，実際には省力化や作業負担軽減のための機械化への取組が進んでいない状況もみられるのである。みずほ情報総研（2017）の調査[注6]によれば，省力化や作業軽減のための機械化へ「取り組んでいる」企業は，中規模企業で

40.0％，小規模企業で25.2％となっており，小規模企業での取組が少ない状況がみられる。また，「現在は取り組んでいないが，今後の取組を検討している」企業は，中規模企業で23.7％，小規模企業で17.4％，「取り組んでおらず，今後の取組も検討していない」企業は，中規模企業で25.9％，小規模企業で40.3％となっている。これらの状況を見ると，中規模企業に比べ，経営資源が乏しいことが多い小規模企業のほうが機械化へ取り組む，取り組もうとする企業の割合が少ないのである。

　以上のように，具体的な技能承継の手法として「人材の育成」，「技能の技術化」のいずれも経営資源が限られる単独の中小企業だけでは取組むことが難しい場合もある。そこで，中小企業によって組織される中小企業組合内で行う事業の中で，技能承継のための取組を行うことで課題が解決される可能性がある。

## 4．中小企業組合事業を活用した技能承継の手法

　中小企業組合は中小企業等協同組合法をはじめとした各種法律を根拠法とする法人格を持つ組織である。組合は相互扶助の精神に基づき，不利な立場にある組合員の経済的地位の向上を図る。組合内の議決権は出資口数に関わらず平等が原則であり，任意に加入，脱退することができる。また，組合は各種支援施策の対象となる。このように，組合は中小企業の連携組織として重要な存在である[注7]。

　中小企業組合以外に異業種交流グループといった連携組織も存在する。これらの連携組織に比べ，中小企業組合は協同組合一般の原則に基づいているという点が特徴である。つまり，組合員の必要により生まれ，変化する組織であり，実際に時代の中小企業の要請によって組合事業も変化してきているのである[注8]。

　このような中小企業組合の組合事業を活用し，技能承継とは異なる視点を持った人材採用・育成・定着に関する先行研究がある[注9]。例えば，人材採用について，求職者が関心を示す経営理念，経営方針，賃金水準，労働時間，安全衛生，福利厚生，能力開発の機会が整備，充実しているかが重要であり，複数の中小企業が協力して充実した制度を整備する取組が必要であるという研究がある[注10]。

　つまり，人材採用・育成・定着について，必ずしも一企業ですべてを行う必要性はなく，中小企業組合に加入する企業間で協力し，組合事業を実施することで，優れた人材を採用，育成，定着していくといった事業活用が期待されるのである。

　しかし，実際に中小企業に対し実施したアンケート調査からは，人材採用・育成・定着に関する中小企業組合事業の実施を加入している中小企業が求めているのに対し，中小企業組合事業の実施が十分になされていない状況がみられる。

　アンケート調査では，事業協同組合または商工組合に加入し，現在活用，または今後期待する中小企業組合事業を聞いた。人材に関する中小企業組合事業のうち，現在活用している企業数が最も多い事業は「経営者の資質向上」であり，62社が活用していた。次いで「従業員の教育研修」が60社，「福利厚生の充実」が47社，「人材の採用・確保」が29社，「共同インターンシップ活動」が12社となっている。一方，現在事業を活用しておらず，今後期待するとした企業は「人材の採用・確保」が88社，「共同インターンシップ活動」が79社，「従業員の教育研修」が68社，「福利厚生の充実」が65社，「経営者の資質向上」が63社となっている。このように，一部の中小企業組合では人材に関する中小企業組合事業が実施されており，活用している企業も多い。しかし，それ以上に今後人材に関する中小企業組合事業を活用したいという企業も多く，これらの中小企業の要望をかなえるような中小企業組合事業の実施が必要であるといえるであろう（表5）。

表5　現在活用、または今後期待する人材に関する中小企業組合事業

(n=217)

| | 現在活用(社) | | 今後期待(社) | |
|---|---|---|---|---|
| | 件数 | 割合(%) | 件数 | 割合(%) |
| 経営者の資質向上 | 62 | 28.6% | 63 | 29.0% |
| 従業員の教育研修 | 60 | 27.6% | 68 | 31.3% |
| 福利厚生の充実 | 47 | 21.7% | 65 | 30.0% |
| 人材の採用・確保 | 29 | 13.4% | 88 | 40.6% |
| 共同インターンシップ活動 | 12 | 5.5% | 79 | 36.4% |

資料：明治大学政治経済学部　森下正　中小企業論演習室が2018年11月30日（金）～12月18日（火）に実施したアンケート調査結果より作成。
注1：同調査は、茨城県日立地域、愛知県豊田地域、静岡県浜松地域、愛媛県今治地域、山梨県郡内地域、群馬県東毛地域、東京都城北地域、東京都城東地域、大阪府東大阪地域を対象に、対象地域の市役所、商工会議所等の中小企業支援機関や組合等連携組織などのHP上のデータベースから作成したリストを用いて中小企業を2,700社（各地域300社）無作為抽出し、アンケート調査票を送付。回答数480社、回収率17.8%。
注2：事業協同組合または商工組合に加盟している企業のみ集計（複数回答）。

## 5．中小企業組合が技能承継円滑化のための事業実施へ至った要因とその手法

　本章では，技能承継円滑化のために具体的に中小企業組合事業を行っている中

小企業組合に対し，筆者が実地調査した結果[注11]から，技能承継円滑化のための中小企業組合事業のあり方を明らかにしていく。

### ①燕研磨振興協同組合（新潟県燕市）

　燕研磨振興協同組合（以下，①組合）は2009年に設立された。①組合が立地する燕市は，地域産業の基盤技術である研磨業における事業者の廃業，従業員の高齢化などにより，技能者の減少が顕著となっていた。そのため，早急な技能者の採用・育成が必要となり，2007年に燕市が人材育成施設を建設した。①組合は燕市の業務委託を受けて人材養成事業を行っている。

　①組合が運営する施設では研磨機が12台ある。受講生の対象者は，新卒者や失業者以外に在職者も受講可能で，毎年4月から研修を始め，研修期間は3年間である。研修時間は勤務時間とし，勤務日は燕三条産業カレンダーに基づく。研修期間中，受講生は，社会保険および労働保険に加入し，給料も支払われる。

　①組合における人材育成方法は，OJTを主体とする実技訓練で「にいがた県央マイスター」に認定された高度技能者が指導を担当している。また，①組合で研磨加工を受注した製品を，受講生が実技研修も兼ねて加工することで，技能向上と収益の確保を同時に実現し，受講生の「稼ぐ」という意識を養っている。①組合の人材養成事業の修了者は2019年までに26名おり，うち23名は地域内の企業に就業している。また，企業に就業するだけでなく，自主開業者も現れている。

### ②ナショナル製本協同組合（東京都板橋区）

　ナショナル製本協同組合（以下，②組合）は1967年に設立された。②組合は新宿区を中心に東京都内各所に所在していた中小製本業企業が集まり設立された。製本業は零細性の高い業種で経済基盤が弱く，従来の労働集約型手工業から装置産業へ徐々に変革していく中，個々の力では対応しきれないことから，②組合を設立し，共同工場を設立した。

　加えて，②組合の設立当時，日本国内経済は高度経済成長期にあたり，人材の採用が思うようにうまくいかない時期であった。そのため，繁忙期には組合員企業代表者の妻も業務を手伝わなければ生産が追いつかない状況にあった。そこで，これまで人の手で行っていた製本作業の技能を機械化し，生産性を高める必要もあったのである。人の手だけでは2名で1時間当たり200冊程度の製本が限

界であるが，機械を用いることにより，１生産ラインあたり７名の従業員で，１時間当たり8,000冊の製本が可能である。当組合では製本機械だけではなく，重量検査機，乱丁検査カメラ，乱丁検査装置といった検査装置も導入し，人の目による目視検査も行いながら，さらなる技能の技術化を進めている。

### ③神奈川県美容業生活衛生同業組合（神奈川県横浜市）

神奈川県美容業生活衛生同業組合（以下，③組合）は1969年に設立された。③組合は美容師資格を持つ組合員や組合員従業員に対し，美容師として必要な技能を組合事務所併設のビューティーアカデミーにて指導している。

③組合がビューティーアカデミーにて開講しているコースは「カット」，「アップスタイル」，「着付け」の３コースである。さらにそれぞれのコースは初級，中級，上級の３つのレベル別となっており，計９コースが存在する。いずれのコースも初級は美容師資格習得後１～２年程度，中級は美容師資格習得後５年程度，上級は美容師資格習得後７～８年程度の人材を対象としている。

③組合がこのような技能指導を行う理由としては，美容業の業態が挙げられる。③組合の組合員を含め，美容業者の多くは個人経営または従業員規模数名程度の零細性の高い業種となっており，企業内で指導が行いづらいことが挙げられる。また，美容業そのものは美容師の技能を使用したサービスに基づく事業活動である。そのため，美容師は付加価値向上のため，多彩な技能を所持している必要がある。ビューティーアカデミー内での技能指導の担当者は，③組合が実施する美容技術選手権大会の上位入賞者等で，組合員から選抜を行い，担当している。

### ④協同組合米沢総合卸売センター（山形県米沢市）

協同組合米沢総合卸売センター（以下，④組合）は1968年に設立された。④組合では共同事業として会館の貸出しをはじめ，燃料の共同購入，カーリース事業といった複数の事業を展開している。このような事業展開の中で「子育て支援事業」として2006年に保育園園舎を建設し，④組合の組合員ではない外部事業者にテナント貸しを行った。この保育園では組合員企業の従業員の子息を預かり，人材の定着を図っていた。

しかし，保育園の運営事業者の撤退が決まり，組合員企業の従業員からの要望により，④組合が引継ぎ，自主的に運営を行うことになった。運営については「企

業主導型保育事業」制度の助成金を活用し，調理場の設置をはじめとした保育施設の拡張を行った。拡張した施設は，2017年から企業主導型保育園「キッズピーパル」として新規開園した。

　通常の保育園は施設がある市町村在住者の入園が優先される。しかし，④組合は定員の50％を組合員利用としている。この結果，米沢市外から通勤している組合員従業員が利用しやすい状況になっている。また，地域枠として定員の50％を員外利用者，すなわち組合員以外の一般利用者用とし，地域へも貢献している。

　以上のように，①組合では，立地する地域の技能者の減少を理由とし，技能者の採用・育成を中小企業組合の事業として行っている。①組合で育成された技能者は地域内の中小研磨業に就業することから，地域の中小研磨業の技能承継において重要な役割を担っているといえる。

　また，②組合では，設立当時の経済環境の変化や人材不足に対し，個々の中小企業では対応できないことから，②組合を設立し，共同工場を設立した。この結果，それまでに人手に頼っていた製本作業の技能を技術化することで技能を維持する技能承継ができ，生産性も高めることに成功した。

　③組合では，美容業者の多くは個人経営または従業員規模数名程度であるため，企業内で技能指導が行いづらいことを理由に，美容師の人材育成を目的としてビューティーアカデミーを開設した。③組合が実施する美容技術選手権大会の上位入賞者等が講師を担当し，組合内において優れた技能の承継が行われている。

　④組合では，組合員企業の従業員の要望を受け，独自に保育園運営を行っている。定員の50％を組合員利用とすることで，米沢市外から通勤をする組合員企業の従業員でも利用できるようにしている。加えて，乳幼児は体調が急変することもあり，保護者からすればすぐにかけつけることができる保育園は貴重な存在となっている。このように組合員従業員が安心して子息を預けることができる保育園は，子育てを理由とした離職を防ぎ，人材定着につながる事業といえる。

## 6.　結論〜中小企業組合事業を活用した人材採用・育成・定着〜

　技能承継円滑化のため，中小企業組合による人材採用・育成・定着に関する具体的な手法を考察してきた。中小企業は人材採用・育成・定着に課題を抱えている状況にある。ゆえに，技能承継円滑化のために，これらの課題を解決する必要

がある。しかし，単独の中小企業だけでは課題解決は難しいことも多い。

　そこで，相互扶助の精神に基づく，中小企業の水平型ネットワークである中小企業組合の事業活用が必要である。だが，事例からも分かるように，中小企業が抱えている課題は業種や業態によって大きく異なるのである。つまり，技能承継円滑化の手法は一つに定めることができず，それぞれの課題に合わせた手法をとる必要があるといえる。これらをまとめると，次のようになる（図1）。

### 図1　技能承継円滑化のための中小企業組合事業の選択

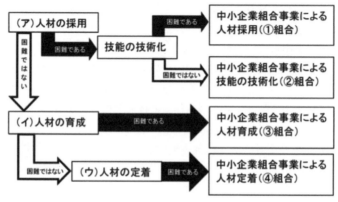

資料：本論より筆者作成。

　すなわち，中小企業組合に加入する企業の中で，（ア）人材採用ができておらず，技能承継を行いたい技能の技術化が不可能であれば，①組合のように，中小企業組合が主体となり，人材採用を行うという解決策が考えられる。一方，人材の採用ができていないが，必要とする技能の技術化が可能であれば，②組合のように，中小企業組合の中で，共同で機械設備導入をすることで，人に頼らない技能承継が可能である。また，（イ）人材育成ができていない場合，③組合のように，中小企業組合が主体となり，人材育成を行うという解決策があげられる。そして，（ウ）人材定着ができていない場合，④組合のように，中小企業組合の中で，組合員従業員の離職を防ぐような事業の実施が解決策として考えられるのである。

　最後に，これらの中小企業組合事業の実施の際には，政策的な支援も場合によっては必要となるであろう。中小企業組合は同業種または関連する業種の中小

企業により構成されていることが多く，技能承継に関する政策を実施する際には，重点的な取組を行いやすいと考えられる。このように政策的な支援をときには受けながら，中小企業が抱える人材に関する課題に合わせた中小企業組合事業を実施することで，中小企業内での技能承継円滑化がもたらされることが期待される。

### 〈注〉

1　国立社会保障・人口問題研究所（2017）参照。
2　Nelson and Winter（1982），pp.76-77参照。
3　野村総合研究所（2015），p.29参照。
4　Nonaka and Takeuchi（1995），pp.59-70参照。
5　髙橋（2007），p.31参照。
6　みずほ情報総研（2017），p.61参照。
7　全国中小企業団体中央会（2016），pp.2-14および pp.44-46参照。
8　三浦（2013），pp.236-242参照。
9　例えば，百瀬（2008），pp.139-150，筒井（2019），pp.19-74。
10　梶原（2009），pp.40-41参照。
11　筆者が実施したヒアリング調査結果による。①組合は2019年8月20日に実施した（対応者：理事長T氏，燕市役所産業振興部職員T氏）。②組合は2019年8月6日に実施した（対応者：専務理事A氏）。③組合は2019年8月6日に実施した（対応者：理事長S氏）。④組合は2019年7月18日に実施した（対応者：事務局長M氏，総務・経理課課長F氏，保育園副園長F氏）。

### 〈参考文献〉

1　中小企業金融公庫総合研究所（2008）『ものづくり基盤の強化と技能承継』https:// www.jfc.go.jp/n/findings/pdf/tyuusyourepo_07_08.pdf（2019年8月16日閲覧）
2　梶原豊（2009）『地域産業の活性化と人材の確保・育成』同友館
3　国立社会保障・人口問題研究所（2017）「日本の将来推計人口（平成29年推計）出生中位（死亡中位）推計」http://www.ipss.go.jp/pp-zenkoku/j/zenkoku2017/db_zenkoku2017/s_tables/1-1.htm（2019年8月16日閲覧）
4　厚生労働省「雇用動向調査」https://www.mhlw.go.jp/toukei/list/9-23-1.html（2019年8月16日閲覧）
5　松永桂子（2006年3月）「中小企業の技能継承問題と基盤技術振興に関する政策」島根県立大学『総合政策論叢』第11号，pp.143-161. https://ushimane.repo.nii.ac.jp/?action=repository_uri&item_id=1115&file_id=22&file_no=1（2019年8月25日閲覧）
6　三浦一洋（2003）「中小企業組織制度と中小企業政策」百瀬恵夫・篠原勲編著『新

事業創造論』東洋経済新報社

7　みずほ情報総研（2017）『平成28年度中小企業・小規模事業者の人材確保・定着等に関する調査作業報告書』https://www.meti.go.jp/meti_lib/report/H28FY/000222.pdf（2019年8月16日閲覧）

8　百瀬恵夫（2008）『中小企業と地域産業の人材育成』同友館

9　Nelson,R. and Winter,S.（1982）*An Evolutionary Theory of Economic Change*, Belknap Press of Harvard University Press（リチャード R ネルソン・シドニー G ウィンター，後藤晃・角南篤・田中辰雄訳（2007）『経済変動の進化理論』慶應義塾大学出版会）

10　野村総合研究所（2015）『平成26年度中小企業・小規模事業者の人材確保と育成に関する調査に係る委託事業作業報告書』https://www.meti.go.jp/meti_lib/report/2015fy/000427.pdf（2019年8月16日閲覧）

11　Nonaka,I. and Takeuchi,H.（1995）The Knowledge-Creating Company, Oxford University Press（野中郁次郎・竹内弘高，梅本勝博訳（1996）『知識創造企業』東洋経済新報社）

12　Polanyi,M.（2009（original 1966））*The Tacit Dimension*, University of Chicago Press（original Doubleday Broadway Publishing）（マイケル ポランニー，高橋勇夫訳（2003）『暗黙知の次元』ちくま学芸文庫）

13　リクルートワークス研究所「大卒求人倍率調査」https://www.works-i.com/surveys/item/daisotsu_zikeiretsu2020.xlsx（2019年8月16日閲覧）

14　リクルートワークス研究所（2018）『中途採用実態調査（2017年度実績）』https://www.works-i.com/research/works-report/item/180627_midcareer.pdf（2019年8月16日閲覧）

15　髙橋美樹（2007）「団塊の世代の大量退職と中小製造業のモノづくり技術」財団法人機械振興協会経済研究所編『2007年問題・人口減少社会におけるモノづくり産業の発展戦略』財団法人機械振興協会経済研究所

16　遠原智文（2018年3月）「2017年問題と技能継承」福岡大学『商学論叢』第62巻3号, pp.297-314 https://fukuoka-u.repo.nii.ac.jp/?action=repository_uri&item_id=4313&file_id=22&file_no=1（2019年8月25日閲覧）

17　筒井徹（2019）「人材教育による生産性向上」赤松健治・筒井徹・藤野洋・江口政宏『いま中小企業ができる生産性向上』一般財団法人商工総合研究所

18　全国中小企業団体中央会（2016）『中小企業組合ガイドブック』

（査読受理）

# 地域中小企業による場の形成と地域振興に関する考察
## —神戸の地域小規模事業者を中心に—

神戸山手大学（発表時）

武庫川女子大学（現在）　山下紗矢佳

## 1　はじめに

　「日本の縮図」といわれる兵庫県は2016年頃より社会移動による人口減少が大幅に進み2018年の人口動態は阪神・淡路大震災後で最大の減少幅を記録した。兵庫県唯一の大都市といえる神戸市は政令市で転出超過ワースト１位となり，ヒトを引き付ける地域の魅力度が低下しているといわざるをえず，地域創生に向けた取組が喫緊の課題であることが伺える[注1]。

　昨今地域創生という用語が用いられるが，バブル経済崩壊後の地域の存立危機に対する地域振興のあり方について下平尾（1995）は２つの側面が重要であるとしている。ひとつは現状問題即応志向型として「生活の場」の創造，地域の抱える問題解決に向けた取組といった点であり，例えば居住環境の整備や分断社会に対し文化・娯楽でふれあいを創出することが挙げられる。もうひとつは地域連続性志向型としての「働く場」の創造であり，新規開業や既存企業振興を含めた経済振興・産業振興の視点が挙げられる。

　東京商工リサーチ神戸支店の調査によれば，競争激化や後継者不足から2018年に兵庫県内で休廃業または解散した企業は1440件に上り2000年以降の調査で最多となっている。特に関西の小規模事業者の減少率は全国平均よりも高く兵庫県においても地域経済の弱体化が懸念されている。

　以上のように神戸は人口減少が深刻化している一方，中央区単体では新住民増加により人口は増えている。しかしながら地域の歴史・文化は消滅に近いほど衰退し，商業・サービス業を中心とする地域事業者は昔ながらの住民が減少していくにつれ厳しい経営に直面することとなり独自の問題を抱えている。

　こうしたなか，小規模事業者を中心に地域密着力を活用し，「生活の場」を創造しながら，「働く場」すなわち自社の存立基盤強化に向けた取組が注目されている。本論で取り上げる事例は小規模事業者を中心とする中小企業の連携によるものであり地域でイベントを開催している。発足当初よりイベント開催を目的としていたわけではなく，むしろ自然発生的に組織化され定期的に開催するようになった。神戸の魅力を伝えるイベントを通じ，地域事業者を巻き込みながら祭のような「場」を形成し，地域の歴史・文化の保持・継承・発展とともに自社の存立基盤強化を果たしている事例である。

　また神戸市政の特徴や地方自治体の質的変化により地域づくりの主体としての「まちづくり協議会」の活用に注目する。これまでの神戸市における地域づくりについては「計画しすぎた都市」と表現され，地域住民の地域への愛情醸成を阻害する[注2]要因であると考えられる。過疎地域はいわゆる「ムラの連帯」を有し，地場産業は社会的分業体制におけるネットワークが存在する。池田（2012）は，グローバル化や情報化が進む一方で「地域性」は残り，地域ごとに中小企業の行動は異なると「地域中小企業」について指摘している[注3]。こうした点を踏まえ，神戸のような商業・サービス業が中心の都市型で，なおかつ「計画されすぎた都市」という地域性における小規模事業者の行動について「地域小規模事業者」として検討していくこととする。

　以下ではまず研究対象としての神戸市の概要に触れ，次に本研究に関する先行研究の整理をおこなう。そして本地域における地域小規模事業者を中心とした新たな動きが持つ意義と課題について考察していくこととする。

## 2　研究対象としての神戸

　まず神戸の概要について触れる。神戸は兵庫県唯一の政令指定都市である。1868年に神戸港が開港し，1881年に川崎神戸造船所が開設され，造船業などの重工業等の産業が発展，1887年頃には輸入で全国貿易額の約1/3，輸出で約1/4の比率を占めるようになった。神戸港開港とともに外国人居留地が開設され，アパレル，洋菓子，神戸洋家具等の地場産業に代表される西洋文化が根付くこととなり，国際貿易港の機能を生かしケミカルシューズ，コーヒー，真珠加工等の産業が発展した。高度経済成長期には，鉄鋼，機械（造船・車両など），食料品，ゴム製

品などを軸に神戸経済は大きく発展し，それらに伴い第三次産業も成長していくこととなった。またこの時期に中国・四国・九州地方から仕事を求め人口が増加していった[注4]。

　このように自然環境や歴史，港を背景として産業や市民文化・市民生活がはぐくまれてきたが，プラザ合意以降の円高の進行，バブル経済崩壊，1995年の阪神・淡路大震災や世界同時不況の影響など，特に製造業を中心に先行きの不透明な社会経済情勢の変化にさらされている。神戸市の転出超過の主たる要因は人口減少・少子化のみにとどまらず，特に20代前半を中心とする若者の進学や就職による転出の増加にある。当然，若者の働く場に対する魅力はかつての人口増を支えた神戸の地場産業や重工業産業から異なる構造へと変化している側面もあろう。すなわち神戸市中央区単体では人口増は見られるものの，それは「都会」としての魅力であり選ばれる「まち」としての魅力であるかは疑問である。

## 3　先行研究のレビュー

### 3-1　場に関する先行研究

　場の研究について伊丹（1999）は基本要素として4点を示している。第1に「アジェンダ」，すなわちテーマのように「われわれは何についてのコミュニケーションをしたいのか」を示す一種の方向性が必要であるとしている。第2に「解釈コード」，すなわち参加者が発信するさまざまなシグナルについてどのような意味か解釈するルールが必要であり，これには発信者の社会の慣習や歴史的組織的経過への正確な解釈なども含まれるとしている。第3に「情報のキャリア」，すなわち会話される言葉やコンピュータ上の言葉やグラフ，表情や声のトーンなどから読み取れるものが必要であるとしている。第4に「連帯欲求」，すなわち自分以外の人々とつながりを持ちたいという欲求であり，ヒトが「社会的存在」である根源的欲求であるとしている[注5]。こうした連帯欲求を通じて情報的相互作用が起こり，情報的相互作用から心的共振が起こることで心理的連帯感つまり共感が高まり参加者の学習や行動をもたらす[注6]としている。本論における「場」については伊丹による定義を踏まえて議論していくこととする。

### 3-2　小規模事業者の連携に関する研究

　いわゆる連携・ネットワークに関する研究はモノづくりや商店街活性化に関する研究が中心である。本論ではネットワークすなわちヒトとヒトとの繋がりの形成が「場」を形成すると捉える。

　小規模事業者の連携について，八幡一秀（2002）は地域における人々の交流する「場」が重要であると指摘している。東京商工団体連合会（1989）『経営とくらしの実態調査』報告を援用し，地域社会における超零細経営の存立は，創造性，利便性，社会性・近隣性，経済性にある[注7] としている。この「社会性・近隣性」に関して，「『祭』は地域社会を代表するイベントになってきているが，最近は企業に支援された金集めとか，そのための人集めの手段となるときそれは経済活動のみあって，社会活動が伴わないか，狭い社会活動となって，人間対人間のつきあいのないヒトだけの集団ができあがる。中小商工業者（小零細経営）が活きているまちでは日常交流をはじめ，イベントをも担いえる人々に引き継がれ，自然のうちに祭を担うことができる技能やとりまとめ能力をもって人々に社会組織が展開していく」（八幡一秀,2002,pp.23-24）とし，地域社会における地域の人間の健全な成長には小零細経営が必要である[注8] ことを強調している。

### 3-3　神戸における地域づくり関する先行研究

　特定非営利活動促進法（NPO法）制定や日本初の市民による生活協同組合「神戸購買組合」創設に代表されるように，神戸市では市民参加型の施策を重視する傾向が強く，地域づくりに関しても同様である。

　乾亨・深川光耀・今野裕昭・西堀喜久夫・西宮悠司・清水光久・吉川健一郎（2015）は地域コミュニティを担う地域組織（自治会や校区組織）は自治会加入率の低下やリーダー層の高齢化により活動が低下していると指摘し，多くの自治体が地域サービスや地域運営の一部を協議会型住民自治組織に委ねようとしている[注9] 点に着目している。「真野まちづくり」を事例に全国で起こりえる地域づくりにおける課題[注10] を指摘している[注11]。また協議会が創り出す地域住民の「コミュニティ」と，協議会そのものとして「コミュニティを束ねる組織」と整理し，「コミュニティ」はあいまいで変化し続け固定的にとらえることが難しいが，コミュニティ組織はある程度固定化されざるを得ないし，どれだけ民主的は組織であってもコミュニティ構成員のすべてを代表しうるものではない[注12] と指摘している。

　広原盛明（2017）は神戸の地域性が軽視されてきた地域づくりについて「計画しすぎた都市」と指摘している。神戸は「計画された」「計画しすぎた都市」であるがゆえに，郊外も中心市街地もニュータウンのような均質空間となり都市本来の魅力は失われ，このような「計画しすぎた都市」からは，住民の「まち」への愛着は生まれない[注13]としている。すなわち「計画しすぎた」がゆえに「混在の中身」が軽視され，歴史的に形成されてきた下町が住民感覚とは別に「混合市街地」とのマイナスイメージの烙印を押され，「用途鈍化＝市街地秩序」の観点から真っ先に再開発計画の対象地域にあげられてきたのである。広原は神戸の地域づくりを「ピラミッド型神戸市政」と表現し，地域づくりにおいて市から参加団体として公認されている以外の多様な任意団体の参加が困難となる[注14]と指摘している。

### 3-4　先行研究より得られた視座

　以上のように「場」「連携」「神戸における地域づくり」に関する先行研究をレビューしてきた。

　中小企業のなかでもとりわけ小規模事業者はそもそも商圏が狭いエリアに限られる傾向にある。連携は単に「小規模」ゆえの経営資源の脆弱性を補うのみならず，小規模事業者同士が繋がることにより小さな商圏内での心理的連帯感を得られる。過疎地域や地場産業型とは異なり，神戸市中央区のような都市部においては地域住民の入れ替わりが激しく，地域内のネットワークは衰退し地域の連帯感は減少する。さらに商圏を地元中心とする商業・サービス業の小規模事業者にとってインターネットの登場は地域事業者同士，あるいは地域住民との距離を遠ざけた可能性は多分にある。商圏が狭く社会性・近隣性を背景に存立する小規模事業者にとって，その小さな地域内におけるヒトとヒトとの物理的な繋がりを形成することこそが経済合理性となり存立基盤強化の一つとなりえるのである。

　また「社会性・近隣性」を活かす連携の取組として「祭」のようなイベントをおこなうことに有用性があると考えられる。ここでいう「祭」はいわゆる神仏への慰霊といった儀式的な「祭」にとどまらず，地域住民などが参加し楽しむことができ，地域の人々が仲良くなれるような地域振興の手法としてのイベントなどを含む。すなわち「祭」は地域小規模事業者や地域住民が交流する場となりえる。同時に地域の歴史や文化の保持・継承の場ともなりえる。

　また祭のようなイベント実施により２つの場が形成される。１つはイベント自体が地域のつながりそのものとなるコミュニティとしての場として機能する。もう１つはイベントを企画・運営していくコミュニティ組織である。イベントを企画・運営していく主体は地域づくりの主体として場を形成していく。神戸という地域で考えるとコミュニティ組織となりうる主体として，地域振興に向けて地域文化を継承しながら新たな取組の必要性を理解し，主体性をもった住民自治組織としてまちづくり協議会に期待が寄せられる。

　これらを踏まえ以下では神戸市中央区を中心にイベントをおこないながら地域振興に取組む事例を考察していく。

## 4　神戸市中央区における連携組織の事例：花隈モダンタウン協議会

　花隈地域[注15]は神戸市中央区西部の市街地中寄りに位置し，地区面積約23ha，約4800世帯（2016年住基人口）のエリアである。かつては高級料亭が立ち並び，芸者が行きかう大規模な花町であった。神戸港の貿易にかかわる日本人や外国人が商談や宴会をする場所として花隈は発展し西の祇園と呼ばれるほど華やかな時代があった。1960年代以降芸者を呼んで派手に飲むような文化は衰退し，花隈の料亭も次々に閉店することとなり，現在では跡地にマンションなどが建ち並んでいる。マンションの新たな入居者により花隈の人口は増え世代も若返った一方で，地域住民の交流は希薄となった。

　そもそもこの協議会は現在取組んでいる「地域振興」を目的としたものではなかった。地域住民の移動手段の要である阪急花隈駅のエレベーター設置運動を目的として，2014年頃に花隈で事業を営む事業者（印刷業，病院，薬局，写真店など）が集まり署名運動や鉄道会社への働きかけをおこなったことがきっかけである。その後，エレベーター設置は決定したが，集まりをそのまま終わらせずに「地域振興」を目的とした集まりへと転換していった。

　2014年後半から地域課題を議論し，花隈の唯一無二の歴史が忘れ去られこのままただの住宅街になってしまうのはもったいないという共通認識のもと，存命の方がいるうちに，①地域の歴史を掘り起こし伝えていきたい，②花隈のマンションに入居した若い家族層に伝えたい，③それにより花隈の住人としての意識も生まれ地域内の交流も再び活性化するのではないか，とテーマ設定をすることと

なった。2015年に入り，まち歩きや小さなイベント開催等をしながら自治会や近隣の小学校などとの連携を図り，資料の持寄り，歴史の学習などをおこない，花隈再生に向けた地域紹介冊子づくりやSNSでの情報発信をすすめた。2016年11月に本協議会の目玉企画である「花隈モダンタウンフェスティバル」を開催し，2017年3月に「花隈モダンタウン協議会」[注16] が設立された。以後，「花隈モダンタウンフェスティバル」を定期開催しながら，歴史まち歩きツアーやビデオクリップ制作，様々なメディアと連携し，花隈の文化・情報の発信等をおこなっている。また2017年度より3年連続で中央区協働助成の採択事業となっている。

　花隈モダンタウンフェスティバルは2019年に5回目を迎えることとなり，回数を重ねるごとに内容を充実・刷新している[注17]。花隈地域の飲食店を中心とする小売・サービス業の出店ブースでは10〜15店舗ほどが出店しており特に若い経営者の出店が多い。開催場所は本願寺別院，通称「モダン寺」であり，報恩講の日に合わせて開催している。地元新聞社やケーブルテレビが取材にくるなど地域振興の取組として注目され，来場者は報恩講以外の地域住民で300名前後が訪れている。

　また花隈モダンタウン協議会の特徴として協議会メンバーである本願寺神戸別院（以下，モダン寺）[注18] の果たす役割が大きい。明治以前のお寺は寺子屋など子供が集まる地域の知的活動の拠点，あるいは村人たちの集まる地域のコミュニティセンターの役割を果たしていた。すなわち日本人の生活の節々に関わる身近な存在の公共空間として「ムラの知的センター」の役割を果たしていた[注19]。現代のお寺は観光寺と檀那寺に二極化し，「寺院＝檀家のもの」という意識・習慣から地域住民にとって利用のしづらさに繋がってきたとされるが，昨今では住民活動の端緒として「開かれた寺」の事例が注目されている[注20]。

　一般的に小規模事業者は規模の小ささゆえに協議会のような会を開催する場を確保しづらいが，「開かれた寺」を目指すモダン寺の協力により，協議会・役員会開催の場とモダンタウンフェスティバル開催の場を確保している。これにより協議会は運営費用の節約，協議会の活動に対する地域住民からの社会的信頼を得ると同時に，モダン寺にとっては地域住民が気軽に利用することのできる拠点としての認識を持ってもらうきっかけとなる。

## 5 事例の考察

### 5-1 イベントの有用性と2つの場

　花隈モダンタウン協議会の事例を考察する。地域小規模事業者を中心とする集まりが協議会を設立しイベントなどを開催して地域振興に取組むものである。地域小規模事業者は地域の土地勘や歴史や文化といった地域性を熟知しており地域の産業やヒトの変化をよく把握している。ゆえに神戸の地域性について共通認識をもったメンバーで協議会（準備段階含む）を発足し，地域課題を議論しながらテーマを設定し具体的なアクションを起こしていった。取組のなかで2つの場が形成されている。1つはイベントに参加する地域住民や事業者との交流の場であり，もう1つはイベントを企画・運営していく協議会の場である。表1は伊丹の「場」の定義を用いて2つの場の条件を整理したものである。

**表1　「花隈モダンタウン協議会」と「花隈モダンタウンフェスティバル」の「場」の解釈**

| 「場」の解釈 | | 花隈モダンタウン協議会 | 花隈モダンタウンフェスティバル |
|---|---|---|---|
| ①アジェンダ | 共有される情報は何に関するものか。 | 協議会のコンセプト「『花隈』の『歴史を後世に伝え，新たな魅力と活気を創造し，若い世代に引き継ぐ』」取組をおこなうこと。 | 花隈の文化・歴史・ヒト |
| ②解釈コード | 情報を解釈する，共通の理解・了解のこと。 | 協議会設立までの準備期間（2014年後半〜2017年）にかけて議論され歴史的組織的経過を了解している。 | 花隈の文化・歴史・ヒトに関する写真展示や動画上映などの出店により歴史的組織的経過を伝える。子ども向けには，わかりやすいクイズラリー，ワークショップなどを実施。 |
| ③情報のキャリア | 情報を伝えている媒体。 | 月1回以上の定例会及び役員会実施による物理的空間の共有。 | 出店者・来場者アンケート，ヒアリング調査実施や体験型出店によるコミュニケーションの創出。 |
| ④連帯欲求 | つながりを持ちたい欲求。 | 協議会の活動を通じた心理的共振。社会的存在であることの認知を促す。地域小規模事業者ならではの地域愛や連帯欲求。 | 花隈地域の旧住民と新住民の交流促進。若い飲食・サービス出展者にとって自店のPRの場となる。 |

出所：著者作成。

　協議会のメンバーは古くからの地域住民としての地域に対する愛着が強い傾向にあると同時に，地域事業者として商圏である地域に対してある種の危機感のようなものも抱いていた。小規模事業者であるがゆえにこれまでこうした危機感について誰かに相談したり具体的に課題解決に繋げる場はほとんどなかった。協議会を通じて地域の抱える課題を共有しながら地域住民としての自覚を醸成し連帯感を得ることで社会的存在としての意義を見出すこととなった。

　またイベントを通じてイベント参加者の地域への愛情や愛着を醸成していくことができる。イベントの開催は地域住民や地域事業者に交流の場を提供している。神戸市中央区は過疎地や産地とは異なりヒトや店舗の出入りが激しくヨコの繋がりを形成しにくい。先にも示したように都市の「多様さ」「混沌さ」が喪失された「計画しすぎた都市」神戸において新住民は地域への愛情を醸成しにくい。自治会加入率の低下やリーダー層の高齢化により地域コミュニティを担う組織の活動率が低下しつつある[注21]　なかで，自治会では不足している地域コミュニティ醸成の役割を協議会が担っていると考えられる。花隈モダンタウンフェスティバルでいえば，「花隈の古い歴史」に対し，古くからの住民はフェスティバル開催の新聞記事を切り抜いてイベントに足を運び「懐かしさ」を見に来る。一方で新しい住民は子どもの通う小学校でのお知らせを聞いてイベントに足を運び「新鮮な」花隈の歴史を知ることとなる。地域性をテーマにすることで幅広い層の住民が参加することがきでる。またイベント出展者は若手経営者が多い。これは若い世代が参加しやすいイベント形式であることと，新しいタイプの協議会としてのしがらみの少なさが要因にあると考えられる。若手経営者にとっては店舗のPRの場としても機能している。また協議会の形態をとることは行政の支援を受けやすいメリットがあり，協議会メンバーの経済的・心理的負担をある程度軽くする効果をもたらした。

## 5-2　地域振興を通じた小規模事業者の存立基盤強化

　小規模事業者の協議会での活動から得られた成果は，協議会運営やイベント開催にあたり自社の専門性が活かされたり，あるいは新たな取引や連携，アイディア創出につながっている点である。

### 表2　協議会運営メンバーと主な役割

| 役割 | 会社名 | 事業内容他 | 協議会での主な役割 |
|---|---|---|---|
| 会長 | 共栄印刷㈱ | 1920年創業。事業内容：総合印刷業。 | ・歴史・文化等に関する写真・資料・映像の復元。<br>・地域事業者や社会福祉協議会などへのブース出展声掛け。<br>・自治会との擦り合わせ。 |
| 副会長 | 本願寺神戸別院<br>（通称モダン寺） | 1639年に前身である善福寺が寺号を授与。1960年より浄土真宗本願寺（西本願寺）本山直属。兵庫教区教務所併設。 | ・花隈エリアの集客の要のひとつ。<br>・協議会へ会議室を提供。<br>・イベントスペースの提供。 |
| 副会長 | 隈病院 | 1932年開院。病床数：58床。 | ・花隈エリアの集客の要のひとつ。 |
| 事務局長 | ㈱桜商会 | 1947年創業。事業内容：各種コピー・印刷。 | ・歴史・文化等に関する写真・資料・映像の復元。<br>・地域飲食店への声掛け。<br>・近隣小学校や大学への呼びかけ。<br>・自治会との擦り合わせ。 |
| 会計 | ㈱成文社 | 1919年創業。事業内容：紙及び紙製品の卸売と印刷・加工。 | ・歴史・文化等に関する写真・資料・映像の復元。<br>・地域飲食店への声掛け。<br>・近隣小学校や大学への呼びかけ。 |
| 幹事 | 三晃カメラ商会 | 1963年創業。事業内容：写真現像，写真材料の販売等。 | ・歴史・文化等に関する写真・資料・映像の復元<br>・イベントの様子を記録。 |
| 幹事 | ㈱オガワ印刷 | 1968年創業。事業内容：広告商業印刷・事務用印刷・デザイン企画。 | ・歴史・文化等に関する写真・資料・映像に関する資料提供と復元。 |
| 幹事 | 笑売繁盛㈱ | 2012年創業。事業内容：主に伝票類の通販業務。 | ・SNSを中心とした広報活動。<br>・中央区協働助成に向けたプレゼン。 |
| 幹事 | 漢方のサツマ薬局 | 1931年創業。事業内容：医薬品・健康食品・処方箋調剤・化粧品の販売。 | ・子ども参加型イベントでの事故・ケガへの対応や，飲食を取扱う出展者に対するトラブル対応。 |
| 幹事 | ㈱甲友電気設備 | 2004年創業。事業内容：電気設備工事。 | ・イベントの電気配線やライブ会場設営。<br>・邦楽ライブ出演者との交渉。 |
| 幹事 | （有）村田住建 | 1985年創業。事業内容：不動産管理・仲介・売買。 | ・地域住民の属性や傾向を熟知しており，ファミリー層の多いマンションやエリアなどへの声掛けや事前の挨拶まわりなどを対応。<br>・Jazzライブ出演者との交渉。 |

出所：著者作成。

　花隈モダンタウン協議会のメンバーには印刷関連事業者が多い。印刷関連事業者は歴史・文化をテーマとする地域振興の取組と親和性が強いといえる。イベン

トでは歴史・文化等に関する写真・資料・映像を展示している。しかし旧来の地域文化の衰退，阪神・淡路大震災をきっかけに花隈の歴史・文化に関する資料自体が希少なものとなっていた。目玉企画として用意していたマリリンモンローや石原裕次郎が花隈を訪れた際の写真は印刷関連事業者や写真関連の事業者の協力により復元・活用されるなどそれぞれのメンバーの専門性が発揮されることとなった。メンバー（2019年9月現在）の一覧と協議会での主な役割を示したものが表2である。

　また自社の本業への効果も出ている。組織別に本業への効果を示したものが表3である。このうち，協議会会長を務める共栄印刷㈱は協議会での取組を通じCSRに関心を寄せることとなった。ネット印刷や大手印刷会社との競争激化により地域の中小印刷業の経営は厳しい。上場企業ではコーポレートガバナンス強化を背景にIR戦略といった情報開示が進んでいるが，非上場の中小企業においてはこうした情報戦略が進んでいない点に目を付けた。そこで印刷業として取引先の業種の幅が広いことと地域性を活かし，地域中小企業に向けCSRの取組に関する支援や情報戦略に取組始めたところである。

### 表3　協議会運営メンバー別にみる本業への効果

| 会社名 | 事業内容他 |
|---|---|
| 共栄印刷㈱ | 取引先に対するCSR報告書作成などのCSR戦略の提案及び事業開始。ボランティアで参加していた大学生がその後就職することとなった。 |
| 本願寺神戸別院（通称モダン寺） | ヒアリング調査では「モダン寺の存在が気になっていたが今回初めてを訪ることができた。誰でも入れることを知らなかった」，といった主旨の回答が多く，モダン寺訪問促進に寄与した。 |
| 隈病院 | 患者及びご家族，関係者や病院スタッフへの楽しみの提供。 |
| ㈱桜商会 | イベント参加者や協力団体より，イベント後にオリジナルTシャツプリントなどの受注があった。 |
| ㈱成文社 | 協議会メンバーの印刷会社の受注が増えることで，印刷にあたる紙類の調達が増加した。 |
| 三晃カメラ商会 | 協議会メンバーや出店者からイベント後に写真撮影の依頼などがあった。 |
| ㈱オガワ印刷 | 協議会メンバーや出店者からイベント後に印刷物の受注があった。 |
| 笑売繁盛㈱ | 協議会メンバーから事業運営における相談を受けた。 |
| 漢方のサツマ薬局 | 協議会メンバーを中心に薬局利用が促進された。 |
| ㈱甲友電気設備 | イベントを通じて従来から携わってきた小唄・長唄関係者との関わりが増加した。 |
| （有）村田住建 | 事務所移転など不動産に関する相談件数が増えた。 |

出所：著者作成。

## 6　おわりに

　本論では神戸市中央区における協議会の事例をもとに小規模事業者の連携による地域振興の取組について，地域性の強い「地域小規模事業者」の経営行動の視点から考察してきた。協議会メンバーは都市部に位置し商業・サービス業を中心とする小規模事業者を中心とし，協議会を連携の場として活用し，地域の課題を共有し連帯感を高めながら具体的アクションを起こし地域振興に取組んでいる。その内容は地域性をテーマとしたイベントであり，イベントは地域住民や地域事業者が交流することのできる場としての機能を果たしていると考えられる。

　さらに協議会での活動が自社の存立基盤強化につながる点についても確認することができた。自社の経営に対する効果の大きさについては事業者により違いはあるが，いずれの事業者も「協議会の活動をしてよかった」と口を揃える。地域住民や地域事業者の入れ替わりの激しい都市部では地域固有の歴史・文化が衰退し，それは地域事業者や地域住民のヨコの繋がりをさらに希薄なものとする要因となる。事例では，地域小規模事業者が開催するイベントによって地域住民と地域事業者の繋がりの形成に寄与し，新たな取引を始めたケースも確認できた。イベントでは地域に関わるヒトにとって関心の寄せやすい地域の情報を提供している。情報を提供することでヒトが集まり，ヒトが集まることで情報が増え，さらにヒトが集まるという好循環が生まれている。さらに協議会の開催するイベントはしがらみがないため，若い地域住民や地域事業者に受け入れられやすいのもポイントのひとつである。

　協議会メンバーの小規模事業者は経営資源が乏しく規模の小ささゆえに1事業者での取組には限界がある。しかし彼らは地域をよく知る昔からの住民であり商圏を地元地域中心としており，地域への関心が強い。ゆえに地域に関わるヒトや事業者，地域性に関する情報を多く持っており協議会の場や連携を通じヒトの輪を増やし協議会の活動を継続させている。地域に強いことこそが地域小規模事業者の最大の強みであり，ヒトとヒトとの繋がりに活かしていくことが地域と地域小規模事業者の存立可能性を高めているのである。

〈注〉
1　兵庫県（2019）．
2　広原盛明（2017）．
3　池田潔（2012）p.100.
4　神戸市経済観光局経済部経済政策課（2017）pp.1-8.
5　伊丹敬之（1999）pp.40-47.
6　伊丹敬之（1999）pp.21-29.
7　八幡一秀（2002）p.21.
8　八幡一秀（2002）pp.23-24.
9　乾亨・深川光耀・今野裕昭・西堀喜久夫・西宮悠司・清水光久・吉川健一郎（2015）p.109.
10　第1に，担い手の高齢化と減少，第2に，地域組織と若い世代・子ども関連ネットワークの断絶が進んでいること，第3に，まちの構造の変化とまちづくりの課題の変化に着目する必要があること，第4に，地域を束ねるまちづくり協議会のような新たな第三の組織体と自治会の関係硬直化についてである。
11　乾亨・深川光耀・今野裕昭・西堀喜久夫・西宮悠司・清水光久・吉川健一郎（2015）pp.110-111.
12　乾亨・深川光耀・今野裕昭・西堀喜久夫・西宮悠司・清水光久・吉川健一郎（2015）p.120.
13　広原盛明（2017）pp.300-304.
14　広原盛明（2017）pp.304-309.
15　花隈モダンタウン協議会は神戸市中央区花隈町，北長狭通6・7丁目，下山手通8丁目，下山手通7・9丁目の一部を花隈地域として主な活動地域としている。
16　花隈モダンタウン協議会は主に9事業者，1寺院，1病院で構成されている。相談役として花隈自治会長が携わっている。
17　イベント内容は主に，①花隈地域の飲食店を中心とする小売・サービス業の出店ブース，②花隈の歴史紹介ブース，③近隣小学校・大学との連携ブース，④子ども向け手作りワークショップ＆体験ブース，⑤三味線体験，⑥邦楽・ジャズライブ，⑦クイズラリー，⑧こども向けお楽しみ引換券，⑨来場者インタビュー＆出展者アンケート，などがある。
18　協議会メンバーであるモダン寺と隈病院は，花隈地域の主要駅である阪急花隈駅の利用者割合（一般の利用者を除く）の上位2施設である。モダン寺については浄土真宗本願寺派本願寺神戸別院兵庫教区教務所HP（https://hongwanji-kobe.jp/）を参照のこと。
19　手打・原（2014）p.3.
20　手打・原（2014）pp.14-16.
21　乾亨・深川光耀・今野裕昭・西堀喜久夫・西宮悠司・清水光久・吉川健一郎（2015）p.109.

〈参考文献〉

1．広原盛明（2017）「人口縮小時代，神戸再生への視点」広原盛明・川島龍一・髙田富三・出口俊一『神戸百年の大計と未来』晃洋書房，pp.296-345.

2．本田幸子（2011年9月）「ソーシャル・イノベーターとしての"お寺"―仏教寺院の公共空間機能変容の事例研究を通して―」『同志社政策科学研究 』第13号，同志社大学政策学会，pp.29-45.

3．兵庫県（2019）「ひょうご経済・雇用活性化プラン（2019〜2023年度）」.

4．池田潔（2012）『現代中小企業の自律化と競争戦略』ミネルヴァ書房.

5．乾亨・深川光耀・今野裕昭・西堀喜久夫・西宮悠司・清水光久・吉川健一郎（2015年3月）「地域組織の活性化と新しい地域リーダー創出のための実践的研究―「真野まちづくり」の継承と新展開を目指す取り組みを通して―」『住総研研究論文集』第41巻，住総研，pp.109-120.

6．伊丹敬之（1999）『場のマネジメント―経営の新パラダイム―』NTT出版.

7．伊丹敬之（2005）『場の論理とマネジメント』東洋経済新報社.

8．神戸市経済観光局経済部経済政策課（2017）「神戸の経済2016」神戸市.

9．神戸市市民参画推進局（2017）「2016年度お住まいの地域のようすと神戸市内地域組織基礎調査結果」神戸市.

10．佐竹隆幸（2012）『「地」的経営のすすめ』神戸新聞総合出版センター.

11．下平尾勲編著（1995）『共生と連携の地域創造―企業は地域に何ができるか―』八朔社.

12．下平尾勲（1995）『地域づくり　発想と政策―21世紀の地域論―』新評論.

13．手打明敏・原さゆり（2014年6月）「住民活動の拠点としての寺院の現代的意義―東日本大震災後の地域復興における寺院の役割を通して―」『茗渓社会教育研究』第5号，筑波大学生涯学習・社会教育学研究室，pp.2-17.

14．八幡一秀（2002）「地域社会における産業集積と小零細経営」日本中小企業学会編『21世紀の地域社会活性化と中小企業』pp.17-30，同友館.

（査読受理）

# 「川崎モデル」とその波及による新しい地域産業政策

専修大学　中村吉明

## 1. はじめに

　中小企業が下請けから脱却する一つの処方箋として，他社に追随を許さない自社製品を作ることがあげられる。そのために特許の取得が重要な要素となるが，それは中小企業にとって敷居が高いのが現状である。このような中，川崎市は大企業が所有する特許を中小企業に移転・製品化するためのマッチングを行い，中小企業の自社製品の開発，販売等を支援している。本稿では，その概要を明らかにするとともに，それを包含する，いわゆる「川崎モデル」と称されている川崎市の中小企業政策について考察を加える注1)。さらに「川崎モデル」の実績を示し，その副次効果についても明らかにする。最後に「川崎モデル」の他地域への移転を踏まえ，新しい地域産業政策について提案する。

## 2. 「川崎モデル」に関する先行研究

　「川崎モデル」と言う名前が，世の中に広まったのは，藤沢久美（2014）によるところが大きい。本著では，「川崎モデル」を個別企業ニーズに応じたオーダーメード対応として幅広く捉えている。しかし，本著以降，具体的なイメージの湧きやすい大企業が所有する特許の中小企業への移転・製品化＝「川崎モデル」と誤解を生んでしまうことになる。

　藤沢久美（2014）以降，「川崎モデル」に関する様々な論文が発表されている。伊藤和良（2016）は川崎市職員，山田拓（2019）は銀行から川崎市への出向者，西谷亨（2014），髙橋光一（2017），宇崎勝（2018）は，川崎市の産業振興財団の

コーディネータ，左中岳次郎（2015）は銀行から産業振興財団への出向者である（以上，執筆当時）。1つの例外を除きすべての文献は特許関係の学会誌に掲載されたものであり，大企業の特許の中小企業への移転に関する記述が多い。

　一方，第三者が「川崎モデル」について記述した例は公的文書に多い。知的財産推進本部（2015）では，大企業の所有する特許の中小企業への移転・製品化に関する政策を高く評価するとともに，その全国展開への支援を示唆している。以上，このような特許関係部局からの文書はあるものの，第三者が「川崎モデル」について客観的に考察した論文はほとんどないというのが現状である。

　他方，地域産業政策，産業集積の観点から，渡辺幸男（2011）は，今日，国際間でも情報流通，物流が頻繁になってきており，隣接県や国内の他地域のみならず，東アジア全体の中での最適生産の検討が求められている現状を広域化した産業集積としてとらえる視点を提示しているが，これは「川崎モデル」の広域化のサポートエビデンスとなりうる。


## 3．「川崎モデル」の戦略的意義

### （1）「川崎モデル」の定義

「川崎モデル」の確定した定義はないが，「川崎モデル」に深く関与している3人のコーディネータの「川崎モデル」の考え方が参考になる。西谷亨（2014）は，「川崎モデル」を「中小企業に対する手厚いハンズオンサポートのスタイルを指す意味で用いられている」としている。また，髙橋光一（2017）は，「川崎モデル」のキーワードは，「『現場主義』，『おせっかい』，『えこひいき』，『顔の見えるネットワーク』である」としている。さらに，宇崎勝（2018）は，「川崎モデル」を「現場に入り込んだ伴走型の中小企業支援活動」とし，「活動そのものにはモデルという言葉で連想される派手さやスマートさはなく，非常に地味なチームによる支援活動である」としている。どの論文も，「川崎モデル」を「大企業が所有する開放特許を活用し，中小企業が新製品を開発・販売から収益を得るまで導く中小企業政策」という狭義の定義ではなく，企業訪問を含む幅広い活動を示唆している。それに倣い，本稿では，「川崎モデル」の定義を「『現場主義』を理念とし，自治体職員，コーディネータ，銀行職員等がチームを作り，中小企業を，『きめ細かく』，『一貫して』支援し，『顔の見える関係』を構築した上で，大企業が所

有する開放特許を中小企業に移転し，新製品開発をサポートするなど，中小企業のニーズに臨機応変に対応する中小企業政策」という広義の定義を用いる。

## （2）広義の「川崎モデル」

「川崎モデル」では，現場主義を徹底するため，川崎市，産業振興財団，川崎信用金庫などの金融機関などからなるチーム（以下，「川崎市等」という）を編成し，中小企業への訪問を繰り返し，新規事業展開に活用できる各種関連施策情報を提供したり，連携先の紹介を行うとともに，中小企業の課題をきめ細やかに把握し，それらをチーム全体で解決している。川崎市等ではそれを「出張キャラバン隊」と呼んでいる。川崎市や産業振興財団が直接電話でアポイントを取って訪問する形が多いが，金融機関からの紹介で訪問するケースも少なくないとのことである。金融機関の参加は，「従来の焼き畑農業のように融資するだけではなく，経営的な支援も含め中小企業の成長を支える中で融資を行うというような稲作的なスタンスに変わってきている」（X社）からだと思われる。

「出張キャラバン隊」では，大企業の特許の活用支援も確かにあるが，それ以外にも，大学と中小企業の連携や中小企業同士の連携を通して新たな商品開発を支援するなど，多岐にわたっている（川崎市U氏）。その際，技術的な知見が高く，

### 図1　「川崎モデル」（広義）
地道な企業訪問による「現場主義」を徹底した中小企業支援

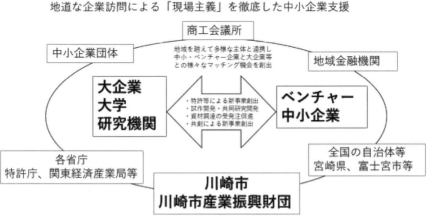

川崎市資料を基に筆者が一部修正

特許，契約，さらに大企業の内情に詳しい産業振興財団のコーディネータが，中小企業の課題解決に重要な役割を果たしている。

　また，訪問した中小企業の製品を「川崎ものづくりブランド」の認定プロセスに乗せるケースもある。「川崎ものづくりブランド」とは，川崎市内の中小企業が生み出した優れた製品・技術を国内外に向けてアピールし，販路拡大を支援するための認定制度である。その認定の過程で，事務局の川崎市等が何回も中小企業に訪問し，当該企業の内情を知り，信頼関係を築くとともに，得意分野を詳細に把握し，その後のきめ細やかな支援につなげる重要なツールとなっている。

### （3）狭義の「川崎モデル」

　狭義の「川崎モデル」とは，大企業が所有する開放特許を中小企業へ移転し，製品化する，いわゆる川崎市の知財マッチング事業のことを言う。自社製品を持ちたいと考える前向きな中小企業を対象にしている。「前向き」というのが重要で，２件を製品化したＡ社は，「自分で汗を流さない人は誰も手を貸さない。アシスト式自転車のように自分が漕がなければだめ。漕ぎ始めると加速がつく」とし，Ｂ社は，「支援というと，どれだけお金がもらえるのかという視点で考える中小企業も多いが，その考えでこの事業を始めるとうまくいかない」と指摘しているように，与えてくれるのを待つ企業ではなく，自ら率先してリスクを恐れずチャレンジする中小企業に向いている。さらにＢ社は，「川崎市はやる気のある

### 図２　「川崎モデル」（狭義）
#### 川崎市の知的財産マッチング

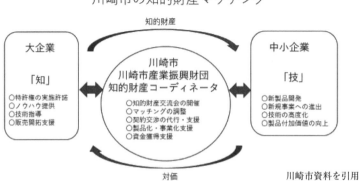

川崎市資料を引用

企業をモデルケースとして集中的に支援し，その波及効果によって他の企業の底上げも図っている。そのようにしないと底辺の企業に合わせることになってしまい，伸びようとする企業の足かせになってしまうからだろう」と言及している。

　また，出口を重視し，大企業と中小企業との特許契約が成約をしたから終わりではなく，製品ができ，販売され，売り上げが計上されることを目標としており，川崎市等や大企業が販売までハンズオンで手助けするケースが多い。大企業は，購買部門が一括して調達しているため十分な対応ができない場合が多いと聞くが，Ｙ社などは，「営業部署などを活用して製品を採用してもらえるように各方面に働きかけている」としている。

### （4）狭義の「川崎モデル」のスキーム

　川崎市の知財マッチングのスキームは，①出会いづくり，②契約交渉，③試作開発，性能評価，量産，④事業化，の４段階に分けられる。

　①　出会いづくり

　複数の大企業と複数の中小企業が参加する「オープン型交流会」，大企業１社と特定少数の中小企業が参加する「クローズ型交流会」，中小企業と大企業と１対１での「個別コーディネート」がある。ただし，「オープン型交流会」が終わった後に，その場で「個別コーディネート」を行うケースも多い。

　また成約率を高めるため，大企業に「コア事業の不要特許をリストアップしないように指導している」（コーディネータＰ氏）とのことである。具体的な選定方法としては，大企業が抽出した開放特許候補から，川崎市等が中小企業に適したシーズをスクリーニングしている。左中岳次郎（2015）は，中小企業が好む開放特許の技術シーズとして，（ⅰ）大企業で実用実績があるもの（実用域まで達しているもの），（ⅱ）既存製品の付加価値が上がるもの，（ⅲ）新製品や新市場がイメージできるもの，（ⅳ）大きな設備投資が伴わないもの，をあげている。

　また，大企業の説明資料については，特許の明細書を細かく説明しても中小企業の理解が深まらないため，過去のモデルとなる説明資料を示しつつ，当該特許で何ができるかを図解で分かりやすく説明するように指導しているとのことである。なお，大企業等の参加実績は，40社である（2019年６月現在。）。これら参加企業はグローバル企業が多く，川崎市と地理的関係が希薄な大企業も数多く含まれている。

② 契約交渉

中小企業のコア技術を活用し，大企業の特許を用いると新たな製品が出来ると確信を持った段階で，契約交渉となるが，その際に，「技術だけで判断するのではなく，どのマーケットで売っていくか，どういう販路で売っていくかを十分検討することが重要」（コーディネータP氏）としている。また，特許使用料に関しては，契約の最初に支払う一時金と売り上げに一定の料率を乗じた金額を毎年支払うのが一般的である。中小企業によっては，一時金に多くの金額を出せないケースもある。また，その逆で，一時金を高くして料率を低くしてほしい中小企業もある。いずれにしても，コーディネータが中小企業に不利にならないように契約書の文言を精査し，中小企業の要望に応じ，支払い可能な金額を設定するような交渉をしているとのことである。例えば，Ｃ社は，「契約交渉に慣れていないので，川崎市等が手伝ってくれなかったら，契約できなかっただろう」と感謝の念を示している。

③ 試作開発，性能評価，量産

試作開発等で資金が必要な場合，川崎市等が国，地方自治体，産業支援機関の補助金を紹介し，申請書の書き方を指導するなど，資金確保の支援を行っている。また，ほとんどの大企業が親身になって，特許を活用する際の技術指導を行っているとのことである。というのは，大企業の特許の発明者も自分の発明した特許が製品として世に出るのを楽しみにしており，業務を超えて支援したいという強い意志を示すケースが多い。例えば，技術指導を受けたＡ社は，「自分が以前使っていた機器を倉庫から出してきて，この機器を使うとこのようなデータが出るというところまで見せてくれた」と言及している。

④ 事業化

川崎市の情報発信力を活かし，また大企業の広報部門とも協力して，特許契約の締結時あるいは商品化の際に，川崎市長が自ら記者会見を行い，販売促進につなげている。商品が売れて中小企業が元気になり，大企業に特許料収入が入り，川崎市も税収が上がるという，「三方よし」を目指している。

（5）狭義の「川崎モデル」のメリット

① 中小企業のメリット

狭義の「川崎モデル」では，自社製品の開発に必要な技術を速やかに入手でき

るとともに，その開発した製品が大企業の特許で守られているため，安心して販売することができる（D社）。また，その過程において，中小企業は，大企業から特許の活用に関連するハンズオン支援，製品販売に関する支援（自社購入，関係企業を販売先として紹介）が受けられるケースが多い。さらに，今までの大企業，中小企業という発注企業，下請け企業という関係ではなく，個人対個人のエンジニアとしての付き合いとなり，特許以外の案件で技術的に相談を受けることが多くなってきているとのことである（Z社）。また一番，大きなメリットはブランド力の向上である。コーディネータP氏によると，「パッケージに大企業の名前を記載して販売している製品は，消費者にとって信用と安心感を高め，販売促進につながっている」としている。また，計測器を販売しているC社は，「国内外で著名な計測器メーカーから特許の技術移転を受けたが，（その大企業と）一緒に仕事をしているというだけで信頼度が増す。最近では，知らない大企業から直接，製品依頼が舞い込む」としている。

　さらに川崎市等からも，有形，無形の支援を受けている。例えば，B社は川崎市が橋梁の点検・検査ロボットの実証実験の場を提供してくれたと言及している。また，販売先に関しても，川崎市の敬老の日にお祝いの品に「川崎モデル」で作ったE社の製品を配布するなどの対応も行っている。実は，これは委託事業者が購入したものであるが，川崎市が「川崎モデル」で作った製品を販売につなげたいという意向が背景にあると思われる。

　②　大企業のメリット

　大企業にとって，「特許は自社を守るものであり，それを提供するのか」（X社）という意識が根強くあったほか，中小企業へのライセンス供与は手間がかかるばかりで費用対効果が低いというのが本音であった。一方で，少額ながらも知財収入が入ることは確かであるし，中小企業の特許契約は大企業のそれと比較して短期間でまとまりやすいことに加え，1個契約すると次も出て来て累積効果も高いと再認識し始めている。

　また，大企業は特許を活用して中小企業を支援していることになり，企業価値の向上にもつながる。例えば，Y社の広報担当が知財担当者に，「当社がこれほど長い時間，テレビに出たのは初めてだ」と言ったとのことである。

　さらに，自治体や金融機関とのネットワークができるため，社内でそのネットワークを営業に活用させてくれないかと言われるそうである。また，Y社の知財

担当者は，「大阪のマッチング会場で名刺交換をした大学生がインターンシップを経て，当社に入社した」と言及しており，人材獲得にも役立つケースもある。

## 4．狭義の「川崎モデル」の成果と考察

まず，知財マッチングの直接的な効果，すなわち狭義の「川崎モデル」の効果をみると，表1の通りとなる。2019年末現在で成約件数は36件であり，そのうち製品化されたものは24件である。事業開始当初は，プロジェクトを主体的に支援してきた地元の富士通の案件が多かったが，徐々に他の大企業にも広がりつつある。また，中小企業も新規参入が増えているが，一方で1件目を成約した企業が2件目も成約する事例が4件みられ，そのリピートが中小企業に成約するメリットがあることを示している。

成約案件は製品化したものの，本業の売り上げと比較して売り上げが少ないというのが実情である。今まで一番売り上げがあったF社の製品でも1台15〜20万円の機器が400台程度で，総売上額にして6,000〜8,000万円にすぎない。また，C社では，汎用品1台2万3千円（特注品1台25〜30万円）の製品が汎用品，特注品併せて20台程度売れたとのことである。

さらに期待される効果としては，大企業の特許を活用した製品による直接的な売り上げ以外に，当該企業の技術力の高さが改めて認識され，自社製品の売り上げが伸びた例もある。例えば，G社は「川崎モデル」の事業で顔認証システムを使った勤怠管理システムを作ったが，メディアに流れた結果，以前から販売していた勤怠管理システムが売れるようになったとのことである。またD社は，「大企業は，どの企業も作れる製品の営業は受け付けてくれないが，特許に基づく製品であれば話を聞いてくれるので，営業のきっかけになる」としている。

社員の士気が上がることも指摘されている。例えば，会社がマスコミに出ているのを見て，社員が大変喜び，会社全体にポジティブな空気が流れたという事例もある（A社）。

また，大企業に関しても，特許を出願した技術者にとって，自分の特許を用いた製品を世に出すことになり，当該技術者の士気が上がるのは確かのようである。「デモ機を作って展示会に出すと，大企業の技術者の方が真っ先に見に来てくれた」（A社）とのことである。

## 表1　知財マッチングの成約事例

| | 製品化 | 大企業 | 中小企業 | 成約年月 | 内容 |
|---|---|---|---|---|---|
| 1 | ○ | 富士通 | 光和電機 | 平成20年1月 | プリント基板拡大視認装置 |
| 2 | ○ | 富士通 | イクシスリサーチ | 平成20年5月 | 車載入出力装置 |
| 3 | ○ | 富士通 | 末吉ネームプレート製作所 | 平成20年5月 | チタンアパタイト含有抗菌塗料 |
| 4 | ○ | 富士通 | スタックス | 平成21年1月 | 免振台足 |
| 5 | ○ | 富士通 | タカネ電機 | 平成21年5月 | 雰囲気分析装置 |
| 6 | ○ | 富士通 | JKB | 平成21年12月 | レーザースポット溶接装置 |
| 7 | | (非公表) | (非公表) | 平成22年4月 | (非公表) |
| 8 | ○ | 富士通 | ユニオン産業 | 平成22年4月 | 衝撃吸収型梱包材 |
| 9 | | パイオニア | イクシスリサーチ | 平成22年5月 | カーナビ連動型ナビロボットの開発 |
| 10 | ○ | 富士通 | アルファメディア | 平成23年4月 | 出席管理スキャナ装置 |
| 11 | | 富士通 | ケンラックシステム | 平成24年1月 | 制振ユニット |
| 12 | ○ | NEC | 森田テック | 平成24年4月 | 電界/磁界プローブ |
| 13 | ○ | 富士通 | きらり | 平成24年7月 | 金属修飾アパタイト材料及び製造方法 |
| 14 | ○ | 富士通 | 松本製作所 | 平成24年11月 | 芳香拡散技術 |
| 15 | | 富士通 | 匠技術研究所 | 平成25年2月 | 出欠管理方法 |
| 16 | ○ | 富士通 | フロンティアインターナショナル | 平成25年5月 | 病原の感染防止方法 |
| 17 | ○ | 日産自動車 | マイス | 平成25年12月 | 部品定数供給装置 |
| 18 | ○ | 日立製作所 | 東京メータ | 平成26年5月 | トライボキューブ |
| 19 | ○ | 富士通 | 宝養生資材 | 平成26年5月 | チタナパタイトシート含有石鹸 |
| 20 | ○ | ミツトヨ | 佐々木工機 | 平成26年6月 | 真空吸着ツールスタンド |
| 21 | | (非公表) | (非公表) | 平成26年10月 | (非公表) |
| 22 | | (非公表) | (非公表) | 平成28年3月 | (非公表) |
| 23 | | イトーキ | 髙橋建設 | 平成28年4月 | パネル体の防音技術 |
| 24 | ○ | イトーキ | ダイワテック (岡谷市) | 平成28年4月 | H型鋼の交差連結構造 |
| 25 | ○ | NHK-ES | データープロセスサービス | 平成28年11月 | 「打刻ちゃんTouch」の顔認証機能 |
| 26 | ○ | 日産自動車 | マイス | 平成29年4月 | プラスチックファスナーの定数供給装置 |
| 27 | ○ | イトーキ | 花菱精版工業 (宮崎県) | 平成29年6月 | 起立補助椅子 |
| 28 | ○ | 富士通 | エリントシステム | 平成29年7月 | 患者見守り技術 |
| 29 | ○ | 清水建設 | 和光計測<br>岩手電機製作所<br>津田山製作所 | 平成29年8月 | パノショットR |
| 30 | ○ | 日産自動車 | マーク | 平成30年5月 | 名車デジタルアーカイブ |
| 31 | | 富士通 | エントリシステム | 平成30年10月 | 行動可視化見守りシステム |
| 32 | | NEC | 森田テック | 平成30年11月 | 電界磁界プローブ (3軸) |
| 33 | ○ | NTT | ゼンク | 平成31年3月 | レコメンドシステム |
| 34 | | 日産自動車 | マイクロネット | 平成31年3月 | 音源可視化装置 |
| 35 | | ミツトヨ | 佐々木工機 | 令和元年5月 | エアベアリング |
| 36 | ○ | 森永製菓 | 末広庵 | 令和元年10月 | 和菓子 |

　3.（5）②の大企業のメリットでも指摘したように，大企業による中小企業支援の現状が広く伝わり，結果として，大企業のCSRの一つとして認識されることになる。プロジェクトに最初に参加した大企業の担当者が社内で上司を説得する際に，大企業の知財移転は，損益計算書の利益をあげるのではなく，企業価値を高め，CSRの一環として重要であると説明したそうである。

　また，自社の特許戦略に目覚め，初めて特許を出願したという中小企業も出てきている（コーディネータP氏）。例えば，C社は，大企業の技術移転の際に考

えた派生特許を単独で出願するとともに，それらをさらに発展させた特許を大企業と共願で出願している。

## 5．「川崎モデル」の広域化

　川崎市等は，国の支援を受けつつ，他の地方自治体にそのノウハウを積極的に提供し，それらの地域における「川崎モデル」の実施を支援している。すなわち，行政区域にこだわらず，他の地方自治体に「川崎モデル」のノウハウを移転しているのである。その際に川崎市等が留意している点は，ノウハウを供与する自治体に自分の型を押し付けないことである。その結果，導入自治体は緩やかな「川崎モデル」の地域産業政策を実施することができ，それぞれの地域に合ったサステナビリティの高いモデルに昇華していくこととなる。例えば，S自治体は，「開放特許にこだわるつもりはない。開放特許は一つのきっかけにすぎない。例えば，中小企業と大企業が共同研究したり，共同で製品を作るなど，様々なバリエーションを生み出したい。」としている。同時に，行政区域にこだわらない広域化は川崎市という限られた地域ではなく，他の地域の中小企業を含む幅広いパイの中で，大企業の知財マッチング等を行うことになることから，それがマッチングの確率を高めるとともに，それぞれの自治体の地域産業政策の安定性の向上につながっていると考える。

　ただ，現在は初期の段階なので，いくつか問題点もある。例えば，各地域で積極的に大企業の特許を活用したいという中小企業はみつかるものの，地域の大企業（多くは，本社が首都圏にある地方工場）では，大企業自ら持っている特許を中小企業に移転するという発想すらないのが現状である。例えば，T自治体は，川崎市の支援を受け，大企業の特許の中小企業への移転を促進すべく，地元に進出した大企業を訪問したが，「地方工場から本社の知財部門等に働きかけて積極的に関与したいという大企業が皆無であった」としている。その結果，現段階では，各自治体が実施するマッチングに参加する大企業は川崎市がその地域の特性に合わせて紹介せざるを得ない状況となっている。

　翻ってみると，従来の自治体の地域産業政策は，企業誘致中心の政策であり，誘致するまでがその太宗を占めていた。確かに，誘致した企業（特に工場）との交流は多少あるが，基本的には，工場立地法に基づく緑地規制など，地域の工場

の困りごとに対応するのみの必要最小限であった。したがって，本社，例えば経営，知財部門等との接触はほとんどないのが実情である。また，地元の自治体と中小企業との親密度が希薄な場合も多く，「川崎市は個別の中小企業が何を困っているか熟知している。（川崎市以外の）自治体は地元の中小企業とつながっておらず，これが知財マッチングの成約件数が少ない理由ではないか」（D社）との指摘もある。さらに地域の特許政策については，国の支援を受け，中小企業の知財出願を支援するも，十分な成果が得られていないケースが多い。S自治体もT自治体も数年前から中小企業の特許創出支援を行っているが，なかなか成果に結びつかないとのことである。

　「川崎モデル」の広域化のメリットは大きく3点ある。第一点は，企業の広域化に合った地域産業政策が実施できるということである。というのは，大企業は本社は東京にあるも，国内外に工場が分散している。また，中小企業も一自治体にとどまることが少なくなり，国内外に工場を持つことが多くなっている。特に川崎市の中小企業はその傾向が顕著で，本社は川崎市内にあるが，工場は地方にあるという例も多い。このような中，一地方自治体内に閉じた地域産業政策では意味がなく，真の意味で開かれた地域産業政策が望まれているのである。

　第二点は，川崎市による「川崎モデル」のノウハウの提供は川崎市にとって労力がかかるが，結果として川崎市の知財マッチングの成功確率を高めるだけでなく，他地域で行われる知財マッチングの成功率を高めることにつながる。さらに川崎市のリピュテーションを高めることになり，結果として，川崎市自身にも大きなメリットとなる。

　第三点は，成果の多様化につながることである。知財マッチングのみならず，他地域で行われる知財マッチングの情報も含め幅広い企業情報等が集約され，それら情報は，大企業から中小企業への特許移転に限らず，広域での中小企業との連携や大学と中小企業との連携など，成果の多様化につながることになる。

## 6. 広義の「川崎モデル」のメリットと効果

　広義の「川崎モデル」の典型例は「出張キャラバン隊」による中小企業への訪問である。訪問を受けた中小企業は，ワンストップで自らが持っている問題の解決策を得ることができる。他方，金融機関も出張キャラバン隊に参加することに

よるメリットがある。金融機関にとっては金利偏重ではない新しい経営支援サービスを構築できる可能性を秘めている。なお，「川崎モデル」に関しては，金融庁も高く評価しており，官民ラウンドテーブル「地域における新産業等の育成と金融の役割」作業部会（2014）では，「川崎モデル」に関して，「中小企業等の抱える経営課題（販路開拓，新事業転換，財務内容改善，新規事業承継等）は様々であるものの，小規模企業の経営者は，自ら工具として働いていることが多く，有用な情報を取得するための時間的，精神的余裕がない状況が窺われる。このような中小企業等には，地方公共団体や金融機関等が連携した上で，支援機関側からキャラバン隊のような形で企業を訪問し，支援活動の周知広報を行うとともに，ワンストップ型の経営相談を実施することが有効と考える」と整理されている。これらを背景に，川崎信用金庫は職員を川崎市，産業振興財団に出向させているほか，横浜銀行，きらぼし銀行も産業振興財団に出向させている。

さらに，このような出張キャラバン隊の行動は，単に大企業から中小企業への技術移転だけでなく様々なオプションを提供している。例えば，中小企業の知見が大企業のイノベーションに寄与するケースを発掘すべく，O社は，中小企業の技術水準を高く評価しており，出張キャラバン隊に役員が参加して即断即決で中小企業のシーズを探しているとのことである。また，中小企業と大企業の共同研究など幅広いマッチング例も増えている。川崎市職員のU氏によると，出張キャラバン隊による中小企業間のマッチング件数の成果は，おそらく数百件に及ぶとしている。

## 7．結論

まず，「川崎モデル」の政策の肝は，「現場主義」を理念とし，自治体職員，コーディネータ，銀行職員等がチームを作り，中小企業を，「きめ細かく」，「一貫して」支援し，「顔の見える関係」を構築することにある。また5.で指摘した通り，「川崎モデル」の広域化は，他地域の地域産業政策として重要であるだけでなく，川崎市の特許マッチングの成功率を高める，最終的には，日本全域で幅広い波及効果を醸し出している。この政策は，本来，政府が行うべき地域産業政策を一自治体である川崎市が行っていると言っても過言ではない。いわば，この日本全域への広域化は，渡辺幸男（2011）が指摘している広域化した産業集積という視点で

「川崎モデル」の広域化を考えることができる。

　他方「川崎モデル」は，4.で指摘した通り，中小企業が新製品を販売できるだけではなく，大企業等も含め波及効果が大きく，自治体の導入が相次いでいるが，その最大の成功の秘訣は，人材面によるところが大きい。

　第一に，地方自治体における熱意のあるコア人材の存在が重要である。担当者の在任期間の長期化ももちろん重要であるが，担当者はいずれは異動する時を迎える。地方自治体や金融機関は人事異動が宿命なので，その情熱や事業を確実に引き継ぐ人を育てていく必要がある（コーディネータP）。川崎市の場合，今まで継続して熱意のある人材に恵まれ，円滑に事業を継承していることが成功要因の一つとして挙げられる[注2]。

　第二に，補完関係にあるチーム制による出張キャラバン隊による訪問が功を奏したと思われる。川崎市の職員だけではなく，技術や契約や大企業等に詳しいコーディネータ，金融面で支援する金融機関などがチームになって対応するため，中小企業のニーズにワンストップで対応できるのである。例えば，A社のように，金融機関経由の話だったので，とりあえず期待もせずに出張キャラバン隊を迎えたが，コーディネータが技術系で我々の置かれている状況をすぐに理解したので，最初から信頼関係が築けたとして高く評価している。いずれにしても，出張キャラバン隊がワンチームとなって，滅私奉公的に行う対応が中小企業に共感を呼んでいると考えられる。

　今後の方向として，「川崎モデル」自体とその研究について書き残したい。

　「川崎モデル」の今後としては，各地域に「川崎モデル」を浸透させていくためにモデル化，マニュアル化が必要と考える。最終的には，各自治体特有の「○○モデル」となるが，大企業の特許の移転に関しては，川崎市が紹介した大企業からだけではなく，地元に進出している大企業からの特許移転に広げていく必要がある。また，自治体や支援機関に「川崎モデル」の輪を広げていくことは比較的容易であるが，金融機関は大企業よりも温度差があるため（S，T自治体，コーディネータP氏），今後，金融機関への浸透も必要不可欠と考える。

　「川崎モデル」の研究に関しては，多方面に影響を与える「川崎モデル」の評価を定量化する必要がある。また，まだ，試行段階で成熟していないが，川崎市のノウハウ提供で徐々に動き出した他地域と川崎市との比較効果分析も今後の課題となろう。

〈注〉
1　本稿は川崎市の木村佳司氏をはじめとする関係者のインタビューをもとに作成した。A社からG社は中小企業，X社からO社は大企業である。中小企業の業種，従業員数については，A社（電気・電子，18名），B社（機械・ソフトウェア開発，30名），C社（金属加工，7名），D社（印刷業，30名），E社（電気・電子，10名），F社（機械，6名），G社（ソフトウェア開発，120名）である。なお本研究はJSPS科研費JP18K01850の助成を受けたものである。
2　多くの地方自治体が「川崎モデル」の導入を試みているが，主体となっていた人材が異動して，後任者にその意義と事業内容が十分伝わっておらず，活動が消極化してしまうケースもある（A社）。

〈参考文献〉
1　知的財産戦略本部（2015年）「知的財産推進計画2015」
https://www.kantei.go.jp/jp/singi/titeki2/kettei/chizaikeikaku20150619.pdf
2019年11月1日閲覧
2　藤沢久美（2014年）『なぜ，川崎モデルは成功したのか？』実業之日本社
3　伊藤和良（2016年）「『川崎モデル』と称される，中小企業伴走型支援の生成と展開について」『日本知財学会誌』，Vol.12, No.3, pp.50–60
4　官民ラウンドテーブル「地域における新産業等の育成と金融の役割」作業部会（2014年3月）「地域における新産業等の育成と金融の役割」
https://www.fsa.go.jp/singi/kan-min/kaisai/20140327/01.pdf　2019年11月1日閲覧
5　西谷亨（2014年）「大企業による特許開放がものづくりを元気にする―川崎発の知財ビジネスマッチングモデル―」『知財管理』，Vol.64, No.4, pp.537–541
6　左中岳次郎（2015年）「"川崎発" 中小企業と大企業の知財ビジネスマッチング支援『川崎市知的財産交流事業』」『tokugikon』，No.278, pp.28–33
7　髙橋光一（2017年）「大企業と中小企業の知的財産マッチング支援」『パテント』，Vol.70, No.4, pp.5–14
8　宇崎勝（2018年）「大企業の未使用特許を中小企業に利活用する知財マッチングの取り組み―川崎市での活用内容と事例―」『知財管理』，Vol.68, No.5, pp.587–598
9　渡辺幸男（2011年）『現代日本の産業集積研究』慶應義塾大学出版会
10　山田拓（2019年）「中小企業が開放特許を活用する仕組み『川崎型知的財産マッチング』の実際」『研究開発リーダー』，Vol.15, No.12, pp.42–48

（査読受理）

# 美濃タイル業界における
# 人的資源の統合と展開についての考察
## ―インターナル・マーケティング視点による事例から―

愛知淑徳大学（院）　澤田　誠

## 1．目的と意義

　資本力の乏しい中小製造業が市場縮小という難題をかかえる状況下において，最初に手掛けるべき方策は，企業の内部資源の見直し，再配置，意識改革である。すなわち，内部に埋もれている知識や人的資源を掘り起こし，新たな価値を生み出すことを目指して再配置・再統合を行う「インターナル・マーケティング（以下はIMと呼ぶ）」が，中小製造業の生き残るために最初に行うべきことである。

　本論文では，「IM」における近年の発展方向であるGrönroos（1981），Gummeson（1987），Ballantyne（2003）らの理論が，ベースとする資源統合による価値共創を提示する。そして，本論文の主張が妥当性を持つことを示す事例として，美濃タイル業界[注1]の「株式会社セラメッセ」（以下，セラメッセ）と「玉川窯業株式会社」（以下，玉川窯業）を取り上げる[注2]。

　これらの企業が画期的な技術革新なくして業績を維持している理由は，従業員という内部資源を大切にし，彼ら彼女らの有する知識という資源を頻繁に再統合し，新たなる価値を生み出すことに成功している点にある。「IM」を通じて「資源統合・価値創造」に継続的に取り組む企業の事例としてとりあげることで，本論文の基本主張である，中小製造業の生き残りにおいて，既存資源の再配分・再統合がいかに重要であるかを示していく。そして，美濃タイル業界が抱える問題解決につながる示唆を提示することが，本論文の目的である。

## 2．美濃タイル業界の現状と問題点

　美濃タイル業界のルーツは美濃焼（陶磁器食器）にある。その起源は平安時代まで遡る。しかしながら，美濃タイル業界を取り上げ，論議した研究は少ない。「陶磁器工業内の地域内生産関係の在来性から，製品の分化・派生による代替的役割や立地変動の究明がなされなかった」（高橋，1977，p.36）と述べるように，在来性のある美濃焼の研究が先行して，分化・派生の位置にある美濃タイルは注目度が低かったこと，「工事現場用商品という特性をもち」（関，2001，p.23），「焼き物でありながら産業資材である」（河野・岩城，1998，p.9）タイルは，建材で産業財であるために，一般的にも知られていないことが理由としてあげられる。

　現在では，「全国のモザイクタイル製品の80％程度のシェアを確保する一大地場産業を形成する」（関，2001，p.20）美濃タイル業界は，「太平洋戦争後に占領軍の兵舎や占領軍向けの需要が契機となり」（大森，2018，p.138），多くの陶磁器メーカーがタイルメーカーに転身して本格的生産が開始される。その後，高度成長期と建築の洋風化に伴い飛躍的に生産が拡大した。「タイル工業の展開は在来的基盤を踏襲することで容易であった」（高橋，1997，p.40）。つまり，美濃焼という基盤があってこそ，原料の調達，生産技術の移行，それに伴う労働力の確保や運営が順調になされ，拡大することが可能であったといえる。

　これらの生産・販売活動を行う過程で，サプライチェーンを構成する1つ1つのタスクが分業化されて「模倣困難な技術」として蓄積されてきた。この分業化と生産システムは，原材料の調達と配合・生産規模・配送形態・納期などの点で，それまでの陶磁器食器における分業化よりも専門性が要求された。そして，需要増加に対応する大量生産を維持するために，原材料や副資材，あるいは労働力を確保しようとする上位企業の動きに沿って垂直的な系列化が進み，産地を形成する各企業間，および企業内部での知識を有するメンバー間の水平的な連携への実働が欠けていて，「優れた技術」という「知識資産」は，産地全体にまとまりのない形で企業や個人に分散して埋め込まれる形となっていった。

　また，分業化された企業の多くは住居と生産工場が混在する零細企業であるがゆえに，生計維持を重視した目先の利益追求を優先して，自らの持つ知識資源・人的資源が「顧客の顧客」であるタイルユーザーの使用価値向上にどう結びつくのかを，長期の目線で創造的に検討することができずにいたのである。

　結果，産地内部および産地をとりまくステークホルダーとタイルメーカー，関連企業間での資源（特に人的資源とそこに結びついた属人的性格を色濃く有する知識資産）の統合がなされず，「優れた技術」と「価値優位」の結びつきを弱めることになり，産地全体の優位性を保つ機能が働かなくなってしまった[注3)]。

　創業当時から大量生産・単品種化を指向してきた企業活動は，平成期の建築不況による市場縮小と顧客ニーズの多様化の対応に苦慮しているうえに，中国産を中心とした安価な海外製品との競争を余儀なくされている。この美濃タイル業界が持続し，成長するためには，分業化された製造企業の中に埋もれている知識資源・人的資源を活用し，新しい形で資源統合することで優位性を創造し，ユーザーの手に新たな価値（使用価値の向上）をもたらすことが急務である。

　では，これら中小製造業が知識資源・人的資源の再配合・再統合を，どのようにすすめていけばよいのか。本論文では，組織内部における資源活用に焦点をあてる「IM」を援用する。次節では，「IM」の先行研究についてレビューを行う。これを通じて「IM」の遂行において特に重要視すべきは，①人的資源である従業員の動機づけ（Motivation），ならびに②従業員の知識資源を統合して知識創造を促進する「場」の構築であることを明らかにしていきたい。

## 3.　インターナル・マーケティング（IM）の系譜

　「IM」について言及した初期の研究者として，Berry, Hensel, and Burke（1976）をあげることができる。Berryらは，1960年代半ばに台頭したコンシューマリズム（消費者中心主義）に対応を迫られた小売業の立場から，有効な対応策として「IM」を提示し，次のように定義した。「『IM』とは，組織が自らの目的を遂行する過程において，組織にとって重要な内部市場（従業員によって構成される）のニーズを満たす内部製品（ジョブ）を，利用可能にする操作に関連している」（p.8）。つまり，従業員も外部顧客と同様に「市場」としての性格を有しており，従業員のニーズを顧客と同様に満たしていくことが，小売業にとっても大切であるという意味で「IM」という用語を用いたのである。

　Berryらは，従業員のポテンシャルを高め，従業員個人の目的と組織の目的を同時に満たすことを可能にする教育・研修プログラムをあげている。その上で，長期的視点の対策として従業員の経済的インセンティブを提示している。しか

し，Berryらの研究は，消費者の不満を和らげるには何をすればよいのかという限定的な視点から，「IM」の枠組みを提示したのみにとどまる。

次に，サービス企業全般にあてはまる枠組みとして，「IM」について言及したのはGeorge（1977）である。彼は顧客と直接接する従業員に対する「IM」の重要性について，「サービスを販売する企業では，顧客との接点に位置する従業員は低賃金でステータスも低い。この状況においては『IM』が有効である。顧客が企業の提供する商品についての情報や根拠に基づいて説得するためには，顧客と接する従業員がその商品（利益の束）についての知識を持ち，根拠ある説得をしなければならない。そして企業は従業員のニーズを満たし，満足させなければならない。それにより企業は顧客のニーズを高める能力を向上させることができる」（pp.91-92）と述べている。すなわち，サービスの質が，従業員と顧客の間の相互作用と知識が統合されることによって高まるという考え方を示した。

さらに「従業員に与える仕事内容（雇用機会）が，顧客である従業員のニーズを満たし，彼ら個人の成長に貢献するものでなければならない」と強調し，顧客との接点に位置する従業員のモチベーションと知識を高めるためには，「ジョブローテーション（職階の横方向への移動）」が有効であると主張している。

次に，「サービスマーケティング」の文脈に限定されていた「IM」の考え方を，「マーケティング全般」に適用できる形で拡張したのが，GummesonとGrönroosに代表される北欧学派である。Grönroos（1981）は，買手―売手の相互作用が重要であることを指摘し，「従業員を動機づけ，顧客に対する意識を持つように仕向ける目的を持つもの」と「IM」を定義し，企業全体における能動的な顧客対応の重要性を強調している。Gummeson（1987）は，伝統的なマーケティングは企業内部の部門間の相互依存性を無視しているという批判を展開して，次のように主張する。「マーケティングだけが独立した形で存在することはありえない。マーケティングは企業を構成する他の機能と互いに関連していて，各部門は相互に技術面で依存している。つまり，マーケティング機能は企業全体に分散して存在していて，企業に属する従業員全員が『パートタイムマーケター』なのである」（pp.16-17）。彼の主張する「パートタイムマーケター」の概念は，顧客との接点に位置する従業員だけではなく，接点から物理的に遠い位置にいる従業員も，間接的にサービスや製品の価値を決定づける顧客との相互作用に参加している。つまり，組織全体で顧客を意識したマーケティング対応を行わなければいけないこ

とを示す概念である。これにより「IM」の適用範囲は，サービス（無形財）のみならず有形財に拡張されると同時に，顧客との接点に位置する従業員から社員全体に拡張されることになったのである。

　「IM」の遂行においてさらに重要視されることは，顧客と従業員の相互作用において創造される価値を高めるために，どのような「IM」を志向すればよいのか，それについてBallantyne（2003）は，「『IM』は人的資源管理アプローチによるコミュニケーションと組織創造プロセスとは同質であり，関係性構築を前提として，『IM』と知識創造プロセスとの関係を議論する必要がある」と主張し，知識の更新を目的とした「関係性開発戦略」と定義し，知識という観点から「IM」を捉え，Nonaka and Takeuchi（1995）の知識創造理論に適合させて，「IM」における知識移転と更新のマーケティングモデルを提唱したのである。

　以上の先行研究を集約すると「IM」は，①無形財（サービス）ならびに有形財にも適用できる。②顧客との相互作用において共創される価値を高めることが最終目標である。③顧客との相互作用において共創される価値を高めるには，顧客接点に位置する従業員のみならず，全部門をも含めた従業員全員がマーケティング視点で能動的に対応すべきである。④これらのベースとなるのが従業員全体の動機づけである。そして，⑤知識創造が重要な役割を果たすこととなる。

　繰り返すが，本論文は企業内部にある知識や人的資源を掘り起こし，「IM」による資源統合を行い，新たな価値を創造することに焦点をあてている。Ballantyne（2003）は，「IM」においては知識創造が重要な役割を果たすと強調しているが，「IM」ではいかに知識創造を可能にするのか，その具体的な道筋については明らかにされていない。そこで，「IM」と「知識創造」および「資源統合」との関連性について次節において精緻化を図ることにしたい。

## 4．インターナル・マーケティング（IM）と知識創造

　企業が顧客との価値共創において創り出す価値の向上には，従業員が個として所有する知識を相互に統合し，新しい知識を生み出すことが必要である。組織内部の従業員が持つ知識資源の統合とそれを通じた知識創造を可能にするには，教育・共同学習の機会を与えることはもちろんのこと，「組織の知が形成される過程にはコミュニケーションが不可欠」（菅原・今林・野々村，2000，p.77）である。

教育や共同学習により増加した個々の具体的知識が，「個人と組織の他構成員との相互作用とコミュニケーションを通じて，その知識を周りの人々と共有してゆく」（柴田，2017, p.73）ことが期待できるからである。

　相互作用や資源である知識統合をベースとしたコミュニケーション活動を実現するには，「場」の提供および活用がなされなければならない。「場」とは，「対話と実践の人間関係の相互作用により，知識を継続的に創造して行く心理的・物理的・仮想的空間」（野中・遠山・平田，2010, p.59）であり，公式あるいは非公式を問わない時空間である。「場」では，各個人の経験と主観に基づく，目に見えない表現しにくい「暗黙知」を，「動機が異なる複数の個人間で共有することで」（野中・竹内，2000, p.126訳），文字や数字で表すことのできる「形式知」に変換され，他の組織構成員との共通認識になり，「組織知」として体系的に習得が可能になる。

　現実の組織内では，価値を生み出す「組織知」の構築プロセスを促進あるいは形成する具体的方法として，「IM」視点による全社的取り組みとしての「場」が提供され，コミュニケーションを通じて相互作用と資源としての知の統合がなされる。統合された知は，「個人あるいはチームによって創られたコンセプトとなり，ふるい分けプロセスを経て正当化される。そして，組織の意図が損なわれていないか，あるいは，社会的ニーズに応えるものかどうかを確かめなければならない」（野中・竹内，2000, p.128訳）ので，形成されて行くプロセスをマネジメントすることで，成果に結びつく「組織知」として生成される。そして，「オペレーションには直接関係すべきではなく，戦略の遂行に必要なサポートと資源を提供すべきである」（Grönroos, 2007, 2013訳, p.298）ため，コミュニケーション活動で発生する相互作用と，有形あるいは無形の資源統合をサポートする立場をとりながら，優位性を導く「IM」志向マネジメントが必要となる。

　以上のことを整理すると，インターナル・マーケティング（IM）とは，自社が提供する製品またはサービスが，顧客との相互作用を通じて共創する価値をより高めることを目標に，組織内部の人的資源（従業員全体）に対し当該企業が行うマーケティング活動であると定義できる。

　そして，企業が「IM」を推進するうえで重要なポイントは，①人的資源である従業員がマーケティング視点を持って能動的に行為する動機づけを，企業全体で行っていくこと。②その上で，従業員の知識資源を統合し，知識創造を促進す

る「場」を構築することであるといえる。

　この「IM」における，従業員への動機づけと知識創造の「場」の構築を実践している事例として，美濃タイル業界内で活躍するセラメッセと玉川窯業を取り上げる。いかに「IM」が実践されているのか，そしていかなるマネジメントが遂行されているのかを検討する。

図1インターナル・マーケティング実行の流れ（イメージ）

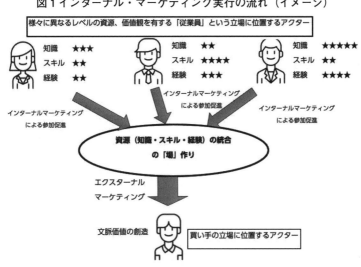

出所：筆者作成

## 5．中小製造業におけるインターナル・マーケティングの実践：内部資源の再配分・再統合プロセスの形成（セラメッセと玉川窯業の例）

　セラメッセと玉川窯業は共に外装モザイクタイルの専業メーカーであり，岐阜県多治見市笠原町に立地している。

### 5．1　セラメッセの動向
　平成の始め頃から産地問屋一辺倒の販売方法を見直して，大手総合タイルメーカーINAX[注4]へのOEM供給を開始した。INAXの事業規模におけるブランド力

と営業力は，正確な需要予想や先行発注が可能であり安定した生産供給体制を確保することに貢献した。しかし，品質基準や配送機能の変更のための設備投資，同時に製品単価の減額を強いられたことで厳しい選択でもあった<sup>注5）</sup>。

　その一方で独自路線も指向し，異業種交流会や展示会に積極的に参加して販路開拓や新商品開発に努めたが，新規の営業活動がすぐに成果に結びつくことはなかった。その反省から得たことは，外装モザイクタイルという限定的商材と限られた人的資源でいかに独自性をアピールできるかという課題であった。まずは，外部に向けたメーカーコンセプトの統一<sup>注6）</sup>であり，その表現や対応を一部の管理者や営業担当のみならず全社・全従業員で行うことを試みた。そのため，「IM」による施策が必要不可欠となるのである。

### 5．1．1．事例分析：セラメッセの場合
#### （1）セラメッセにおける人的資源への動機づけの方策
　人的資源への動機づけのプロセスは，会社の姿勢と方向性（経営理念）を明示して，従業員全体の理解を得るために「対話的接触」を試みることであった。対話の内容に新製品や新市場に関する進言が含まれていることから，「従業員は自社の考え方に理解を示し，業務に前向きに取り組んでくれているという手応えが得られている」と，水野社長は発言している。

　施策の初動は始業前の清掃と整理整頓の徹底を実施したことである。従業員の能動性を引き出す雰囲気作りや意識作り，設備保守や生産管理の効率化にもつながるという。社長らが自ら率先して清掃作業を実践することで，上下関係の一方的命令に従う歯車としての従業員という関係性から脱却し，経営者を含む従業員全員が「協働してことにあたる」という意識を強めることに貢献している。

#### （2）　セラメッセにおける場づくりの実施
　動機づけをベースとした「場づくり」の施策としては，「社内報」と「施工現場見学会」といったイベントがあげられる。これらは従業員間の資源統合を円滑にすすめる「場」の形成に寄与している。毎月の給与明細書とともに手渡される「社内報」の掲載内容は，自社製品・営業活動・業界情報が主流で，時には生活・時事・社会問題にも及ぶ。「社内報」の話題により閉鎖的雰囲気が緩和されて意思疎通が向上するなどの効果が見られる。つまり，「社内報」が伝える共通の話

題によって，異なる業務部門間でコミュニケーションが行われ，回数を重ねるにつれて互いの業務上の問題も話し合われる状況が作られていくのである。

　もう1つの場づくりに貢献している重要なイベントが，年に一度，全従業員が自社製外装モザイクタイルを施工した建造物を見学する「施工現場見学会」の実施である。これにより従業員は，自社製品に対しての消費完結後の顧客使用価値を認識するのである。これらのイベントをきっかけに，課題解決に直接あるいは間接的に役立つヒントが得られ，自発的な従業員の交流が生まれてきたという。それは，業務における担当者間，および担当者と関係部署との協議はもちろんのこと，当該業務に直接関係のない他従業員たちとも，昼食時の食堂や終業後の何気ない集まりでのコミュニケーションにも広がりが見られるようになっていた。

### （3）成果の具体例

　この広がりは，「コンクリート打ち放し工法」[注7]の構造上の潜在的違和感を解消した新商品「セパット」を生み出した。「社内報」が起因となり，「施工現場見学会」という「場」で開発が始まり，従業員間のコミュニケーションを経て，会社姿勢を明確にする商品の開発に結びついたのである。この商品開発には産地内の他製造会社（美濃焼食器）の蓄積された技術を応用するという，ネットワーク作用による外部との「資源統合」により，顧客を伴う価値共創が行われた。

### 5.2. 玉川窯業の動向

　玉川窯業が市況変化に対応するために選んだ戦略は，発想の転換を行い，種類の異なるセラミックタイルを開発して，新規ルートへの参入と従来の市場嗜好とは異なる新商品開発を試みたことである。具体的には，異業種や個人向け（B2C）の販路を開拓し，それらのニーズにあった商品開発を手掛けたのである。その一例として，土木コンクリート業界へのアプローチと，ニッセンや千趣会などの通販業者との提携，そして楽天やアマゾンおよび自社ホームページによるWEB上での個人向けの販売をあげることができる。

### 5.2.1. 事例分析：玉川窯業の場合
### （1）玉川窯業における人的資源への動機づけの方策

　当初は直接顧客（産地問屋）と意見交換しながら対応策を講じることを試みた。

しかし，タイルの作り手と売り手との認識に差異があって，有効な策を講じることできなかった。そこで，自社にできる製品と販売方法は何かを模索し，まず実行したことは，従業員２～３名ずつと昼食を共にして，業務以外の話題を心掛けた談話によって各自の個人的見解を聞き出すことであった。これを順番に全従業員と催し，その後も随時行っているという。この行為により，従業員は会社の考え方を理解する方向に向かい，動機づけのベースとなりコミュニケーションの度合いが深化したという。なにより，「従来の営業や生産会議では見きわめることができなかった，従業員各自の資質や考え方を知ることができたことが大きい」と，中島社長は語った。

### （2）　場づくりの実施

他業種やB2C向け業務を進行してゆくには，WEB上の個人向け取引に対応する人材確保と，全国各地で開催される異業種交流会や展示会に数多く参加する必要があった。特に展示会は重要な外部活動である。これを推進するために，先の昼食会で判断した各従業員の資質を重視し，会社でのポジションを問わず，人材を登用し，適時にローテーションしながら参加を重ねたのである。その中には営業や生産担当者のみならず，経理やパートの女性を起用することもあったという。つまり，従業員に対して外部の人間との接触や対話の「場」を提供している。また，個人向け商品の開発を指向したため，テレビ・雑誌などのメディアに取り上げられることもある。「就業時間内でも全員を集めてそのTV放映を見るが，これで全員のテンションがあがる」と，中島社長が述べるように，従業員のモチベーション向上に作用するもう一つの「場」であるといえる。

### （3）成果の具体例

これらの成果としてあげられることは，従来のタイル製品規格を無視した製品でも一定のユーザーに受け入れられることが，展示会などの人的な接触と対話の「場」で判明したことである。この意見をもとにセラミック製品の品質面の弱点であるサイズムラと色ムラ[注8]を，逆に個性として捉えた商品を考案して，個人向け（B2C）あるいは他業種の市場に受け入れられる製品を開発したのである。

## 6．小括

　創業時から生産・出荷のピークであった平成始めまでは，自社生産品の殆どは
同産地内の問屋（産地問屋）に販売面で依存していた。注目すべきは，両社とも
に近年の販売ルートは複数化しており，苦悩しながらも市場環境の変化に対応し
ている企業努力がうかがえる。詳しく見ると，セラメッセは市場に向けての新し
いコンセプトをアピールすることで販売先の変更を試みているが，B2B形態を維
持して従来販売ルートの延長線上で活躍している。それに対して，玉川窯業は，
異業種やB2Cへの販路開拓など，従来販売ルートとは異なる販売チャネルを開拓
して，それに沿った商品開発を進めている。同地域，同質な技術，同質な製品で
あるにもかかわらず，対照的な対外戦略を実行している。両極にある戦略を支え
る企業内部構成や人的資源，その資源活用に大きな差異があるのか，また同等な
のか，内部資源に焦点をあてて考察するには最適な事例と考えることができる。

**表1　両社の業態概要の比較**

| 会社名 | セラメッセ | | 玉川窯業 | |
|---|---|---|---|---|
| 創業 | 昭和35年（1960） | | 昭和32年（1957） | |
| 売上高 | 2番手（地域内） | | 中堅（地域内） | |
| 従業員数 | 約60名 | | 約30名 | |
| 生産品 | 外装モザイクタイル | 90% | 外装モザイクタイル | 50% |
| | 床用タイル | 10% | 内装モザイクタイル | 30% |
| | | | 外注品 | 20% |
| 主要販売ルート | 生産地商社（地元問屋） | 30% | 生産地商社（地元問屋） | 20% |
| | 消費地商社 | 40% | 消費地商社 | 10% |
| | タイル工事業者 | 25% | 一般顧客（ユーザー） | 30% |
| | LIX IL とその他 | 5% | 他業種の業者 | 30% |
| | | | その他 | 10% |
| 販売形態 | B2B | | B2B と B2C 混合型 | |
| 外注品の扱い | 販売を検討中 | | 増加する傾向 | |

出所：両社から聞き取り（2018年6月から2019年12月の間）とホームページから　筆者加工

　両社の事例は，「IM」による施策によって，従業員という資源が他の従業員の
資源と，さらに外部との資源統合に導かれたプロセスと成果である。両社のエク
スターナル・マーケティング戦略は異なるが，「IM」施策は同質であり，内部の
人的資源統合が外部との資源統合に結びつき，成果が得られたと考えられる。

表2　両社における「IM」施行のプロセス

| コミュニケーション体制 | セラメッセ | 玉川窯業 |
|---|---|---|
| 基本姿勢 | 経営理念を伴う対話的接触 | 業務以外の話題を心掛けた談話 |
| | 業務、非業務を問わないフラットなコミュニケーション | |
| 動機づけ | 始業前の清掃と整理整頓 | 頻繁な昼食会の開催 |
| | 従業員間の会社方針への理解と浸透 | |
| 場づくり | 社内報<br>施工現場見学会 | 適応人材による展示会への参加<br>商品放映番組のＴＶ鑑賞の奨励 |
| | 全員が協働して対応する | |
| 成果 | 統合された内部知識が外部知識との資源統合により新商品開発がなされた | 外部見識を参考にして内部資源を活用し新発想の商品開発をする |
| | 内部組織知の形成 | |
| | 内部資源統合と外部資源との価値共創 | |

出所：事例より筆者作成

　「IM」の包括的概念は，自社の製品（あるいはサービス）が，顧客との相互作用による価値共創の価値を高めるために，組織全体の人的資源に対して当該企業が行うマーケティング活動である。その活動は企業が外部に向けて行うマーケティング活動（エクスターナル）に，成果あるいは便益を与えるものでなければならない。市場縮小という避けられない逆風の中で，「IM」指向の施策で，限定的な従業員という内部資源を統合し，社内コミュニケーション活動を形成して，それらを生かすことで企業の外部活動に好影響を与えることが確認できたといえる。

## 7. 結論

　従業員は主要な資源である。「IM」は従業員らの人的資源を把握して資源統合することで，新たな価値を創造することに焦点があてられる。「IM」による企業内部へのマーケティング活動は，円滑なコミュニケーション活動を促進し，従業員の見識とモチベーションを向上させる。知識創造の「場」を形成して活用することで，内部と外部組織との協働認識が生成されて価値共創がなされ，使用価値による顧客満足を導くことの指針と成り得るのである。

　今後の論点は，組織内部における「IM」活動によって促進された相互作用と資源統合が，同産地内の企業との資源統合，さらに産地外部資源との資源統合によって，価値共創が繰り返して行われるメカニズムと効果を考察して，美濃タイ

ル業界の問題点を改善するための理論の精緻化を追求することにある。


〈注〉

1　岐阜県東農地区（多治見市・土岐市・瑞浪市・恵那市・中津川市）の中核都市である多治見市の主要産業。多治見市地域で生産される建築用セラミックタイルを「美濃タイル」と呼ぶ。

2　「株式会社セラメッセ」の水野社長からの聞き取り日時；
2019年2月16日，3月9日，4月6日，10月12日　の4回。
「玉川窯業株式会社」の中島社長からの聞き取り日時；
2018年6月30日，7月4日，11月22日，2020年1月9日　の4回。

3　安価な大衆消費品としてのポジションにあり，消費地問屋や工事業者からは，美濃タイル製品を「山もん」あるいは「美濃もん」といった蔑視された名称で呼ぶこともある（複数ユーザーからの聞き取りによる）。

4　LIXILのこと（伊奈製陶→INAX→LIXILと社名変更）。

5　徐々にOEM供給比率を下げていき，現在では直接契約を解消している（セラメッセ・水野社長の談，2019年2月16日の聞き取りによる）。

6　「生活の中でのタイルの位置づけを問う」というコンセプトを打ち出し，全商品を『ISM』（イズム）という名称に統一して，ストーリー性とメーカー姿勢と取り組みを強調する（セラメッセ・水野社長の談，2019年3月9日の聞き取りによる）。

7　「やわらかな生コンクリートを木材で組み立てられた型枠に流し込んで作ります。固まったことを確認し型枠を外すとコンクリート面が現れます。この固まったコンクリート面に手を加えず，打ち上がったそのままの状態の仕上げが，打放し（打ち放し）コンクリート素地仕上げ」である。
（セイエン商事株式会社　吉田工法事業所　ホームページ
http://www.concrete.co.jp/knowledge/　トップページからの引用）

8　「タイル生産では，克服すべき最大の問題は，寸法精度，発色の不均質などの品質ムラをなくすことである」。（河野・岩城, 1998, p.21）


〈参考文献〉

1　Ballantyne, D. (2003) "A Relationship-mediated theory of internal marketing," *European Journal of Marketing*, Vol.37 No.9, pp.1242-1260.

2　Berry, L.L, Hensel, J.S, and Burke, M.C. (1976) "Improving Retailer Capability for Effective Consumerism Response." *Journal of Retailing*, 52(3), Fall, pp.3-14.

3　蒲生智哉 (2009)「インターナル・マーケティングの関する諸理論とその方法の整理」『立命館経営学』　第48巻4号 pp.245-262

4　George, W.R. (1977) "The Retailing of Service- A Challenging Future." *Journal of Retailing*, Volume 53 Number 2 Fall, 85-98.

5　Grönroos, C. (1981) "Internal marketing — An integral part of marketing theory." In marketing of Services (J.H. Donnelly and W.R. George eds), pp.236-8. *American Marketing Association Proceedings Series.*

6　Grönroos, C. (2007) Service management and Marketing (3ed) 近藤宏一［監訳］蒲生智哉［訳］(2013)『北欧型サービス志向のマネジメント』　ミネルヴァ書房

7　Gummesson E. (1987) "The New Marketing — Developing Long-term Interactive Relationships" *Long Range Planning*, Vol.20, No.4, pp.10 to 20, Pergamon Journals Ltd.

8　平岩英治 (2012)「インターナル・マーケティング研究の現状と課題」『経営戦略研究』6号　pp.91-113

9　河野貞男・岩城剛　「タイル産業とその変貌」(1988)　『地域分析』第36巻　第1号　pp.9-25. 愛知学院大学産業研究所所報

10　野中郁次郎・竹内弘高 (1994) "*The Knowledge-creating Company*" Perspective, Possibilities. Oxford University Press. 梅本勝博［訳］(1996)『知識創造企業』　東洋経済新報社

11　野中郁次郎・遠山亮子・平田透 (2010)『流れを経営する』　―持続的イノベーション企業の動的理論―　東洋経済新報社

12　大森一宏 (2018)「高度経済成長期のおけるモザイクタイル製造業の発展」『駿河台経済論集』27巻2号　pp.135-150

13　柴田仁夫 (2017)『実践の場における経営理念の浸透』―関連性理論と実践コミュニティのよるインターナルマーケティング・コミュニケーションの考察―　埼玉学園大学研究叢書　第13巻　創成社

14　菅原・今井・野々村 (2000)「個人の『知』と組織‐個人の『知』から組織知への基礎研究」『社会情報学研究』　Vol.6, pp. 63-80

15　関満博 (2001)「モザイクタイル産地の展開―岐阜県笠原町」『地域開発』441巻　pp.19-23　日本地域開発センター

16　関満博 (2002)「関満博が見たモノづくり革新企業 (25) 大手依存を脱し自社ブランドで独立セラメッセ」『日経ベンチャー (211)』pp.64-66日経BP社

17　高橋宜久 (1997)「岐阜県笠原町におけるタイル工業の地域的展開」『地理学報告』46, pp.36-42 愛知教育大学地理学会

〈ホームページ〉

株式会社セラメッセ　http://ceramesse.co.jp/ (2019年2月22日閲覧)

セイエン商事株式会社　吉田工法事業所

http://www.concrete.co.jp/knowledge/ (2019年7月31日閲覧)

玉川窯業株式会社　https://tmgw.co.jp (2019年12月27日閲覧)

（査読受理）

# 地方都市における中小企業の集積と
# 働き方改革の関係性

## ―徳島県神山町を事例として―

大阪経済大学　梅村　仁

## 1　はじめに

　我が国における経済再生に向けた大きな問題として中小企業における人材不足がある。有効求人倍率上昇や失業率の低下など，雇用状況としては好況が続く一方，中小企業の人手不足は一段と深刻化している。中小企業にとって，人手不足の状態が続くことは，人件費増加などコスト負担の上昇を引き起こし，企業業績への悪影響も懸念されている。帝国データバンク（2018）の調査[注1] によると，正社員が不足している企業は51.1％に達し，1年前（2017年1月）から7.2ポイント増加している。正社員の人手不足は，半数を超える企業で認識しており，調査開始（2006年5月）以降，最高水準での推移が続いている。業種別では「情報サービス」が74.0％でトップとなっている。他の業種として，「建設」や「運輸・倉庫」「メンテナンス・警備・検査」など8業種が6割台となった。不足企業が60％以上の業種は3カ月前より増加し，企業の人手不足感は一段と広がりを見せている。一方，中小企業白書2016年度版において，仕事内容に魅力があり，柔軟な働き方ができる中小企業では，人手不足の中でも，人手を確保できる可能性があることが指摘されている。

　こうした中，徳島県の山間部にIT中小企業のサテライトオフィスが集積したことを起点に，人口が増加し，仕事場が増え，商店街の機能が回復しつつあるまち「神山町」が大きく注目されている[注2]。

　本研究では，徳島県神山町に立地するサテライトオフィスを事例に，中小企業の集積と働き方改革の関係性を考察する[注3]。なお，サテライトオフィスの定義は，オフィスの管理主体や活用形態を問わず，都市部の企業等が本拠から離れた

ところに設置する遠隔勤務のためのオフィスの総称とする（総務省，2017）。

## 2　問題の視角と研究対象

　2018年6月に「働き方改革を推進するための関係法律の整備に関する法律（働き方改革関連法案）（以下，同法）」が成立した。同法は，働く方々がそれぞれの事情に応じた多様な働き方を選択できる社会を実現する働き方改革を総合的に推進するため，長時間労働の是正，多様で柔軟な働き方の実現，雇用形態にかかわらない公正な待遇の確保等のための措置を講じることを目指している。総務省（2017）における企業アンケートでは，働き方改革に取り組む目的として，「人手の確保」（47.9%），「労働生産性の向上」（43.8%）が上位に示されている。

　では，実際に中小企業はどのように企業活動の一環として取り組んでいるのであろうか。同法が成立される以前から働き方改革に関する先行研究として，佐藤・武石（2011）において柔軟な働き方改革の必要性が指摘されている。梶原（2009）は中小企業の成長における人材確保の重要性を指摘している。また，本研究に関連する中小企業と地域の関係性にかかる先行研究として，地域における中小企業と活性化（佐竹，2008），地域における企業間関係（伊藤，2000），自治体政策による中小企業の地域貢献促進（本多，2018）なども議論されているが，中小企業の立地と働き方改革の関係性に言及した実証的研究は見当たらないことから，研究的意義はあろう。

## 3　神山町の概要

### （1）概要

　神山町は，徳島県東部の名西郡（神山町・石井町）に属し，徳島県の中心地（徳島県庁）まで車で約45分という位置にある。町面積は，徳島県内24自治体の中で9番目に大きい173.30㎢，町の中央を東西に横断する鮎喰川上中流域に農地と集落が点在し，その周囲を町域の約86%を占める山々に囲まれている。総人口は，5,266人（2019年6月1日現在）であり，1960年代初頭から見ると人口が約70%減少している。主な産業は杉・ヒノキを中心とした林業と，日本一の生産高を誇るスダチを中心とした農業である。また，神山町は，雑誌「ForbesJapan」2017年

6月号において，独創的なまちづくり，革新的な挑戦を続ける都市「イノベーティブシティ」ベスト10に選ばれ，見事第二位に輝くほどそのまちづくりについて高い評価を得ている。その理由として，「"地方創生×働き方改革"に先鞭をつけたモデル。自然に囲まれ，古い民家でPCを開いて仕事をしている映像から発せられるギャップが，田舎でもIT事業やクリエイティブな仕事が可能だというメッセージを鮮烈に発信したからである。新しい働き方，企業のサテライトオフィスのあり方，ソーシャルワークなどを考えるモデルになった」と紹介されている[注4]。現在の神山町のまちづくりを進めてきた立役者は，NPO法人グリーンバレー（以下，グリーンバレー）の大南信也理事（2018年6月まで理事長）であり，地元の建設会社経営者であるとともに社会的企業家でもある[注5]。

### （2）グリーンバレーによる創造的過疎

　神山町の企業集積を支援しているのは，グリーンバレーであり，「日本の田舎をステキに変える」というミッションの元，3つのビジョン「人をコンテンツとしたクリエイティブな田舎づくり」「多様な人の知恵が融合するせかいのかみやまづくり」「創造的過疎による持続可能な地域づくり」に基づき活動している。特に，注目すべきキーコンセプトに「創造的過疎」がある。創造的過疎とは，人口減少というマイナスの現実を与件として受け入れた上で，クリエイティブな人材[注6]を戦略的に誘致することにより，人口構成を創造的なものに変化させ地域を創造的に変えていこうとするものである（野田，2014）。2008年を境に日本の総人口が減少する中，神山町のような地方都市では人口減少・人口流出を食い止めることに大変な労苦を伴うことが予想される。そこで，真逆の発想から過疎を止めることを諦める一方，何に注力すれば良いかと考え，「過疎」の中身を変えて行けばいいのではないかとたどり着いた。具体的には，若者や創造的な人材の誘致によって，人口構成の健全化を図ること，あるいは農林業が産業の軸であった現状を打破するために，ICTのインフラ整備に注力すること，また，田舎ならではの特有の雰囲気とマッチした多様な働き方が可能なビジネスの場としての利用促進などのプランニングを通して，農林業だけに頼らない地域に変革することを目指そうとする考え方である。

## 4　サテライトオフィスの集積

### （1）ワークインレジデンスとサテライトオフィス
#### ①まちのデザイン機能：ワークインレジデンス
　2007年度に総務省の支援により「イン神山」というサイトをグリーンバレーがアップした。アップされると一番よく読まれているのが，「神山で暮らす」という神山町の空き家情報であった。これを契機に，神山町への移住を希望する方々の声が集まりだした。一方で，移住者の方がすぐに移住を希望しても即入居できる空き家のストックもたくさんあるわけではない。もともと，日本の過疎地における一番大きな課題は雇用がない，仕事がないことである。ゆえに，過疎地への移住をためらう方，あるいは移住をしても住み続ける仕事がないとして，退去する方の事例は数多く聞かれる。では，その解決策は何かと考え，仕事を持った人や創り出してくれる人を誘致する「ワークインレジデンス」を2008年から開始した。つまり，町の将来に必要と考えられる働き手や起業家を逆指名する制度である。しかし，どのような仕事でも地域に変化をおこすわけではないと考え，業種等の絞り込みを検討した。例えばこの空き家には，パン屋をオープンする人だけ，あるいはウエブデザイナーだけに貸し出しますよといった形で情報を発信することで，町全体のデザインを可能にしたのである。実際に，第1号として自家製の石窯で焼くパン屋が開店，その後，歯科医院，ビストロ，カフェ，靴屋，コーヒー焙煎所など，2018年9月までに136世帯，221人ものさまざまな人材方が，移住交流支援センター経由で神山町に定住するようになった注7)。
#### ②サテライトオフィスの発生と展開
　神山町のサテライトオフィス集積のきっかけとなったのは，2008年に徳島市出身の建築家・東京芸術大学教員がWEBサイト「イン神山」を見て，この地域の雰囲気に興味を持ち，空き家再生に取り組んだことから始まるとされる。2010年には町内の長屋の改修工事が始まり，建築家仲間からの紹介で名刺管理サービス大手のSansan（株）（以下，Sansan）が神山町を知ることとなった。その後，IT環境が整備されており，新しい働き方を実現する場所になると確信し（表1参照），Sansanは2010年10月グリーンバレーから紹介された築70年の古民家にサテライトオフィス「神山ラボ」（社員3名体制）を開設した注8)。このように，計画当初からサテライトオフィスを作ろうと考えていたわけではなく，神山町に来訪

しこの地域に魅了された方々（建築家，クリエイター，デザイナー等）の活動と次なる展開を模索していたITベンチャー企業のプラン，アイデアが普段の「繋がり」と「共に育む思い」からサテライトオフィスが発生したのである。また，こうした動きが，NHKの情報番組に紹介され，大きくクローズアップされることになった。また，その後のサテライトオフィスの展開例を紹介する。東京・恵比寿に本社があるメタデータ（番組詳細情報）の最先端企業である（株）プラットイーズ（以下，プラットイーズ）が2013年7月にサテライトオフィスを開設した。築90年の古民家，蔵，土地を2012年の11月に購入し，20年間も空き家になっていた物件を翌年から半年かけてリノベーションした大きな縁側が特徴な大変素晴らしいオフィスである。外観は古民家だが，オフィス内は最先端な場所となっており，外から中が見えるように全面ガラス張りでもある。また，町にとって大きなインパクトを与えたことは，約20名の新規雇用の創造とともに，町の若者にとって魅力的な職場が誕生したことにある。なお，Sansan，プラットイーズには，誘致のための公的な補助金等の支出はなく，驚くことに全て企業側の意向で集積が進んでいるのである。また，こうしたIT中小企業を支える技術者の中には，徳島県に本社を有するソフトウエア開発企業「ジャストシステム」からの転職者もいる。一方で，求める人材は地方都市にはそう多くはいない現実もある。

**表1　神山町の立地理由**

| |
|---|
| ○抜群なインターネット環境<br>立地要件として必然のICT環境が徳島県により整備され、本社や顧客とスムーズに情報共有できる<br>○民間（NPO）が主導であること<br>民間が移住者やサテライトオフィスを検討する企業へのサポートを主導<br>○多様性の尊重、寛容であること<br>行政の関与が少なく、アイデアキラーの少ない地域。お遍路文化の由縁から、他者には寛容な地域性を保有 |

（出所）筆者作成

**（2）神山塾**

次に，神山プロジェクトの人づくりのエンジン機能として「神山塾」がある。若年の移住者を呼び込むため，「求職者支援訓練（厚生労働省）」を活用し，失業

した人や卒業しても未就労な人を対象に，神山町に滞在し就職に役立つ知識や技能の習得を目的に実施する半年間の滞在型人材研修である。訓練生の属性は，独身女性，20代後半〜30代前半，東京周辺の出身，クリエイター系（デザインや編集の経験ありなど）が多数を占めている。2018年8月までに，10期170名が課程を修了し，サテライトオフィスやグリーンバレーへの就職をはじめ，他の移住者が経営するレストランなどへの就職，あるいは新たな起業などにより約40％が移住の選択をし，さまざまな職業に就いて町を支える貴重な若者の供給源となっている[注9)]。人口減少時代における今後の新たなビジネスづくりは，人々が求めるのは暮らしの質，あるいは生活の質を高めるためにどのようにすればより良い暮らしが実現できるか，こうした視点にもしかして，ビジネスが生まれ，働く場所が創造されていくのかもしれない。新たに生まれたビジネスに付随するサービスが生まれ，それらがまた新たなビジネスになる，こうしたプラスの連鎖がいま，神山町に起こっているのである。神山塾を修了して神山町に移住した方々は自分の夢の実現可能性の高い場所としてここを選んだのだろう。そうした形の表れとして，塾生によるピザ屋やコーヒー焙煎所などが街なかにオープンしている。神山塾は，まちを支え，発展させる地域の人材創出のプラットフォームであり，中小企業集積の充実・拡大のために必要不可欠な存在である。

## 5 地方都市におけるサテライトオフィスの集積要因と働き方・ライフスタイル

### （1）徳島県のサテライトオフィス

徳島県で最初にサテライトオフィスの集積が始まったのは，神山町であることは前述したが，これは徳島県におけるサテライトオフィス立地の可能性を強く示したことでもあり，サテライトオフィス開設の動きが全国から先進事例として注目を集めることとなった。徳島県におけるサテライトオフィス開設の動きであるが2010年よりブームの様相を呈したが，2014年から減少傾向を示した。しかし，2016年には大幅な増加に転じ，2017年には過去最高の14社を記録した（図1参照）。サテライトオフィスが集積している地域は，神山町だけではなく，海側の美波町，山間部のにし阿波地区（三好市・美馬市・つるぎ町・東みよし町）の3地域もある。特に2017年に，にし阿波地区が大幅な増加となっている。この要

因は，2016〜2017年度に総務省「おためしサテライトオフィス」プロジェクトに徳島県が採択団体に選定されたことによる影響が大きいとされる[注10]。サテライトオフィスの効果について，荒木・井上（2018）では①雇用創出効果，②若者の移住などによる地域活性化，③街の景観と地域ブランドの向上，④サテライトオフィス企業による地域の課題解決の取組みの動きなど，さまざまな効果が地域にもたらされていると指摘している。

**図1　徳島県におけるサテライトオフィスの新規開設数推移（2018年2月現在）**

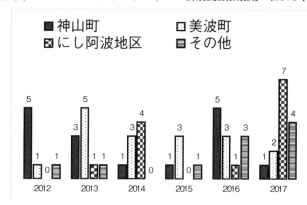

（出所）荒木・井上（2018）p.50を一部修正

**（2）IT中小企業：（株）プラットイーズ**

**①概要とえんがわオフィスの立地要因**

　プラットイーズは，2001年に隅田徹氏（プラットイーズ取締役会長・（株）えんがわ代表取締役社長）によってテレビ番組や映像コンテンツの情報に関する業務運用や放送システムの開発，放送業務運用等を幅広く行う，ITベンチャー企業として起業された。そのオフィスは，「えんがわオフィス」と称されている古民家を改装したガラス張りの洒落た建物である。四方には大きな縁側が張り巡らされており，地元の方とのコミュニケーションの場にもなっている。また，同オフィスは，プラットイーズのサテライトオフィスであるとともに，神山町を本社として設立された4K，8K映像のデジタルアーカイブ事業を行う株式会社えんがわ（以下，えんがわ）の社屋でもある。開設のきっかけは，2011年に発生した

東日本大震災が浮き彫りにした課題の1つである「災害時の事業継続」への対応
であった。東日本大震災以降，多くの企業が取引先などに事業継続計画（BCP：
Business Continuity Plan）の策定を求めるようになった。プラットイーズも，
大手放送局などと取引があったためBCPを策定し，東京のオフィスが被災しても
業務継続できるように拠点を分散する必要に迫られていた。そうしたことから，
隅田氏は日本全国を20箇所以上巡り，選択したのが神山町であった。その理由と
して，1つ目は全体的に見ると田舎だけど都会みたいに何かを始めたりやめたり
することの自由度の高さを感じたこと。2つ目は，外部の人を受け入れる懐の深
さ「多様性」を感じたからである。なお，えんがわは，サテライトオフィスとし
て立地した企業のなかで，神山町に初めて本社を設立した企業である。今後，こ
のようにサテライトから開発拠点化していく企業形態の発展が期待されている
（表2参照）注11)。

### 表2　神山町サテライトオフィス開設企業一覧（2018年10月末現在）

| | 会社名 | 本社 | 開設時期 | 主な業務 |
|---|---|---|---|---|
| 1 | Sansan（株） | 東京都渋谷区 | 2010/10/1 | 名刺管理サービス |
| 2 | （株）ダンクソフト | 東京都中央区 | 2012/3/1 | webデザイン |
| 3 | ブリッジデザイン | 徳島県神山町 | 2012/3/1 | webデザイン |
| 4 | （株）ソノリテ | 東京都江東区 | 2012/5/11 | システムコンサルティング |
| 5 | キネトスコープ社 | 徳島県神山町 | 2012/10/27 | ホームページの企画・作成 |
| ◎6 | ドローイングアンドマニュアル（株） | 東京都世田谷区 | 2013/7/1 | グラフィックデザイン |
| 7 | （株）プラットイーズ | 東京都渋谷区 | 2013/7/1 | 映像コンテンツ |
| 8 | （株）えんがわ | 徳島県神山町 | 2013/7/1 | 映像アーカイブ |
| 9 | （有）リビングワールド | 東京都杉並区 | 2014/8/1 | デザイン業務 |
| ◎10 | JAZY国際特許事務所 | 東京都港区 | 2015/2/25 | 特許業務 |
| 11 | （株）パイロット | 東京都渋谷区 | 2016/5/9 | webデザイン |
| 12 | TERADA 3D WORKS | 東京都目黒区 | 2016/9/8 | モデリング教材開発 |
| 13 | MORIGCHOWDER | 徳島県神山町 | 2016/9/8 | グラフィックデザイン |
| 14 | （有）フィッシュグローブ | 東京都港区 | 2016/9/8 | デジタルシステムの開発・運営 |
| 15 | （株）モノサス | 東京都渋谷区 | 2016/11/11 | マーケティングコンサルティング |
| 16 | （株）代官山ワークス | 東京都渋谷区 | 2017/5/8 | ファーマーズマーケットの企画・運営 |

（出所）荒木・井上（2018）を参考に筆者作成
注：◎は循環型（常駐スタッフを置かない）サテライトオフィス。

### ②働き方とライフスタイル

　同社におけるサテライトオフィスの役割の一つとして，働き方の選択肢の創造
でもあった。現在，オフィスではプラットイーズの社員とえんがわの社員合わせ

て16名（うち徳島県出身11名）が常時働いており，東京のオフィスで働く社員が神山町に来て，短期出張という形態も日常である。また，同社においてサテライトオフィスでも本社でも仕事内容は変わらず，サテライトオフィスと本社の役割分担も特にはない。さらに，給与も昇進も東京にいるメンバーと全く同じとのことである。こうした条件をもとに社員自らが勤務地を選択するシステムとなっている。つまり，働き方改革とは，一人一人にあった働き方を提供できるシステムの構築なのかもしれない。一方で，働き方（場所）は社員自身が決める，つまりライフスタイルの選択こそが重要であり，そのためにサテライトオフィスが存在していると隅田氏は語っている。また，このオフィスを選んだ者同士は，気が合い，良好な関係であるとのことであった。一般の組織は，アトランダムに作られているが，趣味嗜好や考え方が合致しあう者同士の組織は，スムーズに物事が理解されていることもサテライトオフィス設置の利点となっているようである。

　次に，サテライトオフィス開設効果として，狙いのひとつでもあった人材の確保がある。「若い人ほどむしろ『地方のいい環境で働きたい』という志向が強く，当社での働き方に興味を持ってくれている」と隅田氏は言う[注12]。現在，同オフィスにいる社員も，多くが最初からここで働きたいと希望して入ってきた社員であり，神山町出身の社員や徳島県にUターンで戻ってきた社員も複数名おり，地元に雇用を生み出す効果も出ている。

### ③民間企業と地域活性化の関係

　現在の神山町は，サテライトオフィスが集積し，町にワーカーが増え，それらを支えるサービス業（ビストロ，カフェなど）も開店し，山間部の町に少しずつ賑わいが出てきている。サテライトオフィスという働き方の提供は，過疎化に苦しむ町にとって，有効な活性化策と言えよう。そうしたことから，前述した総務省「おためしサテライトオフィス」プロジェクトも実施されるようになった。一方，サテライトオフィスの開設の目的はあくまでも会社の事業としての決断であり，神山町に何の関係もなかった企業が進出している。故に，元々町のためにやっているわけではないクールな関係である。しかし，実際はオフィスが立地し，人が働き，人が行き交うことによって，地域との関係性も自ずと豊かになり，進出してきている民間企業の方は，地域活性化に大きな良い影響を与えている。

### ④重要な視点：生産性

　企業の進出にとって，重要な視点として仕事の生産性がある。神山町における

企業インタビューの結論として，サテライトオフィスと本社（東京）との生産性は変わらず，逆にサテライトオフィスは気分を変えて集中して業務に取り組むことができ，効率向上にも非常に有効であることからむしろ高まっていると言える[注13]。この要因として，働き方（場所）を自ら選択したことが大きいのではないのだろうか。

「平成30年版情報通信白書」によると，時間や場所を有効に活用できる柔軟な働き方であるテレワークは，企業にとっても従業員にとっても様々なメリットがあるとされている。企業側には，産業競争力の維持・向上や人材の離職抑制・就労継続支援の創出などの効果が期待でき，従業員側にはワーク・ライフ・バランスの向上や仕事全体の満足度向上と労働意欲の向上などの効果が期待できると示されている。また，テレワークの分類（雇用型）として，在宅勤務，モバイルワーク，サテライトオフィスがある[注14]。しかし，現在の働き方改革の目玉である「テレワークの推進」において，神山町における企業インタビューからサテライトオフィス勤務に比べ在宅勤務は残念ながら仕事の効率が3割程度は落ちるという。在宅勤務のメリットとして，①災害時などに事業が継続できる，②柔軟な働き方が可能になることによりワーク・ライフ・バランスを図り，企業の社会的責任（CSR）を推進できる，③オフィススペースに必要な経費や通勤手当などが削減できるとしているが，我が国おける完全実施に向けての課題は残念ながら多いのではないだろうか（表3参照）[注15]。また，福岡アジア都市研究所（2019）の研究結果では，企業でのテレワークトライアルにおいては，「生産性の向上」に関与する効果が認められたとする一方，テレワークが実施できるような場所やオフィスにいる社員とテレワーク実施者との間で，コミュニケーションを密に行う必要性についての課題も明らかになったと示されている。

表3　サテライトオフィス勤務と在宅勤務のメリット比較

| | メリット | デメリット |
|---|---|---|
| 在宅<br>（通勤なし） | ・事務所が不要<br>・子育て社員等に適用できる | ・生産性が落ちる<br>・自己管理能力やそれらを培うノウハウが必要 |
| サテライトオフィス<br>（通勤あり） | ・生産性は不変<br>・社員の満足度の向上<br>・人材確保の面でも有利 | ・事務所が必要 |

（出所）厚生労働省（2019）及び企業インタビューをもとに筆者作成

## 6　終わりに

　まとめとして，神山町の事例検証による新たな発見を示したい。

　第一に，中小企業が軸となり，移住者や企業の方々がゲスト（外部）からホスト（内部）に変化していく過程は，かつての工業都市に人が集まりコミュニティが醸成されていく過程と似ている。なお，神山町に立地する企業群は，渡辺（2011）が示した産業集積が保有する経済性（近接の利益，規模の経済，範囲の経済）の観点からいうと産業集積とは言い難い状況ではあるが，ベンチャー企業特有の協業志向の影響から町内において，（株）神領の設立(ホステル)，（株）フードハブ・プロジェクト（農業振興），高専設立（私立）等への関与が見られる注16)。

　第二に，規模の小さい中小企業にとって，働く場所の複数化（従業員の選択権創出）の実現が働き方改革の一つの手段として有効ではないだろうか。

　第三に，企業や起業家の集積により，ヒトの交流，移住等が増え，古民家や商店などの既存のインフラが再利用され，まちの機能としてのサービス業が立地することにより，生活拠点としての魅力が高まった。

　昨今の人手不足の中，都市部では人材採用が難しく，また若者を中心とした働き方の価値観も大きく変わってきている。サテライトオフィスの活用は，前述したように企業経営者の思いで促進されており，企業ビジョンと働き手のライフワークが合致したカタチでもある。つまり，社員の「働きやすさ」や「働きがい」の実現・向上は，企業の持続的成長に繋がるものといえるのではないのだろうか（図2参照）。

　本研究において取り上げた事例は，IT企業ばかりであることから，一定のスキルを求められるなど条件による制限はあるだろうが，サテライトオフィスはIT以外の分野にも適応できると考えており注17)，次の新たな職場として「サテライトオフィス」が地方都市や山間部等に広がることが期待されている。

　残された解題として，IT中小企業の集積による地域経済効果などを明らかにするための企業間取引の実態も一部しか調査できていないことから，今後は，徳島県を始め地方都市のサテライトオフィスを調査し，中小企業を軸とした新たな企業集積の可能性を追求したい。

## 図2　働き方改革と企業の持続的な成長の関係

■ 働きやすさ・働きがいの実現が、企業の持続的な成長につながる
■ 社員重視の働き方：「いつ、どこで、誰と」の実現に向けて

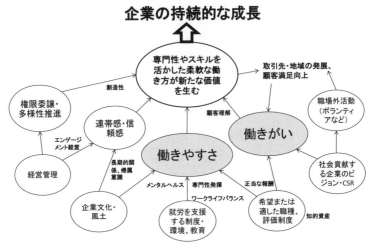

（出所）幡鎌（2015）を一部修正し筆者作成

謝辞

　本研究にあたり，神山町内の各事業所，NPO法人グリーンバレー，神山町役場，神山つなぐ公社，（株）プラットイーズより多大なご支援と多くのご示唆をいただいた。また，討論者の八幡一秀先生（中央大学），査読委員の先生には，大変有益なご指摘をいただいた。記して謝意を申し上げる。なお，本研究は大阪経済大学特別研究費及び海外出張制度の研究成果の一部である。

〈注〉

1　帝国データバンク（2018）の調査期間は2018年1月18日～31日，調査対象は全国2万3,089社で，有効回答企業数は1万161社（回答率44.0％）。
2　例えば，朝日新聞大阪本社夕刊にて52回の連載（2016年10～12月）がある。
3　本研究は，特に断りのない限り，2013年7月～2019年8月に神山町を訪問調査した企業インタビューに基づき記述している。
4　物語を届ける仕事WEBを参照。なお，第1位福岡市，第5位鎌倉市である中に神山町が位置している点が大変興味深い。

5　例えば，佐々木・川井田・荻原（2014），松岡（2016），神田（2018）などにおいても取り上げられている。

6　クリエイティブな人材とは，アーティスト，職人，起業家，ICT技術者などを想定している。

7　2008年度よりの累計数。2018年12月12日，神山町産業観光課インタビューに基づく。

8　記述内容は，2019年３月５日Sansan神山ラボでのインタビューに基づく。

9　2017年７月13日，元塾生で現在NPOグリーンバレーにて働くA氏になぜ，神山塾にて学ぼうと思ったのかを聞いた。「学生時代に欧州に留学し，帰国したら日本の就職活動に違和感を覚え，大企業や都会で働く選択肢が縮小していった。その時に，神山塾のことが雑誌に掲載されていて，半年間なら大丈夫と思いチャレンジした。」とのことである。

10　総務省WEB「おためしサテライトオフィス」を参照。

11　2018年10月10日及び2019年８月20日，プラットイーズへのインタビューに基づく。

12　国土交通省「平成29年度国土交通白書」報道発表資料において，三大都市圏の若者は地方移住に強い関心を持っていると指摘されている。具体的には，国民意識調査（アンケート調査）を実施したところ，三大都市圏に住む各世代のうち特に20代（４人に１人）が，特に地方移住に関心があると示されている。

13　神山町の企業インタビューにおいて，生産性が下がったという声はなかった。また，篠原（2014）においても生産性が落ちていないと指摘している。

14　総務省の平成29年通信利用動向調査（企業編）によると，我が国の企業におけるテレワークの導入率は13.9％である。また，テレワーク導入企業のうち在宅勤務の導入率は29.9％，モバイルワークの導入率は56.4％，サテライトオフィスの導入率は12.1％となっている。

15　在宅勤務のメリットについては，厚生労働省（2019）を参照。

16　2019年６月21日，神山町の新たな動きとして，神山まるごと高専の設立がプレスリリースされた。定員数200人を予定しており，特徴として町全体を学びの実践の場としてとらえ，地域住民との協働や在学中の起業などを通じて，より実践的な力を身につける探究型学習を行うとしている。

17　神山町に立地する（株）ダンクソフトは，優秀なIT人材が都市部にて枯渇している状況から，優秀な人材のいる場所にサテライトオフィス（例えば，神山町，高知市，北海道別海町など）を立地する戦略をとっている。2017年７月13日（株）ダンクソフト神山スマートオフィスへのインタビューに基づく。

**〈参考文献〉**

1　荒木光二郎・井上郷平（2018）「活況呈する徳島県のサテライトオフィス—課題と可能性—」『徳島経済』2018年４月号，pp.49〜62

2　伊藤正昭（2000）『地域産業論・改訂版』学文社

3　梅村仁（2019）『自治体産業政策の新展開—産業集積の活用とまちづくり的手法』

ミネルヴァ書房

4　梶原豊（2009）『地域産業の活性化と人材の確保・育成』同友館

5　神田誠司（2018）『神山進化論』学芸出版社

6　厚生労働省（2018）「働き方改革を推進するための関係法律の整備に関する法律の概要」https://www.mhlw.go.jp/content/000474499.pdf（2019年11月1日閲覧）

7　厚生労働省（2019）『自宅でのテレワークという働き方』https://www.mhlw.go.jp/bunya/roudoukijun/dl/pamphlet.pdf（2019年11月1日閲覧）

8　国土交通省「平成29年度国土交通白書」報道発表資料 http://www.mlit.go.jp/report/press/sogo08_hh_000135.html（2019年11月3日閲覧）

9　佐々木雅幸・川井田祥子・荻原雅也編著（2014）『創造農村』学芸出版社

10　佐藤博樹・武石恵美子（2011）『ワーク・ライフ・バランスと働き方改革』勁草書房

11　佐竹隆幸（2008）『中小企業存立論』ミネルヴァ書房

12　篠原匡（2014）『神山プロジェクト』日経BP社, p.98

13　総務省「おためしサテライトオフィス」http://www.soumu.go.jp/satellite-office/（2019年11月1日閲覧）

14　総務省「平成29年通信利用動向調査（企業編）」
http://www.soumu.go.jp/johotsusintokei/statistics/pdf/HR201700_002.pdf（2019年11月3日閲覧）

15　総務省（2017）『「お試しサテライトオフィス」モデル事業（平成28年度）調査報告書』

16　帝国データバンク『人手不足に対する企業の動向調査（2018年1月）』p.84
https://www.tdb.co.jp/report/watching/press/p180206.html（2019年10月31日閲覧）

17　野田邦弘（2014）「創造人材誘致によるか過疎への挑戦」『創造農村』学芸出版社,pp.188〜203

18　幡鎌博（2015）「人間尊重の経営を目指した経営学部のカリキュラム方針」『経営論集』Vol.1, No.6, pp.1〜11

19　福岡アジア都市研究所（2019）『society5.0 福岡市における「人」が中心の未来社会』p.43

20　本多哲夫（2018）「自治体中小企業政策と地域貢献」『中小企業季報』第187号, pp.1〜13

21　松岡憲司（2016）『人口減少化における地域経済の再生：京都・滋賀・徳島に見る取り組み』新評論

22　物語を届ける仕事 WEB https://yousakana.jp/forbes-kamiyama/（2019年11月1日閲覧）

23　渡辺幸男（2011）『現代日本の産業集積研究』慶應義塾大学出版会

（査読受理）

# 統計史料から導く中小企業診断士の課題

関西外国語大学　川村　悟

## 1．緒言

### 1．1　問題の所在と研究目的

　本稿では中小企業診断士をとりあげる（以降，「中小企業診断士」を「診断士」と略す場合がある。）。川村（2016，2018，2019）など，筆者は診断士関連の歴史的研究に取り組んできた。この類いの研究では統計史料が重要な役割を果たす。時として統計上の数字の増減が時代の趨勢を鋭く表現するからである。

　しかしながら，診断士制度に関する統計情報は十分に整備されているとは言えない。本稿ではこのような現状を問題点と捉えている。たとえば，同制度の根拠法として1963年に中小企業指導法が制定されたが，同法施行から現在までの登録者数を記した公刊史料は見当たらない。また，診断士試験は1963年に開始され，現在に至る。2001年以降の試験関連統計は資格者団体が公開しているが，それ以前の情報を網羅的に記した公刊史料も筆者は目にしたことがない。

　弁護士などの他資格では多様な統計情報が整備され，診断士の状況とは異なる事例がある[注1]。診断士関連の学術研究を促進させるためには，他資格と同様，基礎的な統計情報を整備する必要がある。

　上記を踏まえ，本研究の目的は3つある。第一に，断片的かもしれないが自身が継続的に集めた史料を示し，統計情報整備の一助とすることである。本稿を通じて関係者に統計情報を公開し，学術研究の促進に寄与したい。

　第二に，統計史料から診断士に内在する課題を導くことである。研究の性格上，本稿は歴史的事象に触れる。時に歴史的研究は有用性が問われ，批判にさらされる。「未来について考えるべきなのに，過去を振り返る意味があるのか」という類いの意見である。研究のあり方を問うことを本稿は目的としないため，この論点については詳述しない。ただし，本研究は過去を注視するだけでなく，明示的

に未来志向でありたいと考えた。具体的には，統計史料を顧みるだけでなく，診断士はいかなる経緯で今日に至り，将来に向かってどのような課題を抱えているのか，何が改善されれば円滑に機能するのかを検討したい。さらに，発見した課題を資格者に知らせ，彼らの自助努力を促してみたい。

第三に，自身の研究に関わるロードマップを作成することである。約10年間にわたり，筆者は診断士関連の研究に取り組み，今後も継続する意向を持つ。本稿では診断士の課題を述べるが，指摘だけでなく，自らも解決に関与したい。今後取り組むべき研究課題を特定したい。換言すれば，より良い診断士を目指すため，学術研究を通して課題解決に向けた貢献を自身も積極的に果たしたい。

### 1.2　リサーチ・クエスチョン

着想の経緯を踏まえ，リサーチ・クエスチョンを「統計史料から導出される診断士の課題とは何か」と設定する。資格者やその利害関係者に対して，解決すべき課題を明示し，議論が活発化する端緒となれば幸いである。

### 1.3　診断士の歴史

診断士の成り立ちは，中小企業庁設立（1948年）や前身となる中小企業診断員制度の整備（1952年）へと遡る。太平洋戦争後に顕在化した中小企業問題を克服するため，地方公務員を中心とした経営診断が展開された。1963年に中小企業基本法が成立し，同年に根拠法となる中小企業指導法が施行された。同法を契機に試験による選抜が制度化され，現在も続く。当時は工鉱業と商業の2部門制であった。1969年に省令によって現在の「中小企業診断士」へと名称が変わる。1986年にはコンピューターの普及に伴い，情報部門が追加される。

1999年に中小企業基本法が改正され，2000年に根拠法が中小企業支援法へと名称が変わり，制度変更が生じる。たとえば，「官から民へ」の移行が重視され，公務員から民間コンサルタントの能力認定と位置づけが変わった。試験でも部門制が廃された。なお，本稿ではこの制度変更を転換点と捉え，2000年以前を旧制度，2000年以降を新制度と便宜上呼ぶことにする。紙幅により詳述しきれないが，これ以上の史実詳細は第二章の先行研究を参照されたい。

## 2．先行研究

　診断士の歴史に関わるものを挙げる。行政による政策史として，通商産業省（1963，1991a，1991b），通商産業政策史編纂委員会（2013）等がある。これらは診断士のみが関心対象ではなく，経済産業政策の一部として同制度を取り扱う。たとえば，通商産業省（1963）では中小企業庁設立と診断制度の関連などを中心に黎明期の中小企業診断が詳述されている。また，通商産業政策史編纂委員会（2013）では，診断指導事業の歴史と共に中小企業基本法改正や中小企業支援法制定の経緯について言及されている。

　上記以外には，中谷（1994），松島（2013），関谷・辻（2015）等がある。さらに，先述の筆者によるものとして，川村（2016，2018，2019）を挙げておく。中谷（1994）および関谷・辻（2015）は，中小企業診断制度に特化してその沿革を記述した。松島（2013）は，政策に関わった人物にも焦点を当てつつ，中小企業庁設立と初期の診断指導政策に触れている。川村（2016，2018，2019）は，行政ではなく主に民間の視点から診断士の歴史を論じている。

　これらは統計史料を含むものもあるが，定性的記述が中心で歴史的事象を論じることが目的と言えよう。言い換えれば，先行研究は本稿が関心とする統計史料整備に軸足を置いていない。統計から課題を導く試みも見当たらない。統計を主たる関心とする点，課題導出を企図する点で，本稿と既存研究は大きく異なる。

## 3．研究方法と制約

### 3．1　研究方法

　本稿は歴史的方法論を参考とする。参考文献や注に挙げた史料を根拠とする。この点は先行研究と変わらないが，統計史料に主眼を置くアプローチが異なる。今回の調査には 6 年ほどの歳月を要した。特に史料収集が円滑に進まず，難航した。それにはいくつかの理由がある。有識者と思しき多くの人々に史料有無を尋ねて回ったが，その成果は筆者の期待を大きく下回った。なぜなら，特に1960〜1970年代など，古い史料になればなるほど当時を知る人々が存命ではなく，人的つながりを辿る調査には限界があったからである。

　よって，別の手段も検討せざるを得なかった。たとえば，定期刊行されている

機関誌等を中心に公刊・未公刊の史料にあたったが，有益な統計を含むかは目視で確認するほかない。可能な限り1950年代から現在までの文献を確認したが，数として千を優に超え，膨大な工数を要した。加えて，これら文献の所蔵状態は良好とは言えず，全国各地に散在しており，さらに時間を要する一因となった。

　今般，課題の導出にあたり，可能な範囲で過去と現在の比較を行う。ある時点と現在を比べれば，より正確な状況を把握しうるからである。比較の軸としては，旧制度と新制度を主な対象とする。

### 3.2　本研究における制約

　本来，統計は単一史料の出自が望ましい。出所が異なる史料をつなぎ合わせるのは好ましくない場合もある。しかし，統計情報が不十分なため，本研究を試みる点をあらためて強調したい。よって，掲載する統計の多くは複数史料をつなぎ合わせている点は了承頂きたい。たとえば，年度毎の登録者数など，根拠史料が異なる場合，調査時点によって同年度でも一致しない数字を示すことがある。厳密な正確性は欠いたとしても，時代の趨勢を見極める視座を重視したい。

　また，過去と現在，主に旧制度と新制度を比べるが，本来比較する過去は常に同一時点が望ましい。しかし，統計史料の制約によってこの点もかなわない。本稿は課題の導出が目的だが，統計史料から推論できるものに限る。また，統計数値の変化は原因が分からないものもある。課題の対応策が不明確なものもある。これら原因や対応策等の検討は今後の取り組みとしたい。

## 4. 概括的統計

### 4.1　登録者数と試験申込者数

　表1に中小企業指導法施行（1963年）からの登録者数推移を記載する。同法成立当初は4千人ほどであったが，直近では2万6千人を超える。ばらつきはあるが，登録者数は年間3〜4％程度伸長し，堅調に推移している。

　表2に試験状況をまとめているが，一次試験の申込者数に注目したい。これをみる理由は2つある。第一に，試験申込者数は診断士に対する社会的関心を示す指標となるからである。その多寡は関心の度合いに置換できる。第二に，試験申込者数は国家試験における質の担保とも理解しうるからである。資格者が増えて

表1　年度別登録者数の推移（休止者を含む）

| 年度(西暦) | 登録者計 | 部門内訳 | | | 年度(西暦) | 登録者計 | 部門内訳 | | |
|---|---|---|---|---|---|---|---|---|---|
| | | 工鉱業 | 商業 | 情報 | | | 工鉱業 | 商業 | 情報 |
| 1963 | 4,005 | 1,265 | 2,740 | | 1991 | 11,570 | 4,110 | 7,167 | 293 |
| 1964 | 4,149 | 1,357 | 2,792 | | 1992 | 12,256 | 4,283 | 7,573 | 400 |
| 1965 | 3,748 | 1,256 | 2,492 | | 1993 | 12,334 | 4,235 | 7,586 | 513 |
| 1966 | 3,910 | 1,338 | 2,572 | | 1994 | 12,866 | 4,309 | 7,917 | 640 |
| 1967 | 3,811 | 1,321 | 2,490 | | 1995 | 13,727 | 4,497 | 8,449 | 781 |
| 1968 | 4,098 | 1,456 | 2,642 | | 1996 | 13,989 | 4,455 | 8,608 | 926 |
| 1969 | 4,184 | 1,520 | 2,664 | | 1997 | 14,536 | 4,529 | 8,923 | 1,084 |
| 1970 | 4,638 | 1,697 | 2,941 | | 1998 | 15,352 | 4,697 | 9,429 | 1,226 |
| 1971 | 4,842 | 1,784 | 3,058 | | 1999 | 15,657 | 4,682 | 9,591 | 1,384 |
| 1972 | 5,292 | 1,945 | 3,347 | | 2000 | 17,115 | | | |
| 1973 | 5,752 | 2,099 | 3,653 | | 2001 | 17,860 | | | |
| 1974 | 6,305 | 2,313 | 3,992 | | 2002 | 18,245 | | | |
| 1975 | 6,994 | 2,673 | 4,321 | | 2003 | 17,429 | | | |
| 1976 | 7,353 | 2,836 | 4,517 | | 2004 | 17,242 | | | |
| 1977 | 7,622 | 2,914 | 4,708 | | 2005 | 18,009 | | | |
| 1978 | 8,009 | 3,013 | 4,996 | | 2006 | 18,818 | | | |
| 1979 | 8,247 | 3,058 | 5,189 | | 2007 | 19,276 | | | |
| 1980 | 8,588 | 3,182 | 5,406 | | 2008 | 20,397 | | | |
| 1981 | 8,706 | 3,256 | 5,450 | | 2009 | 20,119 | | | |
| 1982 | 9,128 | 3,364 | 5,764 | | 2010 | 20,191 | | | |
| 1983 | 9,350 | 3,472 | 5,878 | | 2011 | 21,257 | | | |
| 1984 | 9,673 | 3,595 | 6,078 | | 2012 | 21,937 | | | |
| 1985 | 9,864 | 3,670 | 6,194 | | 2013 | 22,545 | | | |
| 1986 | 10,130 | 3,783 | 6,347 | | 2014 | 23,281 | | | |
| 1987 | 10,301 | 3,826 | 6,452 | 23 | 2015 | 24,605 | | | |
| 1988 | 10,608 | 3,897 | 6,637 | 74 | 2016 | 25,746 | | | |
| 1989 | 11,189 | 4,069 | 6,985 | 135 | 2017 | 26,555 | | | |
| 1990 | 11,222 | 4,045 | 6,967 | 210 | | | | | |

出所：中小企業診断協会（1999），中小企業庁（2008），中小企業庁資料（未公刊）などから作成
注：1986年から情報部門が新設された。2000年の中小企業支援法施行に伴い，部門制が廃された。

　も質が伴わなければ，中小企業支援に貢献できない。申込者数が多ければ難関な国家試験を意味し，輩出する人材の有能さを裏付ける。表2によれば，60年代前半は数百人程度だが，直近数年間は2万人前後を推移する。申込者数は拡大傾向にある。この点から資格者の質は一定程度担保されていると考えられよう。

# 表2 診断士試験受験状況

| 年度 | 部門 | 一次試験 | | | 二次試験 | | |
|---|---|---|---|---|---|---|---|
| | | 申込者数 | 受験者数 | 合格者数 | 申込者数 | 受験者数 | 合格者数 |
| 1963 | 工鉱業 | 221 | 221 | 32 | 32 | 32 | 32 |
| | 商業 | 433 | 433 | 25 | 25 | 25 | 25 |
| | 計 | 654 | 654 | 57 | 57 | 57 | 57 |
| 1964 | 工鉱業 | 218 | 218 | 15 | 18 | 18 | 18 |
| | 商業 | 305 | 305 | 36 | 38 | 38 | 37 |
| | 計 | 523 | 523 | 51 | 56 | 56 | 55 |
| 1965 | 工鉱業 | 227 | 200 | 27 | 30 | 30 | 29 |
| | 商業 | 313 | 273 | 47 | 57 | 57 | 53 |
| | 計 | 540 | 473 | 74 | 87 | 87 | 82 |
| 1966 | 工鉱業 | 376 | 311 | 41 | 38 | 36 | 34 |
| | 商業 | 508 | 391 | 65 | 72 | 72 | 67 |
| | 計 | 884 | 702 | 106 | 110 | 108 | 101 |
| 1967 | 工鉱業 | 377 | 322 | 105 | 108 | 108 | 102 |
| | 商業 | 606 | 504 | 117 | 120 | 120 | 114 |
| | 計 | 983 | 826 | 222 | 228 | 228 | 216 |
| 1968 | 工鉱業 | 529 | 443 | 65 | 69 | 67 | 66 |
| | 商業 | 1,020 | 867 | 143 | 147 | 147 | 143 |
| | 計 | 1,549 | 1,310 | 208 | 216 | 214 | 209 |
| 1969 | 工鉱業 | 688 | 565 | 140 | 140 | 139 | 126 |
| | 商業 | 1,493 | 1,241 | 308 | 311 | 305 | 253 |
| | 計 | 2,181 | 1,806 | 448 | 451 | 444 | 379 |
| 1970 | 工鉱業 | 845 | 757 | 138 | 146 | 145 | 110 |
| | 商業 | 1,639 | 1,395 | 327 | 358 | 353 | 211 |
| | 計 | 2,484 | 2,152 | 465 | 504 | 498 | 321 |
| 1971 | 工鉱業 | 950 | 828 | 140 | 158 | 155 | 121 |
| | 商業 | 1,871 | 1,584 | 255 | 358 | 351 | 231 |
| | 計 | 2,821 | 2,412 | 395 | 516 | 506 | 352 |
| 1972 | 工鉱業 | 1,258 | 1,048 | 118 | 154 | 153 | 126 |
| | 商業 | 2,614 | 2,127 | 494 | 599 | 592 | 374 |
| | 計 | 3,872 | 3,175 | 612 | 753 | 745 | 500 |
| 1973 | 工鉱業 | 1,451 | 1,261 | 194 | 220 | 217 | 182 |
| | 商業 | 3,423 | 2,737 | 250 | 437 | 422 | 274 |
| | 計 | 4,874 | 3,998 | 444 | 657 | 639 | 456 |
| 1974 | 工鉱業 | 1,750 | 1,509 | 544 | 564 | 557 | 421 |
| | 商業 | 3,992 | 3,326 | 697 | 810 | 789 | 442 |
| | 計 | 5,742 | 4,835 | 1,241 | 1,374 | 1,346 | 863 |
| 1975 | 工鉱業 | 2,104 | 1,725 | 162 | 280 | 273 | 101 |
| | 商業 | 4,662 | 3,660 | 214 | 521 | 506 | 133 |
| | 計 | 6,766 | 5,385 | 376 | 801 | 779 | 234 |
| 1976 | 工鉱業 | 1,914 | 1,601 | 140 | 268 | 262 | 139 |
| | 商業 | 4,305 | 3,250 | 397 | 674 | 656 | 340 |
| | 計 | 6,219 | 4,851 | 537 | 942 | 918 | 479 |
| 1977 | 工鉱業 | 1,873 | 1,587 | 98 | 192 | 188 | 62 |
| | 商業 | 4,180 | 3,239 | 239 | 476 | 468 | 253 |
| | 計 | 6,053 | 4,826 | 337 | 668 | 656 | 315 |
| 1978 | 工鉱業 | 1,657 | 1,437 | 147 | 240 | 238 | 79 |
| | 商業 | 3,906 | 3,229 | 354 | 503 | 491 | 314 |
| | 計 | 5,563 | 4,666 | 501 | 743 | 729 | 393 |
| 1979 | 工鉱業 | 1,531 | 1,318 | 200 | 289 | 285 | 104 |
| | 商業 | 3,385 | 2,818 | 407 | 553 | 543 | 174 |
| | 計 | 4,916 | 4,136 | 607 | 842 | 828 | 278 |
| 1980 | 工鉱業 | 1,401 | 1,224 | 290 | 443 | 442 | 125 |
| | 商業 | 2,972 | 2,517 | 566 | 842 | 828 | 152 |
| | 計 | 4,373 | 3,741 | 856 | 1,285 | 1,270 | 277 |
| 1981 | 工鉱業 | 1,266 | 1,096 | 163 | 422 | 415 | 71 |
| | 商業 | 2,667 | 2,288 | 390 | 893 | 874 | 311 |
| | 計 | 3,933 | 3,384 | 553 | 1,315 | 1,289 | 382 |
| 1982 | 工鉱業 | 1,104 | 965 | 260 | 514 | 507 | 149 |
| | 商業 | 2,301 | 1,964 | 371 | 811 | 800 | 208 |
| | 計 | 3,405 | 2,929 | 631 | 1,325 | 1,307 | 357 |
| 1983 | 工鉱業 | 887 | 770 | 249 | 509 | 503 | 103 |
| | 商業 | 2,184 | 1,847 | 520 | 961 | 931 | 234 |
| | 計 | 3,071 | 2,617 | 769 | 1,470 | 1,434 | 337 |
| 1984 | 工鉱業 | 899 | 798 | 188 | 508 | 492 | 103 |
| | 商業 | 2,145 | 1,859 | 403 | 963 | 939 | 237 |
| | 計 | 3,044 | 2,657 | 591 | 1,471 | 1,431 | 340 |
| 1985 | 工鉱業 | 933 | 844 | 146 | 450 | 445 | 95 |
| | 商業 | 2,445 | 2,171 | 281 | 863 | 837 | 185 |
| | 計 | 3,378 | 3,015 | 427 | 1,313 | 1,282 | 280 |
| 1986 | 工鉱業 | 775 | 722 | 128 | 415 | 414 | 91 |
| | 商業 | 2,579 | 2,335 | 431 | 961 | 936 | 203 |
| | 情報 | 656 | 601 | 126 | 113 | 111 | 25 |
| | 計 | 4,010 | 3,658 | 685 | 1,489 | 1,461 | 319 |

| 年度 | 部門 | 一次試験 | | | 二次試験 | | |
|---|---|---|---|---|---|---|---|
| | | 申込者数 | 受験者数 | 合格者数 | 申込者数 | 受験者数 | 合格者数 |
| 1987 | 工鉱業 | 924 | 840 | 214 | 475 | 469 | 84 |
| | 商業 | 2,920 | 2,608 | 633 | 1,202 | 1,161 | 230 |
| | 情報 | 611 | 508 | 100 | 159 | 155 | 28 |
| | 計 | 4,455 | 3,956 | 947 | 1,836 | 1,785 | 342 |
| 1988 | 工鉱業 | 892 | 802 | 148 | 468 | 458 | 90 |
| | 商業 | 3,097 | 2,678 | 573 | 1,342 | 1,292 | 243 |
| | 情報 | 653 | 530 | 106 | 181 | 177 | 32 |
| | 計 | 4,642 | 4,010 | 827 | 1,991 | 1,927 | 365 |
| 1989 | 工鉱業 | 842 | 753 | 149 | 480 | 463 | 85 |
| | 商業 | 3,418 | 2,901 | 635 | 1,471 | 1,417 | 288 |
| | 情報 | 729 | 614 | 143 | 252 | 236 | 49 |
| | 計 | 4,989 | 4,268 | 927 | 2,203 | 2,116 | 422 |
| 1990 | 工鉱業 | 963 | 855 | 165 | 492 | 480 | 90 |
| | 商業 | 4,179 | 3,360 | 653 | 1,520 | 1,459 | 289 |
| | 情報 | 1,000 | 814 | 171 | 330 | 318 | 60 |
| | 計 | 6,142 | 5,029 | 989 | 2,342 | 2,257 | 439 |
| 1991 | 工鉱業 | 1,021 | 882 | 183 | 505 | 492 | 92 |
| | 商業 | 4,417 | 3,667 | 701 | 1,717 | 1,627 | 314 |
| | 情報 | 1,307 | 1,037 | 184 | 403 | 381 | 74 |
| | 計 | 6,745 | 5,586 | 1,068 | 2,625 | 2,500 | 480 |
| 1992 | 工鉱業 | 1,201 | 1,005 | 153 | 527 | 519 | 89 |
| | 商業 | 5,128 | 4,105 | 720 | 1,852 | 1,756 | 316 |
| | 情報 | 1,612 | 1,266 | 242 | 494 | 473 | 89 |
| | 計 | 7,941 | 6,376 | 1,115 | 2,873 | 2,748 | 494 |
| 1993 | 工鉱業 | 1,259 | 1,094 | 186 | 546 | 529 | 114 |
| | 商業 | 5,872 | 4,826 | 973 | 2,190 | 2,080 | 412 |
| | 情報 | 1,699 | 1,339 | 243 | 565 | 536 | 104 |
| | 計 | 8,830 | 7,259 | 1,402 | 3,301 | 3,145 | 630 |
| 1994 | 工鉱業 | 1,205 | 1,064 | 170 | 536 | 528 | 103 |
| | 商業 | 6,305 | 5,139 | 931 | 2,333 | 2,212 | 437 |
| | 情報 | 1,854 | 1,491 | 275 | 641 | 616 | 120 |
| | 計 | 9,364 | 7,694 | 1,376 | 3,510 | 3,356 | 660 |
| 1995 | 工鉱業 | 1,255 | 1,108 | 173 | 522 | 507 | 92 |
| | 商業 | 6,494 | 5,335 | 956 | 2,416 | 2,314 | 430 |
| | 情報 | 2,013 | 1,617 | 290 | 703 | 672 | 127 |
| | 計 | 9,762 | 8,060 | 1,419 | 3,641 | 3,493 | 649 |
| 1996 | 工鉱業 | 1,133 | 991 | 167 | 507 | 494 | 93 |
| | 商業 | 6,537 | 5,297 | 951 | 2,431 | 2,293 | 408 |
| | 情報 | 1,820 | 1,453 | 301 | 731 | 693 | 137 |
| | 計 | 9,490 | 7,741 | 1,419 | 3,669 | 3,480 | 638 |
| 1997 | 工鉱業 | 994 | 849 | 132 | 483 | 467 | 100 |
| | 商業 | 6,522 | 5,230 | 971 | 2,546 | 2,413 | 447 |
| | 情報 | 1,842 | 1,444 | 244 | 711 | 667 | 118 |
| | 計 | 9,358 | 7,523 | 1,347 | 3,740 | 3,547 | 665 |
| 1998 | 工鉱業 | 1,037 | 913 | 156 | 469 | 449 | 85 |
| | 商業 | 6,833 | 5,511 | 1,046 | 2,656 | 2,516 | 466 |
| | 情報 | 2,219 | 1,758 | 351 | 800 | 757 | 138 |
| | 計 | 10,089 | 8,182 | 1,553 | 3,925 | 3,722 | 689 |
| 1999 | 工鉱業 | 1,141 | 952 | 178 | 501 | 496 | 88 |
| | 商業 | 7,715 | 6,106 | 1,165 | 2,820 | 2,683 | 471 |
| | 情報 | 2,553 | 1,934 | 351 | 838 | 788 | 157 |
| | 計 | 11,409 | 8,992 | 1,694 | 4,159 | 3,967 | 716 |
| 2000 | 工鉱業 | 1,171 | 984 | 160 | 545 | 535 | 70 |
| | 商業 | 8,085 | 6,354 | 1,224 | 3,282 | 3,159 | 438 |
| | 情報 | 2,669 | 1,998 | 438 | 1,009 | 965 | 107 |
| | 計 | 11,925 | 9,336 | 1,822 | 4,836 | 4,659 | 615 |
| 2001 | | 10,025 | 8,837 | 4,529 | 5,976 | 5,872 | 627 |
| 2002 | | 12,447 | 10,572 | 3,355 | 6,549 | 6,394 | 638 |
| 2003 | | 14,692 | 12,449 | 2,021 | 4,281 | 4,186 | 707 |
| 2004 | | 15,131 | 12,554 | 1,970 | 3,237 | 3,189 | 646 |
| 2005 | | 13,476 | 11,000 | 2,445 | 3,646 | 3,589 | 702 |
| 2006 | | 16,595 | 12,542 | 2,791 | 4,131 | 4,023 | 805 |
| 2007 | | 16,845 | 12,776 | 2,418 | 4,060 | 3,955 | 799 |
| 2008 | | 17,934 | 13,564 | 3,173 | 4,543 | 4,429 | 875 |
| 2009 | | 20,054 | 15,056 | 3,629 | 5,489 | 5,342 | 951 |
| 2010 | | 21,309 | 15,922 | 2,533 | 4,896 | 4,747 | 925 |
| 2011 | | 21,145 | 15,803 | 2,590 | 4,142 | 4,014 | 790 |
| 2012 | | 20,210 | 14,981 | 3,519 | 5,032 | 4,894 | 1,220 |
| 2013 | | 20,005 | 14,252 | 3,094 | 5,078 | 4,922 | 910 |
| 2014 | | 19,538 | 13,805 | 3,207 | 5,058 | 4,901 | 1,185 |
| 2015 | | 18,361 | 13,186 | 3,426 | 5,130 | 4,955 | 944 |
| 2016 | | 19,444 | 13,605 | 2,404 | 4,539 | 4,413 | 842 |
| 2017 | | 20,118 | 14,343 | 3,106 | 4,453 | 4,289 | 828 |
| 2018 | | 20,116 | 13,773 | 3,236 | 4,978 | 4,829 | 905 |

出所：中小企業診断協会（2004），その他中小企業診断協会による公開・未公開資料などから作成

注：2006年度より科目合格制度を導入。同年度以降の一次試験受験者数は全科目を受験した人数を記載した。

## 4.2　資格者の職業

　次に旧制度（1980年度）と新制度における職業を比べてみる（表3）。公的機関に属する地方公務員の割合が減少し，企業内診断士が増えた点がみてとれる。旧制度では都道府県に診断機能を持たせ，地方公務員が同業務に従事していた。地方公務員が落ち込んだ理由は，「官から民へ」を標榜した新制度移行に伴って同機能を廃したためである。

　一方，企業内診断士が増えた一因として，バブル経済崩壊以降に雇用不安によって資格志向が高まったためと考えられる。表2が示すように，新制度移行後も一次試験申込者数が伸長している点から資格志向の高まりが窺える。世に言う資格ブームの影響が診断士にも波及したと言えよう。

　先述の史料以外にも，休止者，性別，地域別などの統計があるが，紙幅の関係により次章以降で詳述することとする。

### 表3　診断士の職業比較

| 属性1 | 属性2 | 年度 | | | |
|---|---|---|---|---|---|
| | | 1980 | | 2017 | |
| | | 人数 | 構成比 | 人数 | 構成比 |
| 独立診断士 | 他資格兼業なし | 1,097 | 12.9% | 4,058 | 15.3% |
| | 他資格兼業あり | 1,173 | 13.8% | 1,015 | 3.8% |
| | 小計 | 2,270 | 26.7% | 5,073 | 19.1% |
| 企業内診断士 | 民間企業（金融機関除く） | 3,027 | 35.6% | 11,241 | 42.3% |
| | 金融機関 | 1,046 | 12.3% | 4,379 | 16.5% |
| | 小計 | 4,073 | 47.9% | 15,620 | 58.8% |
| 公的機関 | 地方公務員 | 1,258 | 14.8% | 895 | 3.4% |
| | それ以外 | 646 | 7.6% | 2,205 | 8.3% |
| | 小計 | 1,904 | 22.4% | 3,100 | 11.7% |
| その他 | | 255 | 3.0% | 2,762 | 10.4% |
| 総合計 | | 8,502 | 100.0% | 26,555 | 100.0% |

出所：中小企業診断協会（1987）p.35および中小企業庁資料（未公刊）
注：出所史料では1981年4月1日現在の数値だが，前年度末と解釈する。同表を含め，他表でも4月1日現在の数値は前年度末と解釈する。

# 5．考察

## 5.1　課題（1）資格休止者の急増

リサーチ・クエスチョンに迫るため，本章は統計史料から導ける課題を述べる。

表1は登録者数の推移を示すが，単純に中小企業支援に携わる人員が増加した事実を述べるものではない。この点に関連して，中小企業庁（2005）等を参考に2006年に生じた制度変更を説明する。中小企業庁は資格更新に必要な実務従事要件を厳格化した。以降の更新には，5年間で30日以上，中小企業の経営診断に従事しなければならない。同時に要件を満たせない人には，資格の休止申請を可能にした。資格を休止しても一定条件を満たせば復帰することもできる。

　活動中と休止中，制度変更を機に資格者を2つの属性に分けることができる。表1の2006年度以降の登録者数は休止者を含み，両者を足し合わせた数である。したがって，休止者の動向に注目する。図1は休止者数と登録者全体に占める構成比を表す。制度変更以来，休止者数の急激な伸長が明らかである。難関な国家試験を経ながらも，診断実務にあたれず，資格を休止せざるをえない者が相当数存在するのである。休止者の伸びは年々鈍化しているが，2017年度時点で4千人を超え，全体の2割にも達しつつある状況は深刻に捉えるべきだろう。

　中小企業診断協会（2016）の統計などから，この現象が起きる一因として，制度の趣旨である中小企業支援よりも自己啓発に関心を持つ企業内診断士の存在に着目すべきと考える。表3で示したように，新制度移行後に企業内診断士が増加したものの，彼らが業務を続けながら実務従事要件を満たすのは容易ではない。中小企業診断士制度の見直しに関する研究会（2004）等を通じて，制度変更の際，

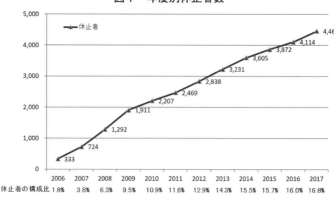

図1　年度別休止者数

出所：中小企業庁資料（未公刊）

中小企業庁は見直しの視点として「総数の拡大」と「質と信頼性の確保・向上」を挙げた。診断士は増やすが，能力水準は維持したい。よって，行政の視点では，休止者数は制度変更が一定程度機能している証と言えるかもしれない。

　一方，資格者の立場ではどうか。一般的に診断士は難関資格と認識され，取得には長期間を要する。休止者数の統計から，取得後に自身のキャリアと資格が適合しない点に気づき，不本意ながら休止に陥る人々が相当数に達する事実が推測しうる。休止者に関しては，今後さらに掘り下げて調査する必要があるだろう。

### 5．2　課題（2）低水準にとどまる女性比率

　表4は1991年度と直近の女性割合を示す。1991年度は僅か95人（0.8%）であったが，直近では1,257人（4.7%）に増加した。好意的にみれば旧制度から女性の数は10倍超に伸長したと言えよう。さらに多面的に比較したい。表5は雇用者全般の女性比率をあらわす。過去時点として1985年を挙げるが，男女雇用機会均等法が制定された時期である。同法は雇用管理において性別を理由とする差別を禁止した。これによって女性の社会進出が加速した経緯がある。同表では直近の女性比率が44.5%に達し，診断士における女性比率の低さが際立つ。

　雇用者だけでなく，他士業とも比較を試みる（表6）。公認会計士，税理士，弁護士は2割に到達せず，やはり雇用者に比べて女性比率が低い。士業は総じて低い傾向にあるものの，突出して診断士の低水準ぶりが際立つ。他士業との比較から，女性からみた診断士のイメージは芳しくない点が明確になった。

#### 表4　診断士の女性・男性比率

| No. | 年度 | 女性 | | 男性 | | 合計 | |
|---|---|---|---|---|---|---|---|
| | | 人数 | 割合（%） | 人数 | 割合（%） | 人数 | 割合（%） |
| 1 | 1991 | 95 | 0.8% | 11,475 | 99.2% | 11,570 | 100.0% |
| 2 | 2017 | 1,257 | 4.7% | 25,298 | 95.3% | 26,555 | 100.0% |

出所：同友館（1992）p.91および中小企業庁資料（未公刊）

#### 表5　雇用者の女性・男性比率

| No. | 年度 | 女性 | | 男性 | | 合計 | |
|---|---|---|---|---|---|---|---|
| | | 人数（万人） | 割合（%） | 人数（万人） | 割合（%） | 人数（万人） | 割合（%） |
| 1 | 1985 | 1,548 | 35.9% | 2,765 | 64.1% | 4,313 | 100.0% |
| 2 | 2017 | 2,590 | 44.5% | 3,229 | 55.5% | 5,819 | 100.0% |

出所：21世紀職業財団（2018）p.12

表6　士業の女性・男性比率

| No. | 資格 | 女性 | | 男性 | | 合計 | |
|-----|------|------|------|------|------|------|------|
| | | 人数 | 割合（%） | 人数 | 割合（%） | 人数 | 割合（%） |
| 1 | 中小企業診断士 | 1,257 | 4.7% | 25,298 | 95.3% | 26,555 | 100.0% |
| 2 | 公認会計士 | 4,220 | 13.9% | 26,096 | 86.1% | 30,316 | 100.0% |
| 3 | 税理士 | 10,859 | 14.4% | 64,784 | 85.6% | 75,643 | 100.0% |
| 4 | 弁護士 | 7,179 | 18.4% | 31,801 | 81.6% | 38,980 | 100.0% |

出所：中小企業庁資料（未公刊）および各資格者団体
注：税理士のみ2016年度，他資格は2017年度の数値で比較した。

　診断士を含む経営コンサルタントは，経験や知識を売る事業に携わる。需用者である企業経営者の立場では，多様な背景・キャリアを有する人々が選択肢として挙がるのが望ましい。しかし，極端な男女比は多様性の妨げになる。さらに，わが国は産業構造が変化し，サービス業の存在感が高まるなど，女性診断士の活躍が期待される場面も多くあるはずである。したがって，低水準にとどまる女性比率は今後の課題として考えるべきだろう。また，なぜ女性比率が突出して低いのか，その原因を掘り下げる必要もあろう。

　なお，日本公認会計士協会の女性会計士活躍促進協議会では，2018年に女性会計士活躍の更なる促進のためのKPI（Key Performance Indicator：重要業績評価指標）を設定した。具体的には，「①2048年度（公認会計士制度100周年）までに会員・準会員の女性比率を30％へ上昇させる」，「②2030年度までに公認会計士試験合格者の女性比率を30％へ上昇させる」の2点である。これらKPIは定期的に確認され，具体的施策も展開されるようである。このような動向を参考に診断士の女性比率も継続的に注視されるべきだろう。

## 5.3　課題（3）偏在に伴う地域間格差

　つぎに都道府県別の診断士数をみていく。残念ながら比較すべき過去の統計が見つからず，直近の数値で論じる。各都道府県の登録者数，中小企業数を比較している（表7）。登録者の地域は勤務地に基づく。表中の順位とは，診断士1人あたりの中小企業数を降順で並べたものを指す。勤務地以外の地域で活動する診断士は存在するが，勤務地からの近接性は見逃せない。よって，この数値が高い地域の中小企業は診断士のサービスを受けにくい環境にあると考えられよう。

　上位には長崎，秋田，青森などの地方部が目立つ。一方，東京，神奈川，大阪

表7　登録者数，中小企業数，1事業所あたり付加価値額（都道府県別）

| 順位 | 都道府県 | 診断士1人あたり中小企業数 (b/a) | 登録者数 (a) | 比率 | 中小企業数 (b) | 1事業所あたり付加価値額（百万円） |
|---|---|---|---|---|---|---|
| 1 | 長崎 | 426.5 | 98 | 0.4% | 41,793 | 34.0 |
| 2 | 秋田 | 398.7 | 83 | 0.3% | 33,096 | 33.1 |
| 3 | 青森 | 394.3 | 101 | 0.4% | 39,824 | 32.6 |
| 4 | 和歌山 | 373.6 | 92 | 0.3% | 34,367 | 32.3 |
| 5 | 宮崎 | 366.5 | 95 | 0.4% | 34,819 | 32.2 |
| 6 | 山形 | 365.3 | 106 | 0.4% | 38,726 | 33.4 |
| 7 | 鹿児島 | 351.5 | 142 | 0.5% | 49,915 | 33.3 |
| 8 | 茨城 | 350.0 | 227 | 0.9% | 79,443 | 53.1 |
| 9 | 福島 | 329.4 | 178 | 0.7% | 58,639 | 39.7 |
| 10 | 山口 | 319.1 | 122 | 0.5% | 38,933 | 43.7 |
| 11 | 熊本 | 314.6 | 152 | 0.6% | 47,815 | 38.4 |
| 12 | 栃木 | 288.7 | 208 | 0.8% | 60,058 | 49.6 |
| 13 | 群馬 | 272.7 | 238 | 0.9% | 64,907 | 49.7 |
| 14 | 高知 | 263.1 | 95 | 0.4% | 24,997 | 29.9 |
| 15 | 佐賀 | 257.1 | 95 | 0.4% | 24,423 | 37.9 |
| 16 | 北海道 | 255.7 | 553 | 2.1% | 141,386 | 39.5 |
| 17 | 新潟 | 252.1 | 302 | 1.1% | 76,136 | 37.8 |
| 18 | 愛媛 | 251.4 | 173 | 0.7% | 43,500 | 37.3 |
| 19 | 香川 | 251.1 | 123 | 0.5% | 30,883 | 43.6 |
| 20 | 三重 | 249.9 | 206 | 0.8% | 51,486 | 47.5 |
| 21 | 岩手 | 249.9 | 149 | 0.6% | 37,235 | 35.9 |
| 22 | 沖縄 | 247.9 | 190 | 0.7% | 47,105 | 28.5 |
| 23 | 山梨 | 239.7 | 128 | 0.5% | 30,677 | 42.4 |
| 24 | 大分 | 231.4 | 150 | 0.6% | 34,711 | 35.6 |
| 25 | 富山 | 230.8 | 150 | 0.6% | 34,613 | 46.9 |
| 26 | 岐阜 | 230.4 | 307 | 1.2% | 70,731 | 38.8 |
| 27 | 福岡 | 226.6 | 596 | 2.2% | 135,052 | 46.4 |
| 28 | 徳島 | 224.3 | 113 | 0.4% | 25,345 | 35.8 |
| 29 | 岡山 | 210.3 | 249 | 0.9% | 52,368 | 44.7 |
| 30 | 宮城 | 208.9 | 284 | 1.1% | 59,314 | 50.7 |
| 31 | 石川 | 206.3 | 196 | 0.7% | 40,430 | 41.4 |
| 32 | 兵庫 | 201.3 | 719 | 2.7% | 144,748 | 46.9 |
| 33 | 島根 | 192.8 | 115 | 0.4% | 22,167 | 32.7 |
| 34 | 長野 | 188.1 | 389 | 1.5% | 73,189 | 37.3 |
| 35 | 福井 | 184.9 | 158 | 0.6% | 29,210 | 44.0 |
| 36 | 埼玉 | 183.8 | 878 | 3.3% | 161,341 | 46.7 |
| 37 | 広島 | 176.1 | 471 | 1.8% | 82,962 | 47.6 |
| 38 | 鳥取 | 172.7 | 93 | 0.4% | 16,059 | 33.5 |
| 39 | 静岡 | 169.0 | 709 | 2.7% | 119,807 | 50.6 |
| 40 | 京都 | 167.8 | 471 | 1.8% | 79,023 | 41.2 |
| 41 | 滋賀 | 163.2 | 212 | 0.8% | 34,608 | 52.7 |
| 42 | 奈良 | 153.0 | 206 | 0.8% | 31,526 | 36.3 |
| 43 | 千葉 | 148.9 | 811 | 3.1% | 120,789 | 50.8 |
| 44 | 愛知 | 143.4 | 1,453 | 5.5% | 208,310 | 67.3 |
| 45 | 大阪 | 122.1 | 2,219 | 8.4% | 270,874 | 56.6 |
| 46 | 神奈川 | 108.8 | 1,722 | 6.5% | 187,428 | 58.3 |
| 47 | 東京 | 41.5 | 9,962 | 37.5% | 413,408 | 90.1 |
|  | 海外 |  | 66 | 0.2% |  |  |
|  | 合計 |  | 26,555 | 100.0% | 3,578,176 |  |

出所：登録者数は中小企業庁資料（未公刊）の2017年度時点，中小企業数は中小企業庁（2016年6月時点）による。1事業所あたり付加価値額は平成28年経済センサス（総務省・経済産業省）から筆者作成

など，下位には都市部が挙がる。同表右側に1事業所あたりの付加価値額を載せた。概してこの値が高い地域の企業は収益力があり，低い地域はそうではないと考えられる。表上部の地域では付加価値額が低く，表下部の地域は高い傾向にある。特に診断士が多く，大企業が集積する東京は突出して高い。

これらから，コンサルティングサービスの費用を賄う余裕のある企業が多い地域に診断士が集まる事実がみてとれる。民間の視点で考えれば，儲かる所に人が集まる訳で，経済合理性の点では納得しうる。一方，政策的視点ではどうか。企業収益力が低い地域で，公的資格者によるサービスを受けにくい現実はある意味皮肉とは解せないか。収益力が低い地域で公的支援を手厚くし，格差を狭めたいと考えるのも政策的には一つの道理である。したがって，診断士が偏在し，地域間格差が生じる現状はある種の矛盾を含むと考えるべきだろう。

地域における企業収益力の底上げは難解な問題で，単純に診断士が増えれば解決するとは思えない。一方，2000年施行の中小企業支援法において，診断士は公務員から民間コンサルタントへと再定義された。民間コンサルタントであれば，経済合理性に基づき，地域的に偏在したうえで事業を行うのは納得できる。しかしながら，国家試験による認定を経るなど，公的性格を帯びる以上，地域的観点から診断士が果たすべき役割も同時に考えるべきではないだろうか。

地域間格差は複雑な問題で，唯一絶対の施策があるとは考えにくい。他方，企業収益力が低い地方部において診断士による公的支援を啓蒙するなど，対策を検討する必要はあるかもしれない。いずれにせよ，資格者間でもこの格差は十分に認識されていない。満足な議論がなされていない現状からは脱するべきだろう。格差解消は容易ではないが，地方部におけるサービス向上など，質的改善に関わる調査研究に筆者は興味を持っている。将来の課題として検討したい。

## 6．結言

### 6.1　リサーチ・クエスチョンに対して

リサーチ・クエスチョンは「統計史料から導出される診断士の課題とは何か」であった。前章で述べたように，「資格休止者の急増」，「低水準にとどまる女性比率」，「偏在に伴う地域間格差」の3点を課題として挙げられよう。これらは統計史料を精査したゆえに導くことができた成果である。

## 6.2　意義と今後の取り組み

　本稿の意義を述べる。本研究の目的は，第一章で述べたように「統計情報整備の一助とする」，「統計史料から診断士に内在する課題を導く」であった。統計情報が不十分な現状において，本稿で示した史料は将来的に関連研究を支援する手がかりになるだろう。後生の研究に役立つ場面もあるかもしれない。

　今般指摘した課題は資格者間でも認識が十分とは言えないものばかりである。診断士によって中小企業の業績が成長する事例は少なくない。廃業増に伴う事業承継など複雑化する中小企業の経営問題に対して，今後も診断士の活躍が期待される。一方，関係者，特に資格者間の議論が十分とは言い難い現状に筆者は危機感を抱いている。本稿を契機に改善の議論が進展する可能性はあるだろう。課題の発見・解決を通じて，診断士制度が円滑に機能すれば，中小企業支援の効果が増すはずである。よって，本稿は政策的にも貢献しうる要素を含むと考える。

　今後の取り組みを述べる。指摘した課題に対する原因や対応策等の検討はこれからである。本稿は自身のロードマップ的存在でもあり，挙げた課題に対しては，自らの研究を通じて改善・解決に寄与していきたい。診断士が今後さらに中小企業の力になることを願い，よりよい制度となるために尽力していきたい。

〈注〉
1　弁護士の場合，『弁護士白書』が定期刊行されている。登録者数や試験情報だけでなく，諸外国との比較など，多種多様な統計情報がここに含まれる。この点から研究環境の面で診断士とは大きな差異があると考えられる。

〈参考文献〉
1　中小企業庁（2005年 9 月）「中小企業診断士制度の見直しについて」pp.1-8
　https://www.chusho.meti.go.jp/keiei/koyou/download/18fyshindan_kaisei_gaiyou.
　pdf　2019年 8 月 4 日閲覧
2　中小企業庁（2008年 3 月）「中小企業診断士の現状について」pp.1-5
　https://www.chusho.meti.go.jp/koukai/shingikai/shien/2008/download/080401shien
　3_shiryou6_9.pdf　2019年 4 月21日閲覧
3　中小企業診断協会（1987年）『国家資格 中小企業診断士』同友館
4　中小企業診断協会（1999年）『創立45周年記念誌』中小企業診断協会
5　中小企業診断協会（2004年）『創立50周年記念誌』中小企業診断協会
6　中小企業診断協会（2016年）「データでみる中小企業診断士 2016年版」
　https://www.j-smeca.jp/contents/data2016/index.html　2020年 1 月12日閲覧

7 　中小企業診断士制度の見直しに関する研究会（2004年12月）「中小企業に信頼される中小企業診断士制度を目指して」pp.1-40
　http://warp.da.ndl.go.jp/info:ndljp/pid/281883/www.meti.go.jp/committee/materials/downloadfiles/g50215a42j.pdf　2019年4月23日閲覧

8 　同友館（1992年3月）「新風を吹き込む女性中小企業診断士」同友館『企業診断』1992年3月号pp.82-91

9 　川村悟（2016年3月）「中小企業支援における公的資格の歴史的研究：中小企業診断士の意義と課題を中心に」pp.1-111
　https://kutarr.kochi-tech.ac.jp/?action=pages_view_main&active_action=repository_view_main_item_detail&item_id=591&item_no=1&page_id=13&block_id=21
　2019年8月21日閲覧

10 　川村悟（2018年7月）「民間の視点による中小企業診断士資格の成立過程に関する考察：1950年代の資格をめぐる論争を中心に」日本中小企業学会編『日本中小企業学会論集』第37号 pp.180-193

11 　川村悟（2019年11月）「中小企業診断の変遷に関する考察：官から民へ移行した中小企業診断士」日本経営診断学会編『日本経営診断学会論集』第18巻 pp.109-114

12 　松島茂（2013年）「中小企業庁の設立と診断指導政策」尾高煌之助・松島茂編著『幻の産業政策機振法：実証分析とオーラルヒストリーによる解明』pp.213-241

13 　中谷道達（1994年）「中小企業診断制度」日本経営診断学会編『現代経営診断事典』pp.757-767

14 　21世紀職業財団（2018年）『女性労働の分析 2017年』21世紀職業財団

15 　関谷忠・辻一幸（2015年）「わが国の中小企業診断制度」日本経営診断学会編『経営診断の歴史と制度』pp.57-84

16 　通商産業政策史編纂委員会（2013年）『通商産業政策史 1980－2000 第12巻 中小企業政策』経済産業調査会

17 　通商産業省（1963年）『商工政策史　第12巻』商工政策史刊行会

18 　通商産業省（1991年a）『通商産業政策史　第7巻』通商産業調査会

19 　通商産業省（1991年b）『通商産業政策史　第15巻』通商産業調査会

（査読受理）

# 地場産業におけるクラウドファンディング活用による効果
## ―岐阜県関市の刃物産業における商品開発事例―

名古屋産業大学　今永典秀

## 1．問題意識

中小企業は，規模の点に加え，同族企業によるファミリービジネスの形態をとることも多く，ファミリービジネスにおいては，ガバナンス構造には所有と経営の問題から，保守的な特徴を有することが指摘されている（Millerほか2005）。また，そのガバナンス構造が保守的，革新を生み出すメカニズムがブラックボックスのままであると指摘されている（加藤2014）。このように，同族企業の中小企業は，経営革新や新規事業に対して保守的な傾向がある。ただし，事業の継続・存続のためには，市場創造やイノベーションによる新たな利益の源泉の獲得が必要である（高橋2012）。一般的に中小企業は「少ない経営資源での日々の対応」（寺岡2018）が求められ，新規事業や新商品の開発に向けた市場創造やイノベーションの実現が困難な状況にあることが多い。

近年，ICT技術の急速な発達を背景にした経済社会のデジタル化などの第4次産業革命によって，産業構造の変化や新技術を基盤とした新製品・サービスが生み出されている。これらの新しい技術をベースとした新たな商品やサービスは，「大企業と中小企業における規模の格差」を解消する可能性を秘めると指摘している[注1]。具体的には，多くの市民がインターネットを日常的に活用することで，企業情報や商品情報を常時入手可能となり，企業にとっても企業情報や商品情報を広く発信できるように変化した。また，昨今では，多数の人や組織や企業が情報の受発信者等ある双方向メディアであるソーシャル・ネットワーキング・サービス（以下「SNS」とする）の影響力が増加している。地域の中小企業にとっても，これまでのマスコミュニケーションによる広告・宣伝と比べ，格段に費用が安

いことから大いに活用すべきコミュニケーションツールである（近2019）。

　一方で，SNSを併用するクラウドファンディングは，既存顧客以外の一般市民に対して展開することが可能であるが，中小企業研究においては，その特徴や効果を明らかにした研究は多くない。そこで，本研究では，クラウドファンディングの中で，購入型のクラウドファンディングを実施する岐阜県関市の事例に着目し，クラウドファンディングを活用した新商品開発事例から，特徴と効果を明らかにする。

## 2．岐阜県関市と刃物産業について

　岐阜県関市は，日本のほぼ中央に位置し，鵜飼と清流で名高い長良川の中流部にある。世界的にも刃物の世界3大地域として，ドイツのゾーリンゲン（Solingen），イギリスのシェフィールド（Sheffield）と並ぶ産業集積地域と呼ばれている。歴史と伝統を持つ全国一の刃物産地であると同時に日本を代表する世界の刃物産地である[注2]。関市の刃物の歴史は，鎌倉末期から始まり，最盛期には300人以上の刀匠を有する刀の産地として栄えた。関の刃物は「折れず，曲がらず，よく切れる」と優れた実用性を誇る名湯として武将に愛用され，江戸時代以降は，包丁，小刀，ハサミみなどの打刃物鍛冶に転用し，家庭用刃物産地に移り変わった。関の刃物の起源は関鍛冶による日本刀であり，長い歴史が認められる。一方で，関市の刃物企業としての歴史は古くなく，ほとんどが2代目の企業で，ハイテクを駆使して大量生産を行う企業や，徹底した合理主義の企業が存在する（谷口ら2013）。

　刃物の生産工程は，各段階に専門業社または中小企業群や関連業種が分かれる産地内分業構造と社会的分業体制の分業形態にある（小原1991）。つまり，刃物メーカーは，工程加工業者と連携しながら製品を製造し，最終製品を卸・商社・直接販売のいずれかで国内外へ商品を納入し販売する。工程加工業者は「金属プレス業」「金属熱処理業」「金属研削業」「金属研磨業」「仕組業」「羽布業」「刃付業」「電気メッキ業」「腐食業」の9つの工程を専門業者が分業して，最終的に部品製造業者とともに，製造業者，出荷業者に納入し，完成品となり出荷される工程分業と部品下請型分業が併存する社会的分業体制が生成され（小原1991），関の刃物産業は高度な社会的分業体制が成立した中小規模企業の集合体である（森

岡2016）。

　社会的分業体制を基礎としながら戦後成長を遂げてきた関の刃物産業であった
が，近年は中国などのアジアからの輸入の増加や，職人の高齢化に伴い，後継者
不足の問題なども生じ，関の刃物の売上は1985年をピークに減少を続けている。
2016年には工程加工業者が約150事業所，刃物メーカーは約120社存在するが，
1989年に工程加工業者が約650事業所，刃物メーカーは約200社存在したことと比
べると，事業所数が大きく減少している状況が把握できる[注2]。

### 図1　関市の刃物産業の社会的分業体制

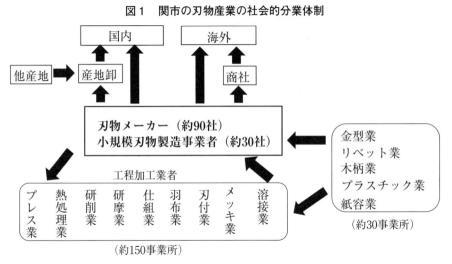

出所）関市産業経済部（2019）「平成30年度関市の工業」P17を参考に筆者作成

　高度な社会的分業体制は，幾つかの課題を内在させる。1つは，専業の工程加
工業者は，特定の業務に特化し，専門性を高めることになるが故に，新規分野へ
の参入が困難な状態となる。2つは，最終製品の製造・販売メーカーは，新商品
企画時には，工程加工業者との折衝が必要となるが，高度な技術を要する企業数
が減少すると，仕様変更に対応できず，結果として柔軟で迅速な商品企画・開発
が困難な状態となる。寺岡（2019）は，「中小企業においては，下請け型として
部品の一部を担う企業が大半を占め，完成品メーカーでないがゆえに，一般的な
需要者を自らの積極的なマーケティング力で開拓することは容易でなく，営業費

用の捻出や追加の設備投資が必要であり，実現が困難」と言及されるが，関の刃
物産業は，設備投資の観点に加え，社会的分業体制による構造がイノベーション
を阻害する構図といえよう。

## 3．クラウドファンディングについて

クラウドファンディングは，「必ずしも明確な定義がなされているわけではな
いが，インターネットを通じて多数の資金提供者を集め，投資や寄付などの形態
で小口資金を資金調達者に提供する仕組み」である（松尾2014）。クラウドファ
ンディングの種類は，お金を提供する支援者の見返りにより「寄付型」「購入型」
「金融型」に分類される（熊沢ほか2013）。「寄付型」は，資金拠出者の拠出金が
寄付金となる点，「購入型」は拠出金の見返りとして財やサービスを受け取るも
のである。金銭的なリターンを伴わないことから，金融商品取引法などの規制対
象外である点が「金融型」との違いである。

クラウドファンディングの特徴は，インターネット上でほぼ完結するシステム
であり，新商品やサービスに対するファン作りが鍵になることから，ホームペー
ジとSNSの利用が欠かせないが，情報の拡散性も大きな機能として有し，近年急
速に普及している（近2019）。2017年度の国内クラウドファンディング市場規模
は，新規プロジェクト支援ベースで1700億円（前年比127.5%）であり，購入型は
サービス参入企業数が最も多い。新規プロジェクト支援数は延べ137万人，約1
万5000プロジェクトが実行された。購入型のプロジェクト数は58%（79万人）で
あり最も多いが，10万円から50万円未満のプロジェクトが約3割と最も多く，支
援額類型では約100億円と，クラウドファンディング全体の5.9%となっている[注3]。

本研究の対象事例とする購入型のクラウドファンディングでは，従来の金融機
関からの資金調達による新規事業と異なり，製品生産前のニーズ調査を兼ね，事
業リスク低減に資するテストマーケティング機能や，SNSでの情報拡散を通じた
プロモーション効果や，支援者との関係性の構築が可能である（内田ほか2018，
熊沢ほか2018）。従来の資金調達では，事前事業計画を策定し，その後，設備投
資の実施と商品開発を具現化し，商品を販売して原資を生み出し返済を行う。資
金調達時には，土地建物などの担保や，事業計画に基づく返済の確実性も評価さ
れる。その結果，確実に安定的に売れる商品や，確実な販売計画が重要視される。

つまり，BtoBの企業向けの取引のみを実施してきた工程加工業者によるBtoCの最終消費者向けの新規事業は，金融機関からはリスクが高い事業と判断され，融資判断が厳しくなることが一般的である。

　一方で，クラウドファンディングでは，事前に事業計画の提出は不要である。成約金額の一定割合をクラウドファンディングの運営会社に支払う必要があり，融資と比べると高い水準だが，販売商品の数が事前に把握でき，商品の販売前に資金調達が可能であり，販売先を事前に確保できる点で恩恵を受けられる。山本（2014）は，クラウドファンディングにおいては，製品内容，経験，承認，特別感などが含まれることで，他者に対してSNSなどを通して広められると言及する。つまり，特定のニッチな顧客をターゲットとした特徴的な商品が，SNSによる拡散が期待できる。高橋（2012）は，ニッチ（市場の特定のセグメント）特化や差別化が中小企業存立の有力な条件となると言及する。そこで，本研究では，クラウドファンディングを活用する中小企業にとっての効果を，関の刃物産業の事例から考察する。

## 4．研究の視点と方法

　本研究では，岐阜県関市の刃物産業を事例とし，購入型のクラウドファンディングの活用による新商品開発事例から，特徴と効果を明らかにする。社会的分業体制が構築された関の刃物産業において，テストマーケティング機能，プロモーション効果，支援者との関係性の構築の効果を有する購入型クラウドファンディングの活用事例より考察する。

　対象事例は，2016年度から2018年度に，購入型のクラウドファンディングを複数回活用して新商品を市場投入した岐阜県関市内の企業3社に着目する。具体的には，はさみの製造・販売の「ニッケン刃物株式会社」，包丁などのキッチン用品の製造の「株式会社サンクラフト」，専業のプレス加工業の「株式会社ツカダ」の3社である。2社は最終商品を製造する加工メーカーであるが，いずれの企業も刃物の製造工程の一部は内製化し，関市内の企業と取引関係を維持して最終製品を製造している。

　研究方法は，3社へのケース・スタディとし，対象企業の関係者，地域の金融機関などの関係者に対するインタビュー調査と，クラウドファンディングの実績

の公開情報による資料調査とする。

## 5．クラウドファンディングを活用した新商品開発事例

### 5．1　対象企業
（1）ニッケン刃物株式会社
　ニッケン刃物株式会社は，1946年９月に熊田文夫により機械類の修理及び精密機械の設計・製作を営む熊田製作所として創業された。その後２代目の熊田幸夫が1980年10月に社長に就任し，2018年10月に熊田祐士が３代目として社長に就任した。経営理念は，「伝統」と「創造」を組み合わせ，新たな未来を切り拓くである。事業内容は，はさみを中心とした刃物の企画・製造・販売であり，企画から販売までの一貫した流れを構築し，各種はさみ製品を開発する。顧客の要望に真摯に向き合うことを大切にし，世界中のあらゆる人々に，物の切れ味の満足感の提供を目指している。本社所在地は，岐阜県関市東貸上12-16,従業員数は31名（男20名・女11名），資本金は1500万円である。
　課題は，製造部門の平均年齢は48才と高齢化が進み，約70年間品質の高い刃物を製造し続けてきたが，自社製品のブランド化，PRが不十分な点である。近年円高による輸出の減少や，安価な外国製品の輸入の影響を受けている。そこで，海外製にない機能とデザインを備えた商品を企画・開発し，関の刃物ブランド力の向上を目指し，３件のクラウドファンディングを実施した。
（2）株式会社サンクラフト
　株式会社サンクラフトは，1948年創業し，1959年に設立された。1973年にサンクラフトの商標登録をし，2014年に社名を株式会社サンクラフトに変更した。事業内容は，キッチン用品の製造，刃物の製造・販売である。キッチン用品は，台所用品や，さらにアイデア商品など幅広く商品を展開しており，約3000点の商品が存在する。現在の代表取締役は川嶋紹市氏で，本社所在地は岐阜県関市池尻1924,資本金は4000万円である。
　同社は，商品点数が多く卸を経由した商品販売が中心である。またインターネット通販なども近年注力しているが，海外を含め，顧客との直接接点の強化が課題であると認識している。そこで，ターゲットを絞り込んだニッチ商品を新規開発と，顧客接点を作り出すことを目指しクラウドファンディングを活用した。

（3）株式会社ツカダ

　株式会社ツカダは，1970年6月に塚田プレスとして創業し，1989年6月に有限会社塚田工業が設立された。2013年9月に塚田浩生氏が代表取締役に就任（2代目，現社長）。業種は，プレス加工，金型設計製作・試作品製作などである。本社は，岐阜県関市小瀬554-1，資本金は1000万円である。

　刃物の製造工程では，プレス加工業は初期工程であり，刃物メーカーの下請け企業である。同社は技術力を有するが，自社での生産量のコントロールや，工賃の安さなどの課題を抱えていた。そこで，自社でオリジナルの製品の製造販売により，従業員に対する技術力向上やモチベーションアップと，収益性向上を目的とし，クラウドファンディングによる新商品開発と新規販路開拓を目指した。

### 表1　対象企業の特徴

| 企業名 | ニッケン刃物 | サンクラフト | ツカダ |
|---|---|---|---|
| 業種 | はさみの製造・販売 | キッチン用品・包丁の製造・販売 | プレス加工業 |
| 担い手（中心人物） | 2代目の跡継ぎ（その後社長就任） | 3代目後継ぎ候補＋若手社員 | 2代目社長（現社長） |
| 内容 | 技術力・職人を生かしたオリジナル・高単価商品の企画 | 販売先の開拓・自社商品のファンの拡大 | 技術力を生かし，下請け企業による最終製品の製造 |
| 効果 | 「観光商品」としての販路拡大・開拓。マスコミへの露出・社内の風土改革。新卒採用2名 | 外部企業との連携，新たな販売先の開拓・若手社員の活躍の機会の創出 | 最終商品販売の成功，新規販路開拓 |

筆者作成

## 5.2　対象企業のクラウドファンディングについて

（1）ニッケン刃物株式会社の事例

　1回目は，Makuakeを活用し，戦国武将のペーパーナイフ（織田信長，土方歳三，坂本龍馬）を開発した。時期は，2017年2月13日から2017年4月28日であり，目標額1,000,000円に対し，調達額は16,174,200円，達成率は1,617%，支援者は3,238人であった。

　2回目は未来ショッピングを活用し，通常の日本刀はさみではない限定品（織田信長，伊達政宗，坂本龍馬）を開発した。時期は，2017年8月10日から2017年10月10日であり，目標額1,000,000円に対し，調達額は2,894,600円，達成率は289％，支援者は438人であった。

　3回目は，1回目同様にMakuakeを活用し，武将の第二弾として新撰組（近藤勇，土方歳三，沖田総司）ゆかりの地の壬生寺（京都）との共同企画で誠剣（じょうけん）という名の特別モデルのペーパーナイフを開発した。時期は，2018年4月17日から2018年6月18日であり，目標額500,000円に対し，調達額は10,905,000円，達成率は2,181％，支援者は1,942人であった。

　同社は，通常のはさみやペーパーナイフから，機能性やデザイン性に富んだ商品開発を実施しはじめていた。その一つとして「日本刀はさみ」を開発販売し，日用品のはさみから，歴史好きなどのニッチなターゲットや，お土産品としての展開を模索していた。展示会に出展し，「お土産グランプリ2016」では，「観光庁長官賞」を受賞していた。その上で，認知度を高める観点から，歴史好きな人への浸透と，一般の人に対する認知度を高める観点から，歴史上の人物を想定した限定のはさみとペーパーナイフの返礼品を用意し，クラウドファンディングを実施した。1回目の達成率は1,600％を超えた。また，同社はクラウドファンディングで活用するPR動画を自社で作成できるノウハウが無かったが，外部のアドバイザーに相談し，クラウドソーシングの活用の提案を受け採用することで，限られた予算内で，自ら考えていたコンセプトを実現することができた。

　クラウドファンディングを活用することによって，支援上のウェブサイト内のプラットフォーム機能の中で，支援者からの応援メッセージの受信や，支援者に対する情報提供などを実施することができるようになった。特に3回目は1回目と同様のクラウドファンディングの事業者を活用することにより，1回目に続き3回目も1,000万円を超える支援を得ることができた。このクラウドファンディングにより，多くの支援者及びSNS上での拡散効果によって波及することで認知度が高まることに加え，支援者との関係性が構築され，支援者である顧客によって「歴史」「刀」仲間に対し，SNSを通じて拡散された。また，事業者による表彰や，マスコミによる外部取材により，ニッケン刃物株式会社の企業ブランドが高まることに繋がった。マスコミからの複数回の取材が社員の関心・企業への愛着の高まりに寄与した。

　同社は，クラウドファンディングを活用することにより，限定品についてもあらかじめ数量がわかる受注生産の形態となり，返礼品として事後に発送することのメリットが得られた。このクラウドファンディングのみで終了すると，一過性の特需で終わってしまい発展しない。同社は，ニッチなターゲット向けに尖った商品を展開する実績を生かし，アニメのキャラクターと商品での提携を実現した。新しい取り組みには，新卒採用の実施にも生かされ，2人の新卒採用に繋げることができた。

## （2）株式会社サンクラフトの事例

　1回目はKickstarterを活用し主に男性向けのこだわりの包丁のセットを開発した。時期は2018年3月29日から2018年4月28日であり，目標額1,000,000円に対し，調達額は4,246,600円，達成率は425％，支援者は200人であった。2回目は，同様にMakuakeを活用し，包丁「せせらぎ」および提携先パンセットを開発した。時期は，2018年10月2日から2018年12月10日であり，目標額300,000円に対し，調達額は4,662,360円，達成率は1,554％，支援者は644人であった。

　1回目は，創業家の海外営業担当の川島康夫氏が中心となり，クラウドファンディングを実行した。その上で，2回目は，若手の営業担当とデザイナーがチームを形成し，さらには岐阜県内のパン屋と連携し，新規顧客獲得を目的として実施した。若手の新規事業の取り組みの一環として，クラウドファンディングの活用により，新たな挑戦の機会が創造された点が特徴である。

　今までは，卸経由で商品販売が中心であり，自社の商品点数が多いことから，それぞれの商品に対する顧客接点の確保が困難な状況であった。自社でもインターネットによる直販を実施していたが，今回のクラウドファンディングを通して，新たに自社とファンとの接点を構築することができた。パンとセットでの返礼品の設定により，包丁の切れ味を到着してすぐ確認することもできた。他の業種と協力することにより，それぞれが有するブランドを活用しながら相互の顧客に対し，企業や商品の魅力を発信することにつながった。

表２　３社のクラウドファンディングの事例

| 企業名 | ニッケン刃物 | | | サンクラフト | | ツカダ | |
|---|---|---|---|---|---|---|---|
| 主体 | Makuake | 未来ショッピング | Makuake | Kickstarter | Makuake | Makuake | Makuake |
| 時期 | 2017年2月13日から2017年4月28日 | 2017年8月10日から2017年10月10日 | 2018年4月17日から2018年6月18日 | 2018年3月29日から2018年4月28日 | 2018年10月2日から2018年12月10日 | 2016年7月19日から2017年9月19日 | 2017年8月21日から2017年11月20日 |
| 調達額 | 16,174,200円 | 2,894,600円 | 10,905,000円 | 4,246,600円 | 4,662,360円 | 7,639,100円 | 8,820,300円 |
| 支援者 | 3,238人 | 438人 | 1,942人 | 200人 | 644人 | 2,377人 | 2,333人 |
| 達成率 | 1617% | 289% | 2181% | 425% | 1554% | 764% | 2940% |
| 目標額 | 1,000,000円 | 1,000,000円 | 500,000円 | 1,000,000円 | 300,000円 | 1,000,000円 | 300,000円 |
| 商品リターン | 戦国武将のペーパーナイフ（織田信長、土方歳三、坂本龍馬） | 戦国武将の日本刀はさみ（織田信長、伊達政宗、坂本龍馬） | 新選組のペーパーナイフ（近藤勇、土方歳三、沖田総司） | 主に男性向けのこだわりの包丁のセット | 包丁「せせらぎ」および提携先パンセット | Key-Quest 6つの用途のかぎ型の便利ツール | KEEP SMART極薄スマート名刺入れ |

筆者作成

## （3）株式会社ツカダの事例

　1回目はMakuakeを活用し，Key-Questと呼ばれる6つの用途のかぎ型の便利ツールを開発した。時期は2016年7月19日から2016年9月19日であり，目標額1,000,000円に対し，調達額は7,639,100円，達成率は764％，支援者は2,377人であった。2回目は，同様にMakuakeを活用し，KEEP SMART極薄スマート名刺入れを開発した。2017年8月21日から2017年11月20日であり，目標額300,000円に対し，調達額は8,820,300円，達成率は2,940％，支援者は2,333人であった。

　最終商品の製造ではない下請けのプレス加工業であったが，技術力を生かし，最終商品の開発・製造に取り組み，自社での最終商品の製造を実現した。

　関の刃物産業における分業体制の中で，下請け企業に位置するプレス加工業が，最終消費者向けの商品を新規製造・販売するためには，金融機関から新規事業として調達することはハードルが高いことから，クラウドファンディングを活用し，資金を事前に確保することと，新規販売先の顧客を獲得する点は有益な方法であった。今まで直接接点を有することがなかった最終消費者との関係が構築でき，プロジェクト単体で終了するのではなく，HPを立ち上げ，直接最終消費者に対する販売が実現した。

## ６．３社の新商品開発の事例の考察

### ６．１　購入型クラウドファンディング活用の効果

　購入型のクラウドファンディングの活用により，支援者からの調達額総額と希望リターン商品の発注量が事前に把握できることになる。通常の生産・販売と比べ，売れ残りによる在庫リスクや資金調達のリスクが減る。支援者の反応を確認できることから，テストマーケティングとしての効果や，その後の商品開発に関する意思決定が可能となる。

　クラウドファンディングを活用しない場合，商品開発・新規企画において，安定的な販売計画が事業計画として求められる傾向にあり，汎用性の高い商品生産が中心となる傾向があるが，クラウドファンディングは，上記のリスクを軽減した上で，特定のニッチな顧客に対する尖った商品企画を実現できる。

　中小企業にとっては，新規商品開発において，新たに商品企画を実施することに加え，マーケティング活動を通して新規の顧客を獲得し，安定的に供給することが難しい。クラウドファンディングを活用することで，ニッチな顧客ターゲットへのコアなニーズに対応することで，新たな顧客との接点が生まれる。さらに，今までなかった尖った商品は，高単価での販売が可能となり得る。

### ６．２　支援者との関係性・関係者とのコラボレーション

　事例の企業は，卸経由で小売店を通した販売と，下請け企業で後工程の企業への納入が中心であった。クラウドファンディングを活用することで，募集サイトを通じて自社の商品や会社内容を広く伝えることができ，支援者を集めることができた。支援者からは応援メッセージを通して，今まで直接得られなかった顧客の声を聞くことや，支援者に対するダイレクトメッセージの送付が可能となった。

　また，イベントの実施や，２回目以降に実施する際には，支援者に対する周知が可能となり，双方向のコミュニケーションが実現し，支援者との関係性が強固なものとなる。

　さらに，クラウドファンディングは，期間限定の尖った商品販売に親和性があり，地場産業と地場以外の他社とコラボレーションを促進させることが把握できた。さらにその後の波及効果として，ニッケン刃物株式会社の事例から，継続的にクラウドファンディングを実施し，他社とのコラボレーションを重ね自社ブラ

ンド力の強化により，自社の技術力と企画力を生かし，別の企業とのコラボレーションにより発展可能なことが確認できた。

### 6.3　新商品企画開発

分業体制における川下の製造加工メーカーは，今までも新商品を企画し，実現してきた。今回の事例では，自社で試作品の作成や，分業体制の一部の製造はないせいかしており，他社と連携，すり合わせを行うことで，新規のアイデア商品を製造することができた。一方，分業体制の川上の下請け企業においては，最終商品を製造し，直接消費者に対して販売することは，後工程の加工業者や最終加工メーカーの業務を奪うことになるため，実施に二の足を踏むことが多いと推察される。本事例から明らかになったのは，アイデア商品を企画販売することで，既存の納入先の商品とカニバリゼーションを起こさないことが把握できた。前提として，自社で商品を製造する技術力と，製造余力が必要なことは留意が必要であろう。

### 7．総括

多くの中小企業にとって，新商品企画開発，マーケティングによる顧客開拓，新規販路開拓は重要な課題である。本研究の事例より，中小企業がクラウドファンディングの活用による新商品開発や，先行研究によるテストマーケティングやSNSによる情報拡散を通したプロモーション，支援者との関係構築が可能なことが示唆された。

本研究の学術的な意義としては，地場産業の分業体制の中でも，最終メーカーにおいても，下請けの加工業者においても，クラウドファンディングを活用することにより，商品開発から商品の販売までの実現を明らかにできた。分業体制が形成されている地場産業においても，産地内の取引関係を崩壊することなく，産地内の活性化に寄与する1つの可能性として評価できる。また，地場産業と他社とのコラボレーションがクラウドファンディングを活用の可能性を示唆できた。

このように，社会的分業が進む地場産業においても，産地内の関係性を維持しながら，新たな販路拡大を伴い，高単価の新商品開発につながることから有益な事業に繋がることを事例より解釈できた。関の刃物産業は戦後発展してきたが，

歴史は長く，社会的分業体制が構築され，規模や従業員数が減少傾向にあるものの，地域資源や技術力，ノウハウなどをもとに，地域に根付いて産地内の関係性を基盤としている。地場産業の先駆的な研究者の1人の山崎（1977）の分類を参考にすると，関の刃物産業は，江戸時代以前に産地が成立した「伝統型地場産業」で，産地内で社会的分業体制が完結し，大都市には属さない地方都市型で，産地外を販路とする輸出型となる。また，本事例の企業の特性としては，その中でオーナー企業による一族経営であり，2代目・3代目の事業継承者・予定者が中心となり，他社の勤務経験や，外部の有識者の意見を取り入れ，外部のリソースを活用し商品企画やプロモーションを実現する点が特徴である。

　本研究を通じて明らかになった今後の研究の課題としては，本研究では3社の成功事例に着目したが，クラウドファンディングを活用になじまない地場産業の類型化などが挙げられる。また，インターネットやクラウドファンディングの活用により，従来の間接的金融や，間接的流通システムから，直接金融や直接的流通システムへと変化し，顧客・資金調達の関係性が変化している。消費者との価値共創や，消費者と企業の社会的関係としての繋がりが，金融機関との関係性や自社の事業戦略がもたらすメカニズムについても今後明らかにしていきたい。

**〈注〉**
1　中小企業庁（2019年）「中小企業白書2019年度版」を参照。
　https://www.chusho.meti.go.jp/pamflet/hakusyo/2019/PDF/2019_pdf_moku
　jityuu.htm　2019年7月15日閲覧
2　岐阜県関市産業経済部（2019年）「平成30年度関市の工業」を参照。
　http://www.city.seki.lg.jp/cmsfiles/contents/0000004/4761/kogyo_h30.pdf
　2019年7月15日閲覧。
3　クラウドファンディングの市場規模については，矢野経済研究所（2018年）『2018年版 国内クラウドファンディングの市場動向』による調査結果を参照。

**〈参考文献〉**
1　石崎徹（2013年）「日本の伝統産業に対するマーケティング・アプローチ：岐阜県関市における刃物産業の伝統技術に基づく市場適応の事例」『専修マネジメント・ジャーナル』専修大学，3（2），pp.27-37
2　内田彬浩，林高樹（2018年）「クラウドファンディングによる資金調達の成功要因」『赤門マネジメント・レビュー』非営利法人グローバルビジネスリサーチ/東京大学，17（6），pp.209-222

3　加藤敬太（2014年）「ファミリービジネスにおける企業家活動のダイナミズム」『組織科学』組織学会，47（3），pp29-39

4　熊沢拓，鎗田雅（2013年）「クラウドファンディングが予感させるマーケティングパラダイムの転換―ミュニティを基盤としたガバナンスメカニズムの分析―」『マーケティングカンファレンス2013』日本マーケティング学会，2，pp122-133

5　小原久治（1991年）「地場産業・産地の産地内分業構造と社会的分業体制の一般的特徴と存続条件及び地場産業・産地振興推進の必要性」『富山大学日本海経済研究所研究年報』富山大学日本海経済研究所，16，pp.89-138

6　近勝彦（2019年）「中小企業におけるSNSの活用に関するマーケティング論的分析」『日本政策金融公庫論集』日本政策金融公庫総合研究所，42号，pp.61-80

7　佐古井貞行（1997年）「地場産業の人間的考察：関市刃物工業を事例に」『愛知育大学研究報告，人文・社会科学』愛知教育大学，46，pp.171-182

8　高橋美樹（2012年）「イノベーション，中小企業の事業継続力と存立条件 中小企業のイノベーション」『日本中小企業学会論集31』同友館，pp.3-15

9　谷口佳菜子，上野恭裕，北居明（2013年）「伝統的事業システムの競争優位と課題―関・燕の刃物産業の比較より」『長崎国際大学論叢』長崎国際大学，13，pp.31-43

10　寺岡寛（2019年）『小さな企業の大きな物語―もうひとつのエコシステム論』信山社

11　松尾順介（2014年）「クラウドファンディングと地域再生」『証券経済研究』公益財団法人日本証券経済研究所，88，pp.17-39

12　Miller,D.,& Le Breton-Miller, I.（2005）. *Managing for the long run:Lessons in competitive advantage from great family businesses.* Harvard Business Press.

13　森岡孝文（2016年）「関market刃物産地の形成，衰退，再生」『中部大学経営情報学部経営情報学部論集』中部大学，30（1.2），pp.125-142

14　山崎充（1977年）『日本の地場産業』ダイヤモンド社

15　山本篤民（2018年）「中小企業の維持・発展と地域経済の活性化に向けて―地場産業の中小企業を中心に―」『日本中小企業学会論集37』同友館，pp.3-16

16　山本純子（2014年）『入門クラウドファンディング』日本実業出版社

（査読受理）

# 報　告　要　旨

# 中小企業経営者の健康に事業承継が及ぼす影響
## ―日仏比較研究―
## 〈報告要旨〉

関西大学　亀井克之

## 序

　中小企業経営者の健康に関する実証研究が，2011年来フランス・モンペリエ大学経営学部のオリビエ・トレス教授らにより行われている。また事業承継の学術的研究はグルノーブル大学のベランジェール・デシャン教授らを中心に確立されている。これらフランスの先行研究に倣って日仏共同調査を実施した。

## １．調査の概要

　調査の実施時期は2017年12月～2018年１月で同じ項目の質問票使用。日本側324人，フランス側170人の中小企業経営者・個人事業主。日本側，電話インタビュー調査。フランス側，電話インタビュー調査とインターネット調査混合。
　（大妻女子大学・あんしん財団「AMAROK経営者健康あんしんアクション」）

## ２．主要な調査結果

　①フランスと日本で事業承継をめぐる状況に差異はあるか。
　フランス人経営者の69.12%，日本人経営者の71.54%が会社の譲渡計画があるとしている。日仏共，会社譲渡を考えていない男性又は女性の回答者の主な理由は，その時期ではないである（フランス人経営者90.24%，日本人経営者95.95%）。２番目に多かった理由は，会社を閉める（廃業）である。非譲渡の理由として，これを選択したフランス人経営者の比率の方が日本人経営者の比率よりも高い

（7.32%対2.70%）。

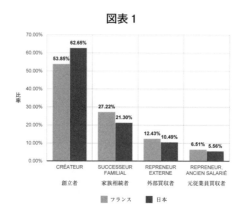

図表1

両コホート共，経営者の半数以上が，創立者である（フランス人経営者53.85%，日本人経営者62.65%）。両コホートの一定数の経営者が，家族相続者である（フランス人経営者27.22%，日本人経営者21.30%）。

事業承継の理想の候補者は誰か，という質問の回答は以下に示す結果だった。

### 図表2　事業承継に関わる立場

| | | | 経営者の立場 | | | | 合計 |
|---|---|---|---|---|---|---|---|
| | | | 創立者 | 家族相続者 | 外部買収者 | 元従業員買収者 | |
| コホート | フランス | 人数 | 97 | 19 | 40 | 13 | 169 |
| | 日本 | 人数 | 197 | 96 | 15 | 16 | 324 |
| 合計 | | 人数 | 294 | 115 | 55 | 29 | 493 |

### 図表3　事業承継の理想の候補者

| | | 理想の候補者 | | | | 合計 |
|---|---|---|---|---|---|---|
| | | 家族の一員 | 会社の社員 | 外部買収者 | わからない | |
| コホート | フランス | 46 | 28 | 16 | 5 | 95 |
| | 日本 | 106 | 50 | 26 | 7 | 189 |
| 合計 | 人数 | 152 | 78 | 42 | 12 | 284 |

②事業承継に関連した立場により健康状態に差異があるか。

**図表4　事業承継と経営者の健康（ストレス）　日本調査**

| | ストレスなし | それほどなし | 少し | かなり | 非常にストレス |
|---|---|---|---|---|---|
| 創業者 | 55（27.9） | 64（32.5） | 57（28.9） | 10（ 5.1） | 11（4.3） |
| 家業承継者 | 21（21.9） | 25（26.0） | 34（35.4） | 14（14.6） | 2（5.6） |
| 外部承継者 | 2（13.3） | 2（13.3） | 9（60.0）<br>＊創業者と差異 | 2（13.3） | 0　－ |
| 従業員承継者 | 3（18.8） | 4（25.0） | 7（43.8） | 1（ 6.3） | 1（6.3） |

人数と％

**図表5　事業承継と経営者の健康（ストレス）　フランス調査**

| | ストレスなし | それほどなし | 少し | かなり | 非常にストレス |
|---|---|---|---|---|---|
| 創業者 | 20（22.0） | 22（24.2） | 22（24.2） | 18（19.8） | 9（9.9） |
| 家業承継者 | 7（15.2） | 15（32.6） | 11（23.9） | 11（23.9） | 2（4.3） |
| 外部承継者 | 1（ 4.8） | 4（19.0） | 8（38.1） | 7（33.3） | 1（4.8） |
| 従業員承継者 | 2（18.2） | 4（36.4） | 1（ 9.1） | 3（27.3） | 1（9.1） |

人数と％

## 結語

　その他，事業承継状況の日仏差異，事業承継状況によるストレス状態について，顕著な差異は認められず，一般的な中小企業経営者の健康調査の結果[注1]と同様の傾向となった。それは，フランス人経営者の方が日本人経営者よりもストレス感が高いが，心身の健康状態の自己評価は高いというものである。

　詳細な分析については，別稿で行なう[注2]。

〈注〉
1　亀井克之「中小企業経営者の健康資産」2017年9月1日　日本経営学会第91回全国大会報告
2　亀井克之，尾久裕紀，金子信也「中小企業の事業承継と経営者の健康　日仏共同調査より」『危険と管理』第31号，日本リスクマネジメント学会，2020年。

# ビジネスプランの磨き上げによる起業家の環境適合
## —創業支援施設利用者を事例として—
## 〈報告要旨〉

大阪経済大学　服部繁一

## 1. はじめに：問題意識

　我が国の開業率と生存率をみると[注1]，例えば，米国のような多産多死型ではなく，分厚い「起業無縁層」の存在と「少数精鋭型」にある[注2]。こうした分厚い起業無縁層の存在は，起業家の活動にも影響し，新規開業と存続という二重の苦労が存在している[注3]。

　起業（創業）の支援は，起業家の事業の継続と，起業家の事業が社会基盤として機能させ続ける支援が求められる[注4]。これは，公的なインキュベーション施設（BI: Business Incubation）も同様である[注5]。BIを利用する起業家は，インキュベーション・マネジャー（IM: Incubation Manager）等の支援専門家[注6]による支援を得て，計画中の事業の見通しをビジネスプランにまとめる。これは，一般的には，起業家自身の考え方の整理，支援専門家との対話，経営資源の獲得などに用い，実施結果に基づき，起業家と支援専門家により磨き上げ，事業が存続していく。計画的な経営プロセスが，事業の継続的発展を支えるわけである。起業家は，こうした経営ノウハウを学びBI退去（卒業）後の環境に適応していく[注7]。

　支援の現場に目を転じると，起業準備から起業にいたる新規開業の支援とともに重要なのは，BIを退去した起業家が存続していくことである。起業家の存続を考えた時に，入居中に支援専門家等と行ってきたビジネスプランの定期的な見直しのあり方やBIの利用期間のあり方について，起業家は，どのように捉え，経営資源の不足を補い学習や成長を進めてきたのだろうか。

　本研究は，こうした問題意識に基づき，支援専門家とともにビジネスプランの見直しを進めてBIを退去した起業家が環境に適合し続けるための支援のあり方

について，事例研究を通じて考察していく。

## 2．先行研究のまとめと課題

　起業研究の視点には，相互補完的な２つの視点がある。すなわち企業経済学的視点と労働経済学的視点であり[注8]，前者は起業家を取り巻く環境に着目し，後者は起業家個人に着目している。それぞれの視点に基づいて，我が国の公的 BI 等の起業支援と，起業家の活動について検討しておきたい。

　我が国では，地域経済の活性化を目的とする起業支援策の一つとして，BI 入居企業の育成が行われてきた。BIは，起業家の状況に応じた支援ステージがあり，入居中には起業支援や，経営資源のコーディネーションを行う。BIの成果は，卒業企業数などによって測られ，成果を上げるにはBIや支援専門家と入居企業のコミュニケーションが重要とされる。また，起業家は，活動水準の高まりにより個人が意志決定することによって起業家となり，支援専門家等とともにビジネスプランを見直しつつ，環境変化や事業の成長に伴い熟達していく。

　しかし，先行研究を見てくると退去した起業家の継続的な支援のあり方について，公的 BIの起業支援に関する研究では，BI 利用者側の視点はやや希薄のようである。また，BI利用者側にあたる起業家の活動の研究では，その特殊性からか，あまり研究蓄積が進んでいないようである。

## 3．リサーチクエスチョン

　本研究では，これまで未解明な起業家が環境に適合し続けるための支援のあり方について，プレ・インキュベーション入居者で退去後３年以上を経ている事例を考察する。支援のあり方とは，入居中に受けていたビジネスプランの見直しなど支援専門家の活動としての支援と，退去時の基準のあり方を指す。また，プレ・インキュベーションに限定するのは，起業の初期にあたり，最も支援ニーズが高いと想定されるからである。また，BI 側ではなく入居していた利用側を対象とするのは，先行研究を踏まえるとより研究蓄積が必要なこと，なかでも３年以上の起業家を対象にするのは，理論的には成人期の起業家と考えられ，現在までの経営経験の蓄積を踏まえた支援のあり方を引き出せると考えたからである。

　研究の進め方として，BIを退去しその後も事業を継続している対象者5名への聞き取りと資料調査を併用し探索的に行う。初期の仮説として確認しておきたいことは，退去後の支援のあり方，退去基準のあり方である。

## 4．考察

　本研究では，BI退去後の支援，退去基準，起業に至る経緯や支援の利用状況について事例を検討してきた。

　第1に，起業に至る経緯や支援の利用状況は，一部を除き，起業の動機や退去までの取組みといった起業家の成長の程度によらず退去後も支援の必要性はあることが分かった。また，退去前よりも経営相談などの利用が見られた。

　第2に，起業家は，退去後の支援や退去基準についてどのように考えているのだろうか。BI退去後の支援のあり方は，コーディネーション支援，課題対応型の支援，退去時の支援が求められている。また，退去基準は事例からは，積極的な意味でない基準は見られなかった。

## 5．むすび

　本研究では，存続の苦労のある我が国において，支援専門家とともにビジネスプランの見直しを進めてきた起業家が，BI退去後に環境に適合し続けるための支援のあり方について，これまでの研究には少ない退去後の起業家の活動と聞き取りから考察してきた。政策的含意と今後の課題として次の点に触れておきたい。

　起業家の活動からは，BI退去後の利用が見られた。少なくともプレ・インキュベーションの場合は，退去後の支援が必要なようである。聞き取りによれば，その支援のなかでも，コーディネーション機能は，先行研究でも重要性が指摘されている。具体的には，BI退去後もこれまで行ってきたビジネスプランの見直しなどを通じて，継ぎ目のない支援による商工会等の類縁機関への起業家の引き継ぎが求められる。他方，退去基準は，起業家が学習を重ねて成長し，BI退去後には自然と地域を活性化する側に回るような基準づくりが求められる。

　こうした支援のあり方には，どのような課題があるだろうか。今後の研究課題として，起業の環境と起業家の活動の面から述べておきたい。起業環境の点から

は，そもそも起業家の継続的な支援には異論も考えられる。したがって，まずは，他のBI施設の存続の支援の取り組みや，行っていない理由などの情報収集が必要である。また，BIが補う起業家の経営資源の分析である。BIが担うコーディネーション機能のうち，存続後も提供可能な支援や起業家の存続に影響する支援の考察である。他方，起業家の活動の面からは他機関の利用状況も踏まえて起業家を捉えることが求められる。一方，そもそもBIを利用しない起業家も存在する。こうした起業家の活動にも幅を広げることが求められる。

〈注〉
1　『2017年版 中小企業白書』，pp.103-109参照。
2　高橋［2013］，p.12参照。
3　江島［2018］，p.22参照。
4　天野［2016］，pp.169-170によれば，こうした支援が地域の活性化につながる。
5　なおBIには，市区町村などが設置主体の公的BIと，民間企業による民間BIがある。本研究は，特に指定のない限り公的なBIを対象としている。
6　各BIの支援専門家は，定期的に情報交換を行っている。例えば，関西IMネットワーク協議会（https://www.kansai-im.net/）が例として挙げられる。
7　ここではBIの利用を終えた状態をBI退去とする。退去の意味合いには，鹿住［2007］，p.66のインキュベーションの定義の中にある「卒業」と「それ以外」が含まれる。
8　新規開業の理論として，D.J.ストーリー［2004］，pp.62-70に述べられている。

〈参考文献〉
1．D.J.ストーリー（忽那憲治・安田武彦・高橋徳行（訳））［2004］『アントレプレナーシップ入門』有斐閣。
2．天野敏昭［2016］「基礎自治体における起業支援と地域活性化について」『都市を動かす』同友館，pp.143-175。
3．江島由裕［2018］『小さな会社の大きな力』（大阪経済大学研究叢書）中央経済社。
4．鹿住倫世［2007］「日本におけるビジネス・インキュベーターの変遷と今後の展望―先進的取り組みに学ぶ日本型インキュベーターのあり方―」『国民生活金融公庫調査季報』第80号，pp.49-53。
5．高橋徳行［2013］「起業活動に影響を与える要因の国際比較分析」独立行政法人経済産業研究所，https://www.rieti.go.jp/jp/publications/summary/13030014.html，2018年06月16日閲覧。
6．中小企業庁［2017］『中小企業白書』 https://www.chusho.meti.go.jp/pamflet/hakusyo/H29/PDF/chusho/04Hakusyo_part2_chap1_web.pdf，2019年08月18日閲覧。

# 家庭の価値観と子の起業選択

## —台湾のパネル調査を使用した分析の中間報告—

## 〈報告要旨〉

帝京大学　土屋隆一郎

過去の「東アジアの奇跡」（Amsden, 1989; Wade, 2003; Krugman, 1994; Young, 1995; World Bank, 1993, 2001; Hattori and Sato, 2000）には様々な説明が試みられ，重要な論点として，旺盛な起業家精神，イノベーションの進展，活発な組織学習が指摘されてきた（Hobday, 1995; Nelson and Pack, 2007）。しかしながら，現在も尚，高い水準にある起業家活動の構造的要因については，近年の研究の進展にも関わらず（Hu and Schive, 1997），依然として明らかでない点も多い。

本稿では，台湾の家計パネルデータを用い，起業選択の要因を検証する。特に出身家庭の価値観が起業選択に与える効果に注目する。価値観の中でも，台湾の家族関係を規定する価値観の与える影響を検証する。

職場，出身家庭や地域の文化的・物質的環境は起業の脈絡（コンテクスト）を，形成するとされる（Aldrich and Cliff, 2003, 鹿住・河合, 2018年）。Dunn and Holtz-Eakin（2000）はパネル調査である，National Longitudinal Survey（NLS）を使用し，親の自営業の経験が子の賃金雇用から自営業への移行率に与える影響を検証した。結果によれば，親が子の起業に影響するのは，資産の移転とスキル・知識の継承の二つの要因があるとした。一方で，Aldrich and Cliff（2003）の提示した概念的枠組みでは，起業プロセスと起業成果に影響を与える起業家の家庭システム要因として家庭の規範，態度，価値観を指摘している。しかしながら，価値観を含む家庭システム要因については，これまで必ずしも実証的な検証が十分ではない。

先行研究では，起業家精神は起業家の出身家庭で涵養されるかという問題意識から探求が行われ，研究の中には，起業家的親の影響や親の特定の価値観の影響を指し示すものもある（Scherer, Adams, Carley, and Wiebe, 1989; Scherer,

Brodzinski, and Wiebe, 1991; Lindquist, Sol, and Van Praag, 2015; Morris and Schindehutte, 2005; Wyrwich, 2015; Laspita, Breugst, Heblich, and Patzelt, 2012)。Aldrich and Cliff（2003）の概念的枠組みでは，起業プロセスと起業成果に影響を与える起業家の家庭システム要因として，結婚，離婚，子の誕生といった変化の経験，家庭内の資源量の多寡とともに，家族の規範，態度，価値観の役割を指摘している。その中で，望ましい究極のあり方を示す最終価値（terminal values）と，野心の旺盛さと勤勉さといった，最終価値に到達するために必要な手段価値（instrumental values）の役割を指摘している。

　Dunn and Holtz-Eakin（2000）のモデルでは，仕事や生活の満足度を含む非金銭的便益の期待を向上させるものとして，個人の「起業への嗜好」（taste for entrepreneurship）に言及されている。例えば，金銭的報酬が小額であったとしても独立している事には変えがたいと感じるといった判断はこれに含まれる。

　Fagenson（1993）は起業家と管理者の価値システムの差異を検証し，起業家は管理者と比較して，最終価値として，自尊心，自由，達成感，刺激的な人生といったものをより望ましいと捉える一方，手段価値として，正直さ，野心，能力，独立心，勇気，創造性，論理性が必要であると考えている事を明らかにした。

　社会学の視点から，台湾の家庭倫理と家庭内関係の変遷を分析した朱瑞玲・章英華（2001）によれば，中華社会の歴史上，倫理道徳の核心は，道徳を実践する事である。「克己復禮為仁」（「己に克ちて禮に復るを仁と為す」）で表現されるように，仁は最高位の社会価値であり，禮（礼）は社会規範である。禮に従えば，家庭倫理として家庭成員の各々には元来の役割があり，果たすべき義務と家庭内での関係性が定められている。家庭倫理の基礎は「孝」であり，父子関係を軸に家庭内に階層性を定義し，この「孝順」観念と呼ばれる思想は中華社会の基底に深く根を下ろした（朱瑞玲・章英華，2001）。

　しかしながら，近年の台湾における離婚率の上昇，女性の所得増加という顕著な変化は，主に夫の親との同居を前提としてきた台湾の家庭にも変容をもたらしている。この様な中，結婚は法的紐帯や経済的紐帯としての役割が低下し，その様な「規範的紐帯」に代わって，「情緒的紐帯」を育成する必要が生じた。従来の婚姻関係は，社会制度の末端に組み入れられる事によって，家父長制による上下関係，支配・被支配，所有・被所有の関係に変質したものだった（フィッシャー，1998年）。厳格な性別役割分業の下では，女性だけでなく男性にも心理的プレッ

シャーが増大し，男女の信頼・情緒的紐帯を育成するのには大きな困難を乗り越える必要があった。

　しかしながら，自立した個人間の結婚では，それぞれの自立性を尊重しながら，互いをパートナーとして協力する緩やかな共生の関係が望まれる（フィッシャー，1998年）。特定のメンバーの抑圧と不自由の上に成り立つ家族関係においては，起業の際にも，説得と妥協によってコミュニケーションを図っていかなければいけないが，理解と共感をベースとした共生関係の下では，相互尊重と選択の自由の前提がある。前述のように起業する者の間では達成感，野心，独立心，創造性が重んじられ，共生をベースとしたパートナーシップ形態をとる事により，家庭内の人的資本と社会関係資本の調達費用が低下すると考えられる。

　本稿で使用するデータは成年の華人家庭を対象にしたサンプル固定追跡調査（パネル調査）である。起業選択の変数のデータが得られるのは2005年からとなるので，2005年から2012年までの期間の追跡調査データを分析サンプルとする。分析サンプルは以下の条件を満たす：(1) 8年間にわたって継続的に調査されている；(2) 年齢が25歳以上である；(3) 分析に使用される変数に欠損値がない。

　被説明変数には起業選択という変数が使われる。これはダミー変数であり，調査前年から調査年の間に「自ら創業する」という理由で「自発的に」離職した者を1とコードし，離職をしなかった者と創業以外の理由で離職した自発的離職者をどちらも0とコードしてある。

　家庭の価値観についての質問項目は，18項目あり，五段階のリッカート尺度に従い，回答されている。主成分分析により，4成分を抽出し，バリマックス・ローテーションを行なった後，因子負荷量に基づきスコアを算出した。

　ランダム効果モデルとランダム効果プロビットモデルによる推定結果によれば，家庭の価値観については，共生が重視されている家庭環境で育った者は，起業率が高い。一方で，規範的紐帯の価値観については，個人の起業率を低下させるように作用しているが，推定モデルの選択によっては結果は一様ではない。

　共生を重視する家庭価値観は，起業した者としなかった者の違いを説明する顕著な要因になっている。共生重視の家庭価値観を持つ事によって，家族の参加者の中で，人的資本，社会関係資本の調達費用が低下し，起業のハードルが下がると考えられる。一方で規範的紐帯を重視する価値観は，一部，起業率を低下させるという結果も見られたが，モデル選択によっては有意な効果を持たなくなる。

推定モデル間で結果は一様ではないが，規範的紐帯を強調する事で，説得や妥協に頼る事になり，必要な人的資本と社会関係資本の調達費用が増加している可能性がある。

　このように台湾のパネル調査の分析により，起業家の輩出に関わる出身家庭の価値観の役割を明らかにした。本稿の分析は先行研究で明確なエビデンスが限定されていた家庭の価値観要因について，有意な要因を明らかにした。また高水準を保つ地域の起業家活動の要因についても新たな知見を加えた。

# 自治体中小企業政策担当職員に求められる
# 専門性と人材育成の方向性
## —兵庫県の経営革新計画プロモーション事業を事例に—

## 〈報告要旨〉

兵庫県　近藤健一

兵庫県　武内靖貴

## 1　研究のねらいと意義

　地域経済の活性化のために自治体中小企業政策とそれを支える自治体の担当職員が重要である。1999年の中小企業基本法改正によって自治体が事業過程に加えて政策形成過程も積極的に担う必要が生じた一方で，自治体職員数の大幅な減少という課題が生じた。大阪市で進む事業過程の「外部組織化・民間化」はその課題に対応する1つの試みと言え，成果も上げているが，一方で企画立案部門と事業実施部門の人的な切り離しが進むと担当職員に事業過程の経験に基づいた専門性が蓄積されないという問題が生じる。この報告では，外部組織化・民間化が進む都道府県や政令指定都市等の自治体だけでなく，民間活用しながら中小企業支援に取り組む市町村においても重要となる担当職員の専門性と人材育成のあり方について明らかにする。

## 2　既存研究との関係

　先行研究においては，事業過程，政策形成過程に対応した専門性が必要だとする研究は見られるものの，その多くは中小企業政策等における自治体の役割を論じる中での簡単な言及に留まっている。また，民間化の中での担当職員の役割について詳細に言及する研究は数少ないが，例外的に本多哲夫（2013）『大都市自治体の中小企業政策』がある。また，担当職員の事業過程における経験の重要性

を指摘する文献はいくつかある。しかし，これら専門性に示唆を与える文献も，それ以上の踏み込んだ詳細な分析はされておらず，専門性と人材育成の方向性は残された課題である。

## 3　結論と主張

　この報告では，兵庫県において実施された「経営革新計画プロモーション事業」を事例に，そこで実施された取組みが自治体職員に求められる3つの専門性（特定分野専門能力，定型的管理能力，非定型的管理能力）にどのように支えられているのか明らかにした。自治体職員として担当職員の専門性を捉え直すという視点，取組みを細分化して必要とされる専門性を実証するという研究方法に独自性があるといえる。

　分析からは事業には3つすべての専門性が必要で，その3つが相互に補完し合うことによって全体の成果に結びついていることが明らかになり，以下の示唆を得た。中核的な人材については3つの専門性を備えるように人材育成すること，中小企業の支援ニーズに対応するとともに人材育成のために高い特定分野専門能力を有する外部の民間人材と共に支援・事務を行う体制とすること，そのためには事業実施部門と企画立案部門の人事交流等を維持することである。

〈参考文献〉
1　近藤健一・中村嘉雄（2014）「地域における中小企業支援体制の構築」日本中小企業学会編『アジア大の分業構造と中小企業』同友館，pp.95-107
2　本多哲夫（2013）『大都市自治体と中小企業政策』同友館
3　藤田由紀子（2011）「都市自治体行政における専門性へのアプローチ」（財）日本都市センター『第8回都市政策研究交流会―都市自治体行政の専門性確保』日本都市センターブックレットNo.24，pp.1-16

# 取引先の立地別で見た中小製造事業所の
# 特徴とその支援策
## —大阪湾ベイエリアにおける実態調査より—

## 〈報告要旨〉

神戸国際大学　上田恵美子

## 1. はじめに

　本報告は，尼崎市から大阪市西淀川区を中心とした旧阪神工業地帯の中核となっていたエリアを対象に，中小製造事業所の技術レベルが地域的に上昇することを目的とした方策についての考察である。筆者は本報告に先行して，本報告の対象エリアに立地する中小製造事業にアンケート調査とヒアリング調査を行い，上田（2018）では製造事業所の取引先の広域化と技術レベルの上昇との関係を明らかにした[注1]。本報告ではこの調査研究をもとに，エリア全体の技術レベルの上昇に資する中小企業支援方策を提示する。

　本報告がなぜ取引関係に着目したのか，それは近年の国の施策である「コネクターハブ」にある。2014年の中小企業白書によると，「「コネクターハブ企業」とは，地域の中で取引が集中しており，地域外とも取引を行っている企業」をさし，「その中でも特に地域経済への貢献が高い企業，具体的には，地域からより多くの仕入を行い，地域外に販売している企業」と定義している[注2]。

　本報告が対象とするエリアには，中小企業とともに大規模工場も複数立地しているが，これらは本社中枢機能や研究開発機能を持たない分工場が多く，近隣の事業所との取引連鎖は必ずしも大きくないという指摘を受けてきた（加藤（2010））。従って，取引を通じた地元企業への技術移転の機会も少なく，地域的な技術レベルの停滞，さらには地域産業全体の衰退が危惧されている。では，このエリアの中小企業の地域的な技術レベルの上昇やイノベーションには，どの企業を対象に，どのような施策が必要か，その方向性を探ることが本報告の目的で

ある。

## ２．調査結果と考察

### ２.１　アンケート調査の結果

　アンケート調査では当該エリアの製造事業所の顧客先と仕入先の空間的広がり
を分析するために，兵庫県・大阪府の圏域の取引を「域内」，それ以遠を「域外」
として集計を行った。その結果をもとに，顧客先と仕入先がともに域内の場合が
タイプＡ，顧客先が域外，仕入先が域内の場合をタイプＢ，顧客先と仕入先がと
もに域外の場合をタイプＣ，顧客先が域内，仕入先が域外の場合をタイプＤとし
て集計をした。

**表１　主とする仕入先と顧客先の立地による分類**

|  | 顧客先 | 仕入先 | 全体 | 金属・機械（件） | 大企業を除く | 金属・機械（％）※ | 大企業を除く |
|---|---|---|---|---|---|---|---|
| タイプＡ | 域内 | 域内 | 158 | 107 | 101 | 46.6 | 47.9 |
| タイプA-1 | 阪神地域・大阪市 | 阪神地域・大阪市 | 64 | 41 | 39 | 17.7 | 18.3 |
| タイプA-2 | A-1を除く域内 | A-1を除く域内 | 94 | 66 | 62 | 28.9 | 29.6 |
| タイプＢ | 域外 | 域内 | 120 | 76 | 69 | 34.0 | 34.7 |
| タイプＣ | 域外 | 域外 | 77 | 34 | 29 | 17.1 | 15.9 |
| タイプＤ | 域内 | 域外 | 14 | 5 | 3 | 2.3 | 1.5 |

※　％は従業者数でウエイト付けしたもので，件数による計算と一致いしない。　　資料：筆者作成

**図１　タイプ別で見た１社あたりの受注額（売上高）と発注額（仕入額と外注費）**

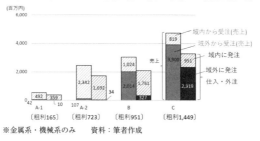

※金属系・機械系のみ　　資料：筆者作成

　なお，取引先の広がり方の傾向は業種によって異なることから，分析は業種別
に行なう方がよいと判断した。本報告では対象エリアにおいて事業所数が多い金
属系と機械系を分析することとした。また，タイプＤはサンプルが少なく，今回
は分析の対象外とした。

　次に，取引には金額による経済効果とともに，地域への情報提供やイノベーションの可能性をもたらす効果が見込まれると考え，タイプ別に1社あたりの発注額を推計したのが図1である。タイプCの発注額は，70％が域外であり，地域への貢献は域内への発注額の9.5億円にとどまる。これに対して，タイプBは17.6億円とタイプCよりも大きい。タイプB，タイプCともに域外の需要を獲得し，域外の情報を域内にもたらしてはいるが，地域的な技術レベルの上昇を意図した政策には，タイプBを中心とすることが適切と考えられる。

### 2.2　ヒアリング調査によるタイプB，タイプCの考察

　ヒアリング調査は比較的技術レベルが高いと思われる中小企業から抽出した。タイプBの6社は，大きく2つに分けることができた。まずひとつは「成長志向型」である。「成長志向型」の3社は，果敢に販路開拓に取り組んでおり，国内各地の展示会や，中には海外での展示会にも出展する事業者もあった。これらの事業所は，販路開拓から得た情報を社内にフィードバックし，製品改良や新規事業に結び付けている。

　もうひとつのタイプBは，「ニッチ依存型」である。ヒアリング調査では，特に販路開拓は行っていないという企業が3社あった。いずれもニッチ分野で，商社経由で受注しているか，口コミやホームページでの問合せから受注している。

　他方，タイプCについては，ヒアリング調査を行った3社のうち2社は50人以下の事業所ではあるが，現立地がすでに手狭であることから域外に分工場を設置している。域外からの仕入額・外注費の割合が高いのは分工場の周辺から調達しているからとわかった。

### 3．結論

　域外において販路を拡大しているタイプBの「成長志向型」の場合は，地域に技術レベルの上昇やイノベーションの機会をもたらす可能性が高い。したがって，今後の中小企業支援策は，域内企業と取引関係があるタイプBを中心とし，展示会への出展など，販路拡大に向けた支援が求められる。

　ただし，すべてのタイプBが情報提供やイノベーションのきっかけをもたらすとは限らない。タイプBには，ニッチな分野において比較的安定した経営を行っ

ているものの，次の成長に向けた戦略が見えていない企業もあり，このような「ニッチ依存型」の事業所には，事業計画策定などの支援が必要とされる。

　タイプCはアンケート調査結果から技術レベルが高く，計画的に技術力の上昇や研究開発に取り組む企業の割合が高く，次の成長に向けた組織体制を独自に構築している事業所が多いと考えられる。加えて，域内との取引関係が多くないという実態もあって，基礎自治体が重点的に後押しする支援の対象とは考えにくい。

　以上より，本報告では地域全体での技術レベルの上昇に向けて，タイプB，あるいは，タイプAからタイプBへとステージアップしようとする事業所を重点的に支援することが効率的，かつ，効果的という結論に至った。

〈注〉
1　調査対象事業所は兵庫県の尼崎市，西宮市，芦屋市，伊丹市，および，大阪府の大阪市西淀川区，此花区，大正区，港区，住之江区に立地する10人以上規模の全製造事業所1,855カ所。回収数472件。実施主体は，「大阪湾ベイエリア地域経済分析研究会」筆者は，（公財）尼崎地域産業活性化機構の非常勤研究員として参画。
2　「中小企業白書」2014年版，533ページ。

〈参考資料〉
1　上田恵美子（2018）「製造事業所の取引先の広域化と技術レベルの上昇：大阪湾ベイエリアにおける実態調査より」『日本都市学会年報』51，pp.321-328
2　大阪湾ベイエリア地域経済分析研究会（2017）「平成28年度　大阪湾ベイエリア製造事業所の技術に関する実態調査」。
3　加藤恵正（2010）「大阪湾ベイエリアの変貌と将来―ラストベルト（Rust Belt）再生の行方」公益財団法人ひょうご震災記念21世紀研究機構 http://www.hemri21.jp/columns/columns010.html　2018年6月25日閲覧
4　中小企業庁「中小企業白書」2014年版。

# イタリア産地企業を観る意義について

## —日本の中小製造企業の発展方向に関連して—

## 〈報告要旨〉

大阪成蹊大学　児山俊行

## 1. 問題意識とアプローチ

　近年までグローバル環境の変化による日本中小製造企業（以下，中小企業）の対応のあり方について，「技術力を高めよ」「産業集積の在り方を見直すべき」等と様々論じられてきた。一方，同様の環境変化に対応しグローバル市場で価格競争に巻き込まれず一定の競争力と"存在感"を増してきたのがイタリアの各産業集積地（以下，産地）の中小企業である。彼らの行動を観ることで，わが国で提言されてきた方向以外にも新たな発展の道が得られるであろうか。そこで本報告では，イタリア産地企業の成功事例や特定のイタリア産地企業研究ではなく，生産グローバル化への日本中小企業の対応に関するわが国の諸研究をもとに，従来とは別の新たな発展方向をイタリア産地企業に見出せるか否かに絞って論じる。

## 2. 生産グローバル化への日本中小企業の対応と諸提言

　わが国の中小企業は，1980年代の円高進行より現在に至るまで次々と変化するグローバル環境への対応を余儀なくされてきた。生産グローバル化の進展は生産バリューチェーン（VC）上で次のような作用をもたらす。①製造分野の付加価値の逓減②コスト低減目的での新興国へ製造工程シフト③新興国企業の技術的キャッチアップによる競争④新市場創造する革新企業の出現等である。こうした生産グローバル化に対して現在，日本中小企業の積極的な対応や発展方向が示されたものとして，大きく3つが挙げられよう。第一に技術ドリブン的な行動，第二にクラスター政策に刺激された産業集積ベースの発展，第三にグローバル市場

で事業展開するイタリア産地企業と日本企業との比較からの示唆である。

## 3．イタリア産地企業の"存在感"〜遠山・大田研究からの示唆

　3つめのイタリア産地企業については，かつて地方中小企業の成功例ともされたが，90年代以降は苦境に陥った状況が多く報告されるようになり（上野他2005等）次第に期待感が薄れていった。ところが近年，イタリアの産地企業も含めた諸企業がグローバル市場で存在感を持ち始めているという（安西／八重樫2017）。2000年代に入り新興国企業の参入による価格競争で苦境に陥っているはずのイタリア産地企業がかえって発展していたのである。その理由を日本の産地企業との比較し探ったわが国の主な研究に遠山（2007, 2009）と大田（2008）とがある。

　遠山研究では，日本最大の眼鏡枠産地・鯖江とイタリア最大の眼鏡製品産地ベッルーノとそれぞれのリーダー企業（シャルマンとルクソッティカ）の比較が試みられている。1990年代までアジアと欧州の「ナショナルチャンピオン」であった両者が2000年代に入り中国製の攻勢を契機に異なる発展経路をたどったことに着目し「経路依存・経路破壊・経路創造」論にもとづき考察し，互いにライセンス契約やOEM中心であったが独自市場を開拓し製造と販売を統制する体制を構築したとの経路破壊・創造の共通点を指摘。やがてシャルマンは経路依存に陥るもルクソッティカはM&Aを通じて市場拡大し経路破壊・創造を継続していったという。独自市場の開拓という戦略的行動を継続するか否かによって，前者はローカル代表にとどまり後者は「グローバルチャンピオン」へと発展したとする。

　大田研究では日伊繊維産業と産地企業との対比を行っている。まず先進国企業が中高級品市場で一定の競争優位を維持し，そこでは需要即応型のサプライチェーン構築（QR型）か，創造的製品の企画・開発（クリエーション型）かのいずれかの戦略がとられているという。前者は顧客とのコミュニケーションを通じたファッション情報の創造・発信による高単価販売であり，後者はトレンドを取り入れた製品を開発し販売状況に応じて小ロット・短納期で市場投入していくというものであり，それをもとに日本の尾州とイタリアのプラートでの産地企業を比較。まず尾州の産地企業はQR型戦略をとり，一部で開発した特殊生地を海外展示会で新たな受注につなげようするも海外の市場理解を欠き機会を逸しているという。一方のプラートの産地企業は，トレンド情報を持った人材にアクセス

し商品開発を行い展示会での受注につなげるものや顧客とのコミュニケーションから販売量確保を図るもの，独自の生地を開発して大手ブランドに採用されるものなど，様々な方策を駆使している。その背景には，専門教育機関による人材供給や戦略策定やライセンシング等のサービス提供企業群に批評力もつメディアらのネットワーキングの存在があり，各企業が活用できるという強みを持つという。

これらの研究を踏まえると，生産グローバル化に対応しつつグローバル市場で存在感を示すイタリア産地企業の発展要因について，技術ドリブン型やクラスター政策でも見られないものは少なくとも次の3つではないか。まず遠山研究で新市場の継続的開拓がグローバル化の成否を分けたとされるが，そこには眼鏡の「ファッション化」という意味のイノベーションが関わっていたことであり（加藤2010；Verganti, 2009），また大田研究ではネットワーキングの存在と活用が鍵とされたが，独自の高付加価値製品の開発とグローバルな販売網の構築には，ファッションの「文脈」把握能力とクリエイティブな人材・組織の集積と活用が必要だということである。加えて地元に製造拠点を堅持することであり，それが「メイド・イン・イタリー」という大きなマーケティング効果となっている（大木2015）。

日本中小企業が技術ドリブン的方向のみに依拠するならば，かえって新興国企業との競争が激しくなり現在の課題をいっそう深刻化させてしまわないか。地元製造を堅持しクリエイティブ資本活用をベースとした意味のイノベーションや独自コンテクストを持つ新製品開発がグローバル化圧力を脱する一方向になるとすれば，ブーム去りしイタリア産地企業をいま一度精査する意義は少なくない。

## 4. 小括

今後の日本中小企業の発展方向を考える際に，生産グローバル化の作用・影響は避けられない。だが製造工程の付加価値が逓減し新興国シフトが進む中，その対応が技術ドリブン的に偏重するある限り，新興国企業のキャッチアップや革新創出によるリスクは認識しておかねばならない。一方，新興国製品との価格競争には直接巻き込まれず，グローバル市場で独自の存在感を保持するイタリア産地企業は技術ドリブン的な生産技術分野の高次化に必ずしも依存せず，国際市場で高付加価値を伴う新市場創造や新ブランド的地位を構築している。彼らの「秘密」

を解明することで，従来論じられてきたものとは別の日本中小企業の発展方向を
見出すことができないか。例えば，①意味のイノベーションの生み出し方 ②ク
リエイティブな組織・人材の集積する都市と地方産地との相互作用のあり方 ③
製造地標記の持つ商業的価値の内容と源 ④③と強く結びつく地域特有の職人的・
歴史的諸特性の諸要因とそれらの特殊な連関等の解明であり，それによって技術
ドリブンや集積効果からだけでは生まれ難い世界市場で存在感あるモノづくりを，
日本中小企業によりいっそう促す示唆がイタリア産地企業にはあると思われる。

〈参考文献〉
1 安西洋之/八重樫 文（2017）『デザインの次に来るもの—これからの商品は「意味」
を考える』，クロスメディアパブリッシング。
2 加藤 明（2010）「日伊眼鏡産地におけるイノベーション—ファッション化イノベー
ションを中心とした眼鏡産地の考察」，『研究 技術 計画』Vol.24, No.2，研究・イノベー
ション学会，187-191頁。
3 大木博巳（2015）「産地が生き残るには何をすべきか：イタリア眼鏡産地，ベッルー
ノの教訓」，『国際貿易投資研究所（ITI）コラム』：http://www.iti.or.jp/column025.
htm 2018年12月29日閲覧
4 大田康博（2008）「日本・イタリア繊維企業のネットワーク戦略—尾州・プラート
産地の事例を中心に」，『徳山大学論叢』第66号，45-103頁。
5 遠山恭司（2007）「分業構造研究会：イタリア・ベッルーノにおける眼鏡産業集積
の構造と企業—国内集積地との相対的視角から」，『中央大学経済研究所年報』第38
号，239-268頁。
6 遠山恭司（2009）「日本とイタリアにおける産業集積比較研究：持続的発展のため
の経路破壊・経路創造」，『三田学会雑誌』Vol.101, No.4，715-739頁。
7 上野和彦，立川和平，高柳長直，高田滋，遠山恭司，竹内裕一，本木弘悌（2005）「イ
タリア・コモにおけるシルク産業集積：揺れ動くサードイタリア」，『東京学芸大学紀
要 第3部門 社会科学』，56号，15-28頁。
8 Verganti,R.（2009）*Design-Driven Innovation: Changing the Rules of Competition
by Radically Innovating What Things Mean*, Harvard Business School.（佐藤典司/
岩谷昌樹/八重樫文他訳『デザイン・ドリブン・イノベーション』，同友館，2012年）

# デジタル変革時代における中小ソフトウェア業の存立とビジネス拡大に関する考察
## 〈報告要旨〉

大阪経済大学（院）　竹下　智

## 1. はじめに

現在は，総務省編ICT白書（2018）によると，ICTの浸透が人々の生活をあらゆる面でより良い方向に変化させるデジタルトランスフォーメーション（DX）が進みつつある。このDXは，AI，IoT，RPA，クラウド等の新たなテクノロジの活用による企業価値の向上であり，ITシステムの観点からは，基幹システム等を開発／運用保守する従来のSoR（システム・オブ・レコード）領域から，AIやIoTのような新しいテクノロジを活用した新たな価値創造のためのSoE（システム・オブ・エンゲージメント）領域へ投資をシフトすることである。これら両領域を担うソフトウェア業は現代社会においてその役割を更に増していると考えられる。

ソフトウェア業の中でも，企業のITシステムの開発／運用保守を担う受託ソフトウェア業は，中小企業が約97-99%を占める業界である。2010年代に入り，ビジネス環境がSoRからSoEへ推移している中で企業のITシステムもその在り方が大きく変化している。そこで本稿では，SoRからSoEへの推移が中小ソフトウェア業の存立にどのような影響を及ぼすかを考察し，更に事例調査[注1]に基づき，この変化の中でビジネスを拡大する方向性を示していきたい。

## 2. 先行研究

### （1）ソフトウェア業の位置づけ

ソフトウェア業は，従業員300名以下の中小企業が事業所数で全体の97-99%を

占める。本稿も先行研究と同様に主要な中小受託ソフトウェア業を対象とする。

（2）ソフトウェア業の問題点：多重下請構造の課題

　厚生労働省は，平成29年度の「働き方改革ハンドブック（情報通信業（情報サービス業編））」の中で，ソフトウェア業は新３Ｋ（"きつい"，"厳しい"，"帰れない"または"給料が安い"）と言われており，これは仕事の特性と多重下請構造に起因していると指摘している。

　システム開発で適用されるウォーターフォールモデルは，中盤のコーディングと単体テスト工程が最も付加価値が低く，Ｖ字モデルとして表現される。コストダウンのためにこれらの工程をより単価の安いIT企業を活用することで分業が進んできた。例えば，首都圏の元請けは，これらの工程に首都圏の下請けを活用するが，コストダウンのために地方の中小ソフトウェア業を活用（ニアショア）し，更に大連（中国）などのオフショア活用によって国際分業が進んだ。

（3）中小ソフトウェア業の存立と方向性

　中小ソフトウェア業について，山本（2006）は，大手ソフトウェア業も需要変動を全てカバーする要員確保は困難で，そこに下請中小ソフトウェア業の存立余地があったが，その存立条件に，今後①需要の落込み，②ソフトウェア業の技術変化と高度化，③ソフトウェア業の国際化という３点が影響を及ぼすと述べている。

（4）中小ソフトウェア業の成長戦略

　中小ソフトウェア業の取るべき方向性について，竹下（2019）は先行研究を整理している。そこからは，①専門的な技術確立（特定技術への特化），②中小ソフトウェア業同士がネットワークを構築し，疑似的に大手のように活動すること，③中小企業を顧客とすること，④自社製品やサービスの開発，⑤組込みソフトウェア業への進出，の５点が有効であると考えることができる。


## ３．考察と事例研究

（1）SoRからSoEへの変化が中小ソフトウェア業の存立に及ぼす影響

　IT市場は，リーマンショックを挟み，現在まで拡大期が続いているため，中小ソフトウェア業の存立に対する山本（2006）の指摘（①需要の落込み，②ソフトウェア業の技術変化と高度化，③ソフトウェア業の国際化）の３つの影響もこ

れまで見られなかった。2018年9月に経済産業省が発表した"DXレポート「2025年の崖」"で指摘されているように，今後は既存のレガシー（SoR）領域はクラウドやERPを活用してコストダウンを図り，SoR領域からDXが主のSoE領域へ投資がシフトする。そのため，全体としてのIT市場は拡大しても，既存のSoR領域は市場が減少すると考えられる。また，2010年代以降，次々とAI等の新技術が産み出され，より多様化，高度化している。国際化についても，オフショア拠点はより安い地域を求めて，中国沿岸部から中国内陸部またはインド，フィリピンからベトナム，ミャンマーと次々と新たな地域が開発されており，単価に関しては，品質とのバランスもあるが，オフショアと競争する領域については，基本的には下がることはあっても上がることは難しい。よって，今後はこれら3つの影響が顕著になると考えられる。

### （2）事例研究

本稿では，SoR領域で，元請けの顧客が大企業の市場において，多重下請けのより上位へステップアップを図り，元請けの割合を増やしている事例を通じ，今後の中小ソフトウェア業の成長戦略について検討した。事例は（1）ERP x GlobalのMultibook社（社員数：70名，資本金：6,400万円（2019年5月31日現在）），（2）システムリフォーム x 中国オフショア，ツール効率化のソフトロード社（社員数：70名（中国子会社は約350名），資本金：7,000万円（2019年6月5日現在）），（3）テスト x 非エンジニア（非エンジニアでも活躍可能な市場創造）のShift社（社員数：約2,500名（パートナ，有期雇用含む））である。

## 4． まとめ

本研究では，以下の2点を明らかにした。1点目は，現在のソフトウェア業をSoR領域，SoE領域でとらえなおし，従来の先行研究はSoR領域についての研究であることを示したことである。2点目は，事例研究を通して中小ソフトウェア業にとって，市場全体では縮小すると予想されるSoR領域での成長の方向性を示したことである。まず①市場としては，(a)顧客（元請け）を大企業とすることがビジネスの面で可能性が大きく，市場全体としては縮小していくと予想される中でも (b) 細分化すると成長するミクロ市場に特化すること，その中でも (c) 大手ソフトウェア業にとって既存事業とのカリバニゼーションを起こすため進出

に躊躇する市場を選択することが重要であることを示した。その市場で，②クロス・ケーパビリティ（差別化要因の複数の組み合わせ）と，更に③契約上の工夫も組み込むことによって，多重下請けの階層をステップアップし，元請けの案件を増やすことが可能となることを示した。

　本研究は，まずSoR 領域を対象としたが，今後は，SoR 領域に加え，新しいSoE 領域についても研究を進めたい。SoE 領域は，ビジネスモデルの創出などの新領域で，工夫次第では中小ソフトウェア業にとって飛躍のきっかけとなるチャンスも大きい領域と考えられる。今後，SoE，SoR 両領域について研究を深め，中小ソフトウェア業のビジネス拡大に向けて更に寄与していきたいと考えている。

〈注〉
1　Multibook 社には2019年 5 月16日，5 月31日に，ソフトロード社には2019年 5 月15日，6 月 5 日に，Shift 社には2018年 9 月 7 日，2019年 6 月 4 日にインタビューさせて頂いた（各社 1 - 2 名の社長，役員クラスの方）。あらためてお礼申し上げます。

〈参考文献〉
1　厚生労働省（平成29年度）『働き方改革ハンドブック（情報通信業（情報サービス業編））』
　https://www.mhlw.go.jp/seisakunitsuite/bunya/koyou_roudou/roudoukijun/shigoto/it/doc.html#project　2019年 8 月25日閲覧。
2　経済産業省（平成30年）『DXレポート ～ITシステム「2025年の崖」克服とDXの本格的な展開～』
　https://www.meti.go.jp/shingikai/mono_info_service/digital_transformation/20180907_report.html　2019年 8 月25日閲覧。
3　総務省編（2018）『情報通信（ICT）白書（平成30年版）』
4　竹下智（2019）「中小ソフトウェア業の現状と課題」『大阪経済大学論集』第70巻第 2 号，pp.93-120。
5　山本篤民（2006年）「中小ソフトウェア産業の存立条件と今日的課題」『中小企業学会論集25』同友館，pp.144-156。

# 中小企業経営者の意思決定に関する実証研究

―経営者属性と外部専門家との関係を中心として―

## 〈報告要旨〉

東洋大学（院）　池谷圭右

## 1．問題意識と研究の目的

　中小企業と外部専門家との関係については，企業の各業務機能に対して，どの専門家がどのような支援を行うことができるのかという観点からの考察が多く，中小企業経営者の意思決定支援の視点からの分析，考察は多くない。

　しかし，経営とは意思決定の連続であり，経営者の重要な役割の一つは判断と決断である。中小企業においては，大企業の組織とは異なり，経営者自身が経営上の意思決定のすべてを担うことも多く，外部専門家が適切に関わることによって経営者の意思決定を支援することも業務支援に加えて求められる役割である。

　また，中小企業の特徴として，意思決定が迅速で経営の機動性に富むことがあげられるが，経営者は何を拠り所として意思決定を行っているのか。中小企業は，「異質多元性」（佐竹隆幸，2008, p.46）を有する存在とされるが，その多種多様性を前提として，定量的な分類に加え，定性的な基準をもとに類型化し，その特性と志向性を考察することはできないだろうか。これらが本研究の問題意識である。

　本研究の目的は，中小企業経営者が意思決定において重視する事項，外部専門家の利用目的，求める能力・資質について，経営者属性ごとにその特徴と相違点を明確にすることによって，外部専門家が中小企業支援を行うにあたっての実務的な示唆を得ることである。

## 2．先行研究レビュー

　意思決定に関する研究は，理論，実証ともに長年にわたる多くの学術的な蓄積

がある。意思決定研究における最大のテーマは，「よい意思決定」，「すぐれた意思決定」，「質の高い意思決定」とは何か，「どのようにすればそのような意思決定ができるようになるか」という問題提起にいかに答えるかである。印南（1997，p.52.）は，意思決定の結果には，意思決定の質，意思決定にかかるスピード，決定に対する満足度と受容度の3種のアウトプットが生じるとする。また，経営者に求められる卓越した経営行動として，「意思決定力」が「実行力」「コミュニケーション力」などを超える最も重要な要素であり（東洋大学経営力創成センター，2011，p.13），中小企業経営者にとって必要な資質として「決断力，思い切りの良さ」が「先見性」「忍耐力，粘り強さ」を上回るとの調査結果もある（大同生命，2012，p.91）。いずれも，経営者にとって「意思決定する力」の重要性を示すものである。しかし，これらの調査では経営者が意思決定力を重視していることについては明らかになっているものの，上述した意思決定のアウトプットについては何も示していない。

　「意思決定」に関しては，多くの研究者によって定義付けがなされている。H.A.Simon（2009，p.111）は，「いくつかの代替的選択肢の中から一つを選択すること」とし，印南（1997，p.29）は，「複数の選択肢の中から，一つ（ないし複数の）選択肢を選ぶこと，つまり選択すること」と定義している。また，組織における定義として，「組織のメンバーがある目標ないし目的を達成するため，複数の選択肢の中から一つまたは少数を選び，組織が直面する機会や問題に対応する，一連のプロセス」（山崎，2011，p.4）であるとする。つまり，研究者によって多少の表現の違いは存するものの，要すれば，「意思決定」とは，「代替案を選択すること」であり，「一連のプロセスから構成されるもの」であると定義できる。

　次に，意思決定研究に関する手法を概観する。1つ目は，「意思決定はどのようになされるべきか」という理想的な意思決定を探索し，結果を志向する規範的意思決定論，2つ目は，「実際の意思決定はどのようになされているか」という現実の意思決定を記述し，プロセスを志向する記述的（実証的）意思決定論，3つ目は，意思決定は上記の2つの理論の択一で決まるものではなく，規範的アプローチと記述的実証的アプローチのそれぞれの知見を統合して取込み，科学的かつ実践的に意思決定を論ずべきであるとする処方的（診断的）意思決定論である（印南，1997，p.45）。本稿は，3つ目の処方的意思決定論の立場に立ち，仮説検証のためのアンケートを設計した。

## 3．仮説設定

仮説1：経営者の同一属性内の項目間には，意思決定における外部志向性と内部志向性に関する有意差が認められる。
仮説2：経営者の同一属性内の項目間には，外部専門家の利用目的と求める能力・資質に対する有意差が認められる。

## 4．調査概要

調査対象は，インターネット調査会社（マクロミル社）に登録しているモニターのうち，25歳～69歳の代表権をもつ従業員数5人～500人未満の企業経営者1,030名である。実施期間は，2017年10月27日～10月30日（3日間），調査方法は，インターネットリサーチを利用し，事前調査によりスクリーニングを行い，調査対象者を限定した上で本調査を実施した。質問項目は，経営者（代表者）の属性に関する質問項目として，①性別　②株主と非株主　③経営する企業数1社と複数社　④創業者と承継者の4つの属性，外部専門家と意思決定に関する質問項目として，①意思決定時の重視事項　②外部専門家の利用目的　③外部専門家に求める資質・能力を3つの項目を設定した。

## 5．考察

### 5－1　仮説検証

仮説1については，4つの経営者属性の一部の項目間において，意思決定における外部志向性と内部志向性に関わる要素について5％及び10％水準で有意差が認められた。特に女性，複数社経営の経営者には高い外部志向性が認められた。従って，本仮説は一部支持された。

仮説2については，4つの経営者属性の一部の項目間において，外部専門家の利用目的と求める能力・資質に関わる要素について5％及び10％水準で有意差が認められた。特に，外部専門家の利用目的において複数経営者に高い外部志向性が認められた。従って，本仮説は一部支持された。

## 5－2　本稿の意義と問題点・今後の課題

　本稿の意義は，1つ目として，経営者にとって重要な経営行動である「意思決定」に関し，経営者属性の視点からその特性と相違点を明確化した点に存する。個々の経営者の意思決定は当然千差万別であるが，経営者属性を定性的視点から分類することによって独自の特性と有意な相違が認められた。中小企業に関わる政策を検討するにあたっては，より実効性のある支援のために経営者の意思決定に関わる内面にまで踏み込んだ支援の必要性を示唆するものと考える。2つ目は，経営者属性の相違が，外部専門家の利用目的，求める能力・資質に対して影響を与えていることが明示されたことである。定型的な業務支援に加えて，伴走型支援やコンサルティングの必要性を示すものであるが，その際には経営者属性を個々に考慮したうえでサービスを提供することが重要となる。その意味で，中小企業支援の現状の偏りを是正する必要性を示唆するものである。

　本稿の問題点と今後の課題を以下指摘する。

　まず，経営者属性と意思決定時の重視事項，外部専門家の利用目的，求める能力・資質のカテゴリー間の単相関係数が1軸で0.1〜0.2，2軸では0.1以下であったことから両者間に相関関係は全くないとは言えないものの，ひじょうに弱い関連であったことである。またコレスポンデンス分析における $\chi 2$ 検定の結果，p値が2軸ではすべて10％超となり適合度が低い結果となった。これら2つの問題点は，定性データ分析による結果とも言えるが，選択肢の選択に問題がなかったかなど検討を要するため今後の課題としたい。

　また，本稿においては経営者属性の視点から分析を行ったが，本視点以外に企業規模，業種，ライフステージ別といった企業体属性の視点も重要である。これらは相互に複合的に関係していることから，中小企業経営者の意思決定の全体像を明らかにするためには，これらの要素についてさらに分析と考察を深めていくことが必要である。さらに，意思決定時の重視事項の選択肢の概念とカテゴリーに粗さと細かさの違いが生じている点，意思決定の種別（状況や対象）が明確でなかった点についても本稿における課題であり，次回のリサーチにおいて可能な限り粒度を揃え，明確さを図るよう設計して参りたい。最後に各経営者属性において，背景の分析，例えば承継者の場合，前職での経験，有する専門知識の違いが意思決定の傾向にどのような違いをもたらすかなどについてもより精緻な分析が必要であり，この点に関しても今後の研究課題としたい。

# 低成長期における日本の中小企業の成長指向性

## ―製造業を中心に―

## 〈報告要旨〉

九州産業大学　黄　完晟

　本報告の問題意識は，低成長期における中小企業の変化を如何に捉えるかという点にある。つまり，中小企業数が総量的に急速に減少している中，成長指向の本性を持つ中小企業は，如何なる変化を表わしているのかという点が疑問である。他方，著者の一連の研究から見れば，高度経済成長期や中成長期における複数事業所中小企業は中小企業の成長をリードしてきたが，その延長線上で，低成長期には，それが如何なる変化を見せているのかも疑問である。

　本報告では，以上のような疑問に答えるために，低成長期（1991年〜）における中小企業の量的縮小（マイナス成長）の過程の中でも，中小企業の一部・群（複数事業所中小企業）が成長指向性をより強く表わしている点を明らかにした。従来の研究では，周知のように，中小企業の全体，産業別，地域別，産地別等の区分による量的増加・質的向上をもって成長と捉えてきた。しかし，低成長期の中小企業研究では，量的縮小の重圧の下で「成長」という言葉使いをためらってきたと思われる。その結果，低成長期における中小企業の成長論に関する研究は停滞的である。

　報告では，分析視角として「単独事業所中小企業（以下：単独中小企業，制約的成長指向）と複数事業所中小企業（以下：複数中小企業，拡張的成長指向）」との区分を用いて，「会社企業」（資料は『工業統計表』，『事業所統計調査報告』）の統計分析の結果を示した。なお，ここでは，民営の会社企業を中心に，従業員数，30人以上を対象として，中小企業の範囲（30〜299人）の中での中小企業の変化を捉えた。取り上げた中小企業は，中小企業全体の付加価値額の内，約8割（2010年の場合）を占めていた。

　まず，『工業統計表』の資料からは，高度経済成長期以来，複数中小企業は単独中小企業より，企業数，従業員数，付加価値額等において高い成長率であったが，低成長期においては複数中小企業が量的に増加していたのに対し，単独中小企業では量的に急速に減少していた点等を明らかにした。また，従業員1人当付加価値生産性（付加価値額／従業員数）では，複数中小企業が単独中小企業より高いことを確認した。企業単位の生産性（付加価値額／企業数）では，複数中小企業が単独中小企業より約2倍も高いことも示した。なお，従業員1人当付加価値生産性では，規模別にはばらつきが大きく，一部の規模の層では，単独中小企業が複数中小企業より高い時期もあったが，全体的には複数中小企業の付加価値の生産性が高いことを確認できた。要するに，低成長期・中小企業の量的縮小期の複数中小企業は，成長的であったことを浮き彫りにした。

　次に，支店に関する資料が豊富な『事業所統計調査報告』からは，複数中小企業の支所・支店の多様なあり方として，本店と同じ業種の支店を展開する製造業の企業が約8割と高いこと，もちろん商業と工業間の相互進出が多いこと，複数中小企業では支店数が1〜4か所を経営している場合が圧倒的に多いことなどを確認した。

　その上，複数中小企業の成長指向性について，複数中小企業の成長指向線（領域）を導出して，1991年以降の変化・成長を明らかにした。例えば，従業員規模別の「Ⓐ本所規模とⒷ企業（本所+支所）規模」の分布と変化を分析した。
　A：両者が同じ範囲（ⒶとⒷが 50〜99人層，Ⓐが55人，Ⓑが60人の場合，支
　　　所規模は5人，支所の拡張・成長に消極的）にある場合，
　B：後者が前者より大きい範囲（Ⓐが50〜99人，Ⓑが100〜299人の場合，支店
　　　規模最大200人，支所の拡張・成長に積極的）にある場合
を基にして規模別及び比率的に分布と変化を捉えて，それを図で示して報告した。その内容（同期間のデータ）からは，Aの領域が縮小しているのに対し，Bの領域は低成長期を通じて拡張傾向（企業数の比率では1991年に約40％から2006年に約54％へ拡大）に推移してきたことを確認できた。その意味する点は，複数中小企業の内一部の群は，低成長期・中小企業の量的縮小の過程でも相対的により強い成長指向性を持っていたことである。

　以上のような検討を通じて，複数中小企業は，高度経済成長期や中成長期のみならず低成長期にも，日本の中小企業（製造業）の成長指向性を発揮し，中小企

業の成長の根幹を支えていたということ，さらに複数中小企業の約半分はより強い成長指向性（Bの場合の企業群）を持っていたことから，中小企業の成長の新しいイメージの一端を形成したと，本報告では考えているのである。

（なお，本報告をベースとした論文は「低成長期における日本の中小企業の成長指向性～製造業を中心に～」九州産業大学『エコノミクス』第24巻3・4号，2020年3月，掲載。）

# 国際学会報告助成による国際学会報告要旨

# 国際学会研究発表報告

筑波大学（院）　髙野佳佑

　日本中小企業学会2019年度「国際学会等での研究報告を行う会員への経費助成」を受け，2019年8月27日から30日に，フランス・リヨンのUniversity of Lyonにて開催された，59th ERSA Congressに参加した。

## 1．学会の概要

　ERSA Congressは，地域科学に関する研究を行う研究者が，ヨーロッパ各国をはじめ，世界各国から一堂に会し，研究成果を報告する国際学会のひとつである。報告される研究成果は，いずれも何かしらの定量的手法に基づくものである点は共通しているが，地域におけるアントレプレナーシップを分析したものから，都市・地域におけるインフラ投資や公共施設配置の最適化を分析したものに至るまで，各々の研究テーマは極めて多種多様である。故に，地域的視座に基づいて，経済事象を分析した研究であれば，いずれもこの学会での報告対象になりうる点が，ひとつの特長である。

## 2．申請者の報告

　申請者の報告論題は，「Does visible shock update firms' unrelated trade diversity in anticipation of future shock?」（プログラム上のタイトルとは異なる）であり，学会最終日30日のLocation of Economic Activityセッションで報告を行った。当該セッションでは，経済活動を行う主体の立地全般に関する定量的分析が4篇報告されている。申請者が行った，震災発生とサプライチェーン構造変化の企業規模別比較分析の他には，都市雇用圏域抽出手法の提案，ゲーム産業の立地の空間分析，農業法人の生産性分析に関するテーマが報告された。以下，申請者の報告について，その要旨を述べる。

【研究動機】非関連な地域間でのサプライチェーン多角化（より実務的な言い方では，サプライチェーンの空間的分散）は，ポートフォリオ理論との類似性を踏まえれば，特定地域に立地する発注先を襲う局所的ショックを平準化する機能を持つ。一方，局所的ショックが目に見える形で仮に実現した際，企業は将来的なショックを見据えた多角化戦略をとるだろうか，というものが，申請者の研究のリサーチクエスチョンである。研究報告では，東日本大震災を実現したショック，南海トラフ地震を将来的ショックの事例として用い，先述したリサーチクエスチョンに答える試みを紹介した。非関連な部門間・地域間の多角化が，企業や地域経済のレジリエンスと強く関係していることは，経済地理学や国際経営学，産業組織論，国際経済学をはじめとする学術領域で幅広く確認されてきている。しかしながら，こうした非関連な多角化が，そもそもどのような要因によって達成されるかを，相関関係レベルではなく，因果関係レベルで検証した研究は未だ数少ない。今回の研究報告は，そのようなギャップを，東日本大震災を自然実験として用いることによって埋める点で，その意義は大きい。加えて，災害と企業活動に関する研究は，企業ミクロデータの可用性向上によって，近年急速に蓄積が進んでいるものの，実際に災害が発生したことを契機とし，将来的な災害の発生に向けて企業の認識や行動がどのように変化したか，という点に対して定量的な検証を行った研究事例も未だ僅少である。このギャップを埋めるべく，今回報告を行った研究では，東日本大震災と発生が想定されている南海トラフ地震という，極めて類似した特徴を持つ2つの複合的災害の事例に基づいた分析を行っている。

【データ】サプライチェーンの空間構造を把握する為に用いたデータは，一橋大学経済学研究科帝国データバンク企業・経済高度実証研究センター（TDB-CAREE）を通じて利用できる，株式会社帝国データバンクによって調査された，企業間取引データベースである。今回の研究では，2009-17年の期間で企業レベルのパネルデータを構築し，分析に用いた。

【分析手法】今回の研究で具体的に検証を行う事項は，「東日本大震災発生を契機として，南海トラフ地震の津波被災想定地域に発注先を持っていた企業は，そのサプライヤーを地理的に多角化させたか」という因果関係を検証することである。この関係を検証する為には，「南海トラフ地震の被災想定地域に，仮にその企業が発注先を持っていなかった場合にはどのような行動を取るか」という反実仮想的な状況との比較を行うことが必要である。その為の方法として，今回の研

究では，差分の差分（の差分）法，固定効果法，傾向スコア法，という３つの統計的手法を組合せた手法を用いた。

　【分析結果】まず単純に，東日本大震災以前から，南海トラフ地震の津波被災想定地域に発注先を持っていた企業群と，そうではなかった企業群とで，東日本大震災前後での発注先の地理的多角化の度合いを比較した。その結果，中小企業を中心としたサブサンプルから，大企業を中心としたサブサンプルまで，いずれでも統計的に有意な地理的多角化は観測されなかった。一方，先述した比較を，東日本大震災以前から，東日本大震災の津波浸水域にも発注先を持っていたか否かという点でも条件付けて行った場合，規模が中小企業に該当するか否かの境界にある企業群でのみ，統計的に有意発注先の地理的多角化が観測された。即ち，既存の発注先が直接的な被害を受けた場合においてのみ，中規模企業を中心として，サプライチェーン上での行動に変化が生じることが示されたということになる。中規模企業群についてのみ有意な結果が得られた理由としては，零細企業ほど発注先組替え上の制約は強くない一方，大企業よりは１つ１つの発注先への依存度が高いことが挙げられよう。

　上記報告を終えた後，およそ15分に渡って質疑応答の時間が取られた。具体的な質問及びコメントと，それに対する回答を以下に記す。

- Q．伝統的・慣行的な理由で取引先を変えることは難しい場合も多いと思うが，その困難性はどう考慮されているのか？

　A．現状の推定手法・アウトカムを用いた枠組みの中では対処が難しい。今後の課題として，他のアプローチに基づいた分析も検討し，行っていく。

- Q．産業別の異質性をどう考慮するのか？

　A．今回の分析では，産業別の異質性の影響は，固定効果として統計モデルの中で除去されている。また，東日本大震災の効果を，産業別に推定することも不可能ではないが，その場合は，サンプルサイズの問題や，分析手法を適用する上での仮定の破れが起きない方法を更に検討する必要がある。

- Q．産業×規模でサブサンプルを構築するのはどうか？

　A．サンプルサイズの問題の解決が必要である。

- Q．小さい企業がすぐに代替先を見つけられない理由として，マーケットパワーが小さいこともありうるのでは？

　A．推定結果の解釈の１つとして，以後，論文に記したい。

## 3. その他

　ここでは，その他 ERSAに参加した中で得られた気づきをまとめておく。今回の学会参加を通じて感じられたもので，まず挙げられるのは，自身の研究の国際的な位置付けを確立する上での，海外研究者とのディスカッションにおけるやり取りや，オーディエンスの反応に対する配慮を行うことの重要性である。即ち，自分と他国からの参加者が置かれている地域的環境の違いを充分に考慮に入れた上で，自分が伝えたいことと，相手が知りたいこととの折り合いを付けながら，報告全体を構築することの重要性である。今回の研究は，東日本大震災と南海トラフ地震という，日本人であればほとんどが知っている災害事例に関する分析を行ったが，日本国外からの参加者には，東日本大震災ですら知らない方々も多かったようである。各々の災害の概要を説明するスライドを説明したものの，各々の事例の企業活動上への影響の大きさを直ちに理解してもらえたわけではなかった。自身の発表に対する，日本国外からのオーディエンスとの（主にセッションの外での）ディスカッションの中で寄せられた，何故この2つの災害に着目し，その問いを検証する意義があるのか，という研究動機の面に対するコメントや質問は，そうした異なる環境に身を置く研究者による研究の中で，パブリッシュを視野に自身の研究を位置付ける際，今後どのような点をより補う必要があるかを明確にする上で，非常に示唆があるものだった。

　ERSAは幅広いトピックを網羅した，世界各国から参加者が多数集まる国際会議であり，普段は異なる学会・国で活動している多様な研究者が，地域を分析するという共通点のみで一堂に会する。故に，程良い距離がある（地域に関連するテーマを分析する点では共通するが，分析するトピックや視座が著しく異なる）研究者同士が交流を行い，新たな共同研究に向けた足がかりを築く上での貴重な機会を，ERSAは提供している。反面，30個近いセッションがパラレルで進行し，オーディエンスが分散しまうという，必ずしも良いとは言えない部分もあった。この点を踏まえれば，ERSAのような大規模な国際学会のみにプレゼンテーションの場を絞るのではなく，小規模なセミナーやワークショップの開催情報にもアンテナを張り，そちらにも併せて参加することを今後視野に入れていくことが重要であろう。

# 編 集 後 記

　『事業承継と中小企業—大廃業時代を生き抜く中小企業—』（日本中小企業学会論集第39号）は、2019年9月14日（土）、15日（日）の両日、愛知学院大学で開催された第39回日本中小企業学会全国大会の報告論集である。

　今大会では、統一論題3本、自由論題20本の報告があり、当論集では、統一論題3本に加え、自由論題の査読を受理された11本の論文と報告要旨9本が掲載されているほか、若手会員の海外発表をまとめた国際学会報告要旨1本も掲載されている。

　現在、多くの中小企業は経営者の高齢化と後継者不在という深刻な状況に陥っている。とくに、人口減少局面で過疎化が進行する地域社会においては、今大会の統一論題のテーマである「事業承継」が喫緊の課題である。地域の疲弊が深刻化するなかで、地域資源の活用や企業間、地域間、産学公間の連携等による活性化へのポテンシャルは少なからず存在しているが、その実効化については企業間や地域間で格差が生じている。これらの課題に向き合い、中小企業の今後を見据える上で、統一論題の3本を含め、自由論題の多彩な視点からの研究報告は貴重であった。

　2019年11月に中小企業学会役員が改選され、論集編集委員ならびに論集編集担当も一新された。先ずは、今回の編集作業を進めるにあたり、査読を引き受けていただいた会員諸氏には多大なご協力をいただきお礼を申し上げたい。また作業を進める中で、字数超過など規定に抵触する案件もあった。規定の解釈や取扱いの慣例などの問い合わせに親切にご対応いただいた前・編集理事の先生にもお礼を申し上げたい。さらに論集編集委員の先生方、特に編集担当・藤川健理事、編集事務担当・長谷川英伸幹事には会員とのやりとりなどで大変なご尽力をいただいた。この場をお借りしてお礼を申し上げる次第である。

2020年5月

日本中小企業学会論集編集委員長　太田一樹

2020年7月30日　発行

**事業承継と中小企業**
—大廃業時代を生き抜く中小企業—
〈日本中小企業学会論集㊴〉

編　者 © 日本中小企業学会
発 行 者　　脇 坂 康 弘

〒113-0033　東京都文京区本郷3-38-1
TEL.03(3813)3966
FAX.03(3818)2774
https://www.doyukan.co.jp/

発行所　株式会社 同友館

落丁・乱丁本はお取り替えいたします。　　印刷：一誠堂　製本：松村製本
ISBN 978-4-496-05490-7　　　　　　　　Printed in Japan